SCOTT BERKUN

BEKENNTNISSE EINES REDNERS

SCOTT BERKUN

BEKENNTNISSE EINES REDNERS

ODER DIE KUNST, GEHÖRT ZU WERDEN

Deutsche Übersetzung von Peter Klicman

NIKOL VERLAG

Genehmigte Lizenzausgabe für
Nikol Verlagsgesellschaft mbH & Co. KG,
Hamburg, 2015

Copyright der deutschen Ausgabe:
© 2010 by O'Reilly Verlag GmbH & Co. KG
1. Auflage 2010

Die Originalausgabe erschien 2009 unter dem Titel
Confessions of a Public Speaker bei O'Reilly Media, Inc.

Übesetzung: Peter Klicman, Köln
Lektorat: Inken Kiupel, Köln
Korrektorat: Sibylle Feldmann, Düsseldorf
Satz: III-satz, Husby
Produktion: Andrea Miß, Köln
Titelabbildung: Thinkstock
Umschlag: Sandra Ost, Hamburg
Druck: CPI Moravia Books s.r.o.
Printed in the Czech Republic

ISBN: 978-3-86820-236-6

www.nikol-verlag.de

Inhalt

Prolog   vii

Kapitel 1
Die Legende vom nackten Publikum   1

Kapitel 2
Der Angriff der Schmetterlinge   11

Kapitel 3
30.000 Dollar die Stunde   27

Kapitel 4
Vom Umgang mit schwierigen Räumen . . .   43

Kapitel 5
Den Draht zum Publikum nicht verlieren . .   61

Bilder, die Sie nicht erwarten   77

Kapitel 6
Die Kunst, nicht zu langweilen   87

Kapitel 7
Lektionen aus meinen 15 Minuten Ruhm   105

Kapitel 8
Was die anderen sagen 123

Kapitel 9
Die Kupplung ist dein Freund 139

Kapitel 10
Bekenntnisse 153

Anhang
Hinter den Kulissen 161

Die kleinen Tricks der Profis 163

Wie man argumentiert 171

Was tun, wenn Ihre Rede nicht rund ist? .. 179

Wenn etwas aus dem Ruder läuft 187

Schlimmer geht's nimmer 203

Wie Sie diesem Buch helfen können:
eine Bitte 215

Literaturempfehlungen 217

Danksagungen 227

Bildnachweis 231

Index 235

Über den Autor 243

Prolog

Dieses Buch ist eigenwillig, von persönlichen Erfahrungen geprägt und voller Enthüllungsgeschichten. Es kann sein, dass Ihnen das nicht gefällt. Einige Menschen sehen sich gern an, wie Wurst hergestellt werden, die meisten aber verzichten lieber auf diesen Anblick.

Obwohl alles in diesem Buch der Wahrheit entspricht und in dem Bestreben festgehalten wurde, nützliches Wissen zusammenzutragen, könnte es für Sie ungeeignet sein – nämlich, wenn Sie nicht immer gern die Wahrheit hören.

Dieses Buch wurde in dem Glauben geschrieben, dass die Welt besser und schöner wäre, wenn wir uns alle mehr Gedanken machten über das, was wir sagen, und wenn wir aufmerksamere Zuhörer wären.

KAPITEL 1

Die Legende vom nackten Publikum

Ich befinde mich auf einem langen Flug von Seattle nach Belgien, und die Frau neben mir beginnt eine Unterhaltung. Obwohl ich mich hinter dem Buch in meinen Händen vergrabe, stecke ich nun in einer durchaus üblichen, manchmal aber doch unglücklichen Situation: der Unterhaltung mit einem Fremden, der ich mich nicht entziehen kann. Zwar kann es interessant sein, neben jemandem zu sitzen und sich gelegentlich mit ihm zu unterhalten, doch neben einem festzusitzen, der neun Stunden nicht aufhört zu reden, kommt meiner Vorstellung der Hölle recht nah. (Und man weiß erst Bescheid, wenn man die ersten Worte gewechselt hat – und dann ist es zu spät.) Da ich nicht unhöflich sein möchte, sage ich Hallo, woraufhin sie mich fragt, womit ich meinen Lebensunterhalt verdiene. Ich halt erst mal inne. Ich bin diesen holprigen Weg der Konversation schon oft gegangen. Ich habe zwei Antworten auf diese Frage, und beide sind ätzend.

Meine beste Antwort lautet, dass ich Autor bin. Ich schreibe Bücher und Essays. Doch sich als Autor zu bezeichnen, ist keine gute Idee, weil sich mein Gegenüber meist freudig erregt einem Dan Brown, John Grisham oder Dave Eggers gegenübersieht, einer Berühmtheit, von der man seinen Freunden erzählen kann. Sobald er dann weiß, dass ich einer von diesen Millionen unbekannten Autoren bin, von denen man noch nie gehört hat – und deren Bücher nicht als Blockbuster verfilmt wurden – macht sich ein Gefühl der Enttäuschung breit, die ein Rechtsanwalt, Klempner oder Aushilfskoch bei McDonalds nie erfahren hätte.

Meine andere Antwort, ich sei ein Redner, ist noch schlimmer. Wenn Sie sich als Redner bezeichnen, sieht man in Ihnen einen der drei folgenden unangenehmen Zeitgenossen:

1. Einen Motivationsredner, der schlechte Anzüge trägt und zu viel schwitzt.

2. Den Hohepriester irgendeines Kults, der gleich versuchen wird, einen zu seiner Religion zu bekehren.

3. Einen arbeitslosen Single, der unten am Fluss in einem Wohnwagen lebt.

Ich mag es nicht, mich selbst als Redner zu bezeichnen. Professoren, Manager, Gelehrte und Politiker verbringen einen Großteil ihres Berufslebens damit, in der Öffentlichkeit zu reden, doch keiner von ihnen würde sich als Redner bezeichnen, und das aus gutem Grund. Öffentlich zu reden, ist eine Form des Ausdrucks. Sie reden über ein bestimmtes Thema, und welches Thema das auch sein mag, es lässt mehr Rückschlüsse auf Sie zu als die Rede selbst. Doch ich rede über die Dinge, über die ich auch schreibe, und das kann so ziemlich alles sein. Mich selbst als freischaffenden Denker zu bezeichnen – so nichtssagend sich das auch anhören mag –, wäre korrekt, doch wenn ich das sagen würde, hielte man mich garantiert für arbeitslos, was ich wohl auch denken würde, wenn das ein Fremder in einem Flugzeug zu mir sagte. Jedoch ist freischaffendes Denken der Grund dafür, dass ich im Flugzeug sitze. Ich habe meinen alten Beruf vor Jahren an den Nagel gehängt, zwei Bestseller geschrieben und wurde engagiert, um nach Brüssel zu fliegen und dort über Ideen aus diesen Büchern zu sprechen.

All das erkläre ich im Flugzeug meiner neu gewonnenen Freundin. Ihre erste Frage – eine, die ich an diesem Punkt der Unterhaltung häufig höre – lautet:»Wenn Sie einen Vortrag halten, stellen Sie sich dann Ihre Zuhörer nackt vor?« Sie meint es halb scherzhaft, beäugt mich aber auch kritisch. Sie will eine Antwort. Ich möchte gern sagen, dass ich das natürlich nicht tue. Niemand tut das. Man wird Ihnen niemals nahelegen, sich die Menschen nackt vorzustellen, wenn Sie in einem Vorstellungsgespräch oder beim Zahnarzt sitzen, und das aus gutem Grund. Nackt zu sein oder sich jemanden nackt vorzustellen, macht die Dinge nicht einfacher, sondern komplizierter, was mit ein Grund dafür ist, dass wir Kleidung erfunden haben. Obwohl es ein sehr schlechter Ratschlag ist, scheint er als allgemeiner Tipp für öffentliches Reden haften geblieben zu sein.

Ich habe viele Experten gefragt, und niemand wusste, wer diesen Rat als Erster gegeben hat, auch wenn einiges für Winston Churchill[1] spricht, der behauptet haben soll, es helfe ihm, sich das Publikum nackt vorzustellen. Doch er war auch bekannt dafür, jeden Tag eine Flasche Champagner und einiges an Brandy getrunken zu haben. Bei dieser Menge Alkohol muss man sich das Publikum möglicherweise nackt vorstellen, allein um wach zu

---

[1] Ich habe über ein Dutzend Experten befragt, und obwohl keiner den Ursprung dieses Rats kannte, spürte Richard I. Garber eine Erwähnung in James C. Humess Buch *The Sir Winston Method* (Quill) auf, die Churchill damit in Verbindung bringt.

bleiben. Wir Normalsterblichen (Churchill konnte erstaunlich viel Alkohol vertragen) werden keinen einzigen Profiredner finden, der uns den Rat gibt, sich jemanden nackt vorzustellen, oder vor der Rede Brandy zu trinken. Doch wenn Sie einem Freund erzählen, dass Sie wegen der Präsentation nervös sind, die Sie am nächsten Tag in Ihrem Job halten müssen, tauchen die nackten Menschen innerhalb von 30 Sekunden auf. Ich kann nicht erklären, warum. Es scheint, als würde ein schlechter Rat, der aber lustig klingt, besser haften bleiben als ein langweiliger guter Rat – ganz egal, wie sinnlos der lustige Ratschlag auch ist.

In Hunderten von Vorträgen auf der ganzen Welt sind mir all die gruseligen, tragischen und peinlichen Dinge passiert, vor denen man sich so fürchtet. Ich wurde von einem betrunkenen Publikum in einer Bostoner Bar in die Zange genommen. Ich habe in New York City einen Vortrag vor leeren Stühlen und einem gelangweilten Hausmeister gehalten. Mein Laptop ist vor einem Moskauer Auditorium heruntergefallen. Ein Mikrofon starb während einer Keynote in San Jose, und ich musste hilflos zusehen, wie die Pariser Manager, die mich angeheuert hatten, während meiner Rede im Konferenzraum einschliefen. Das Geheimnis, solche Ereignisse zu verarbeiten, besteht darin, zu erkennen, dass sie jeder vergisst, sobald sie geschehen sind – bis auf eine Person: ich selbst. Niemanden sonst interessiert es sonderlich.

Während ich dort oben rede, erinnere ich mich daran zurück, wie ich in der 25. Reihe des Auditoriums saß, oder in der Ecke eines Sitzungssaals oder in irgendeinem langweiligen Kurs an der Uni, und verzweifelt versuchte, nicht ins Tagträumen zu verfallen oder einzuschlafen. Die meisten Menschen, die gerade irgendwo auf der Welt einer Präsentation folgen, hoffen, dass die Sprecher bald zum Ende kommen.Mehr wollen sie nicht. Sie urteilen nicht so viel, wie Sie vielleicht denken, weil sie der Vortrag nicht so sehr interessiert, wie Sie vielleicht glauben. Das zu wissen, hilft enorm. Wenn es zu einer Katastrophe kommt, wenn etwas explodiert oder wenn ich stolpere und hinfalle, widmet mir das Publikum mehr Aufmerksamkeit, als ich 30 Sekunden zuvor hatte. Und solange mir mein Missgeschick nicht allzu viel ausmacht, kann ich die neu gewonnene Aufmerksamkeit nutzen und etwas Gutes mit ihr anfangen – was auch immer ich als Nächstes sage, das Publikum wird es garantiert nicht vergessen. Und wenn schon sonst nichts, liefert mein Missgeschick dennoch jedem im Publikum eine lustige

Geschichte, die er weitererzählen kann. Die Lacher über diese Geschichte bringen der Welt mehr Gutes, als irgendetwas in meiner Präsentation (oder jedes anderen Vortrags an diesem Tag) wahrscheinlich hätte erreichen können.

Wenn also bei meinem nächsten Vortrag in Philadelphia meine Schuhe in Flammen aufgehen oder ich einige Stufen hinunterstürze und mit dem Gesicht voran im Gang lande, kann ich aus dem Geschehenen etwas Gutes herausziehen. Ich bin nun Teil einer Geschichte, die häufiger erzählt werden wird als alles, was in anderen Vorträgen in diesem Monat diskutiert wird. Die Geschichte wird immer besser und skandalöser, je häufiger sie erzählt wird, und irgendwann tauchen auch Betrunkene und Nackte darin auf. Und das Beste daran ist, dass ich das Recht habe, die Geschichte zu erzählen, wenn es zu einer kleineren Katastrophe kommt. Ich kann eine vermeintliche Katastrophe nutzen, um der nächsten zu entkommen: »Sie denken, das sei peinlich? Also, letztens in Philadelphia ...« Und weiter geht's.

Wollen Sie gut in dem sein, was Sie machen, müssen Sie zuerst die Vorstellung von Perfektion über Bord werfen. Jedes Mal, wenn ich da oben stehe, weiß ich, dass ich Fehler machen werde. Und das ist okay. Wenn man untersucht, wie wir jeden Tag miteinander reden, und das gilt auch für Vorträge, sieht man, dass selbst die besten Redner Hunderte von Fehlern machen. Michael Erard, Autor von *Um* (Anchor), einer Studie über das Reden, hat (frei übersetzt) Folgendes anzubieten:

> *Sie [Fehler] treten durchschnittlich alle zehn Wörter auf ... Wenn man durchschnittlich 15.000 Wörter pro Tag spricht, sind das etwa 1.500 verbale Patzer täglich. Hören Sie sich aufmerksam zu, wenn Sie das nächste Mal etwas sagen. Sie st-st-stottern, Sie vergessen die Worte, Sie überschlagen sich (und wenn Sie schreiben, verdrehen Sie die Buchstaen – und lssn se vllcht sgr wg). Ein Großteil dieser Fehler bleibt unbemerkt oder wird einfach beiseite geschoben, doch alle sind faszinierend, sowohl hinsichtlich der Gründe, warum man sie ignoriert, als auch, warum man sie bemerkt.*

Wenn man sich Martin Luther King, Malcolm X oder Winston Churchill anhört und dann die unbearbeiteten Skripten dieser Reden ließt, findet man einige Fehler. Allerdings sind das Fehler, die wir üblicherweise ignorieren, weil wir bei gesprochener Sprache unglaublich viel verzeihen.[2] Sätze werden mittendrin abgebrochen und Satzteile wiederholt, doch wir korrigieren solche Fehler ständig in unseren Köpfen, und das gilt selbst für fanatische Redner. Solange die Nachricht ankommt, übersehen wir naturgemäß viele Dinge. Lincoln hatte eine schrille Stimme. Dale Carnegie einen Südstaatenakzent. Cicero hyperventilierte. Barbara Walters, Charles Darwin, Winston Churchill und sogar Moses stotterten, lispelten oder hatten andere Sprachstörungen, doch das war nicht das Ende ihrer Karriere, weil sie interessante Dinge mitzuteilen hatten. So oberflächlich einem öffentliche Reden erscheinen mögen, die Geschichte lehrt uns, dass Menschen mit klaren Ideen und starken Argumenten diejenigen sind, an die wir uns erinnern.

Ich weiß, dass ich die ganze Zeit über kleine Fehler mache. Ich kann es nicht verhindern. Abgesehen davon ist Perfektion bei einem Vortrag langweilig! Tyler Durden sagt irgendwo im Film *Fight Club*, er hätte aufgehört, perfekt sein zu wollen, weil der quälende Zwang zur Perfektion ihn daran hindere zu wachsen. Man nimmt Chancen nicht mehr wahr, d.h., man hört auf zu lernen. Ich möchte nicht perfekt sein. Ich möchte nützlich sein, ich möchte gut sein, und ich möchte nach mir selbst klingen. Perfekt sein zu wollen, steht diesen Dingen im Weg. Außerdem erinnern Fehler oder Stolperer an verschiedenen Stellen jeden wieder daran, wie schwer es ist, da vorne zu stehen. Fehler kommen vor – entscheidend ist aber, wie Sie Ihre Fehler ausbügeln, und da gibt es zwei Möglichkeiten:

1. Vermeiden Sie den Fehler, keine Fehler machen zu wollen. Sie sollten hart daran arbeiten, alles über Ihren Stoff zu wissen, doch Ihnen sollte auch klar sein, dass Sie nicht perfekt sein können. Dann werden Sie nicht am Boden zerstört sein, wenn kleinere Dinge schiefgehen.

2. Denken Sie daran, dass Ihre Reaktion auf einen Fehler die Reaktion des Publikums definiert. Wenn ich Wasser über meine Hose schütte und darauf reagiere, als würde die Titanic untergehen, sieht es das Publikum – und mich – als Tragödie.

---

2 Einige Redner sind formeller als andere, d.h., es *gibt* Beispiele für perfekte Reden (doch diese sind eher unüblich). Ich habe mir *Greatest Speeches of All Time*, Vol. I und Vol. II, angehört, und viele Reden unterstützen diese These.

Doch wenn ich cool bleibe, oder, noch besser, wenn ich es lustig finde, sieht es das Publikum genauso.

Ein anschauliches Beispiel für einen meiner eigenen Fehler bietet die Keynote, die ich im März 2008 auf der Web 2.0 Expo vor 2.000 Teilnehmern hielt. Mir wurden zehn Minuten Redezeit zugestanden, und da man durchschnittlich zwei bis drei Wörter pro Sekunde spricht, sind das gerade einmal 1.500 Wörter (600 Sekunden × 2,5 Wörter pro Sekunde). Zehn Minuten klingt hart, aber viele große Reden der Geschichte waren wesentlich kürzer, einschließlich Lincolns Gettysburg-Rede und Jesus' Bergpredigt. Es ist viel Zeit, wenn man weiß, was man sagen will. Ich bereitete meine Rede vor, übte sie ordentlich ein und erschien früh, um alles noch mal durchzugehen, bevor die Teilnehmer eintrafen. Die Technik-Crew zeigte mir die Bühne, das Rednerpult und die Fernbedienung zur Steuerung meiner Folien. Unter der Bühne stand eine Countdown-Kontrolluhr, die mir die verbliebene Zeit anzeigte. Nett.

Die Technik-Crew wies unerbittlich auf eine Tatsache hin: Die Fernbedienung besaß nur eine Vorwärts-Taste. Wenn ich zu einer vorherigen Folie zurück wollte, musste ich über das Mikrofon darum bitten. Ich hatte so etwas noch niemals zuvor erlebt. Alle Fernbedienungen lassen einen vor- und zurücknavigieren – warum um alles in der Welt sollte man auf eine Zurück-Taste verzichten? Ich habe niemals eine Antwort bekommen.[3] Doch weil meine Rede so kurz war und ich sowieso nur selten zurückblättern muss, irritierte mich das nicht weiter. Ich machte eine mentale Notiz, um nicht versehentlich die Taste der Kamikaze-Fernbedienung zu drücken. Ein Kinderspiel, dachte ich.

Während ich also hinter der Bühne stand, und dem letzten Redner vor mir (Edwin Aoki von AOL) zuhörte, sah ich die riesige Menschenmenge in der Dunkelheit. Pressefotografen und Filmteams knieten in den Gängen, leicht zu erkennen an Lichtreflexionen ihrer Linsen. Aokis Vortrag endete mit Applaus, und Brady Forrest, Mitveranstalter des Events, ging auf die Bühne, um mich anzukündigen. Ich war aufgedreht und bereit. Ich hatte geübt. Ich kannte

---

3 Für die Reden bei einigen großen Veranstaltungen werden mehrere Computer mit den gleichen Vortragsfolien eingerichtet, nur für den Fall, dass einer abstürzt. Damit das funktionieren kann, wird die Fernbedienung an dieses System angeschlossen und nicht mit einem der Computer verbunden. Daher die seltsame Fernbedienung.

meinen Stoff, ich hatte gute Ideen und lustige Geschichten. Ich war sicher, es würde großartig werden. Ich hörte meinen Namen, betrat die Bühne und hielt direkt auf das Rednerpult zu. Meine Augen hingen an der Fernbedienung, das Einzige, was ich brauchte, bevor ich anfangen konnte. Ich legte meine Finger sorgfältig auf die Seite der Fernbedienung, damit ich nicht versehentlich die Taste drückte (zu sehen in Abbildung 1-1). Schließlich war ich bereit, loszulegen.

Abbildung 1-1: Live auf der Web 2.0 Expo. Sie können die Kamikaze-Fernbedienung in meiner linken Hand erkennen.

Mein Gehirn kam auf Touren, und ich schaute über die Menge hinweg, um mich zu orientieren. Auf ihrem Weg zurück zur Mitte des Raums blieben meine Augen an der Kontrolluhr hängen, die eine Überraschung für mich bereithielt. Anstelle der von mir erwarteten 10 Minuten – den 10 Minuten, die ich geplant, vorbereitet und geübt hatte – blieben mir nur noch 9 Minuten und 34 Sekunden. Sechsundzwanzig meiner kostbaren Sekunden waren verschwunden.

Ich gebe zu, dass hier in der Behaglichkeit dieses Buchs, ohne Publikum und ohne Druck, 26 Sekunden nichts sind, worüber man sich beklagen müsste. Das reicht gerade mal, um sich die Schuhe zu binden. Doch in diesem Moment, in dem ich gerade loslegen wollte, war ich überrascht. Ich konnte mir nicht vorstellen, wo ich 26 Sekunden verschwendet hatte, (Später erfuhr ich, dass Bradys Vorstellung und mein Weg über die große Bühne dafür verantwortlich waren.) Und während ich versuchte, mir auf diese überraschende Zahl einen Reim zu machen, verstrich weitere Zeit. Mein Gehirn – nicht so klug, wie es zu sein glaubt – bestand darauf, direkt an Ort und Stelle, live auf der Bühne, Detektiv spielen und noch mehr kostbare Zeit verschwenden zu müssen. Ich weiß nicht, warum mein Gehirn das tat, doch es macht viele seltsame Dinge, die ich im Nachhinein ergründen muss.

In der Zwischenzeit schweife ich ab. Bla bla Innovation bla Kreativität bla. Ich bin normalerweise keine Plaudertasche, doch für 15 Sekunden kann ich über ein mir vertrautes Thema so plappern, dass es sich anhört, als würde ich *nicht* plappern. Das gab meinem Gehirn gerade genug Zeit, um seine sinnlose Untersuchung der Geschehnisse zu stoppen. Nachdem ich wieder konzentriert war, musste ich noch mehr Zeit aufwenden, um einen halbwegs eleganten Spagat zwischen meinem Geplapper und dem ersten Punkt des von mir vorbereiteten Materials hinzubekommen. Endlich wieder auf dem richtigen Weg, wenn auch eine ganze Minute zurück, drückte ich auf die Fernbedienung, um zur nächsten Folie zu springen. Doch ich hielt die Taste zu lang, und zwei Folien flogen vorbei.

Wir alle besitzen Reservetanks voller Kraft, die uns helfen, wenn etwas schiefgeht, doch hier waren meine Tanks leer. Ich hatte nicht den Mut, meine Rede zu unterbrechen und die Techniker über das Mikrofon – als würden man mit den Göttern da oben sprechen – zu bitten, zurückzugehen, hilflos wartend, während die Uhr immer mehr meiner kostbaren Zeit auffraß. Also drückte ich weiter, tat mein bestes und floh von der Bühne, als meine zehn Minuten abgelaufen waren.

Für mich war es ein Desaster. Ich fand nie meinen Rhythmus und konnte mich an den Großteil des von mir Gesagten nicht mehr erinnern. Doch als ich mit einigen mir bekannten Leuten aus dem Publikum sprach, entdeckte ich etwas sehr Interessantes. Nicht nur dass es keinen kümmerte, es wurde überhaupt nicht bemerkt. Das Drama spielte sich hauptsächlich in meinem Kopf ab. Wie es Dale Carnegie (frei übersetzt) in *Public Speaking for Success*[4] schrieb:

Gute Redner wissen, nachdem sie die Rede gehalten haben, dass es vier Versionen der Rede gibt: diejenige, die sie gehalten haben, diejenige, die sie vorbereitet haben, diejenige, die laut Zeitungen gehalten wurde, und diejenige, die sie im Nachhinein gern gehalten hätten.

Sie können sich das zehnminütige Video der Rede ansehen und sich selbst ein Urteil bilden.[5] Es ist keine tolle Präsentation, aber sie ist auch nicht so schlecht. Welche Fehler und Mängel es auch immer gibt, sie sind in meinem Kopf größer als in Ihrem. Mein Kampf auf der Bühne an diesem Abend lehrte mich eine Lektion: Verplane niemals die gesamte vorgegebene Zeit. Hätte ich nur für neun anstatt für zehn Minuten geplant, hätte mich die Uhr nicht interessiert, oder wie seltsam die Fernbedienung ist – oder wie lange es dauert, die Bühne zu überqueren.

Und häufig sind die Dinge, die den Sprecher verfolgen, das genaue Gegenteil dessen, was die Zuhörer interessiert. Sie wollen unterhalten werden. Sie wollen lernen. Und das Wichtigste ist: Sie wollen, dass Sie Ihre Sache ordentlich machen. Viele Fehler, die Sie während eines Vortrags machen können, ändern nichts daran, dass diese Wünsche erfüllt werden. Die Fehler, die Sie machen, bevor Sie Ihr erstes Wort sagen, sind von größerer Bedeutung. Dazu zählen solche Fehler, wie keine interessante Meinung zu vertreten, nicht klar über die eigenen Argumente nachzudenken und nicht über Möglichkeiten zu reflektieren, diese Argumente Ihrem Publikum zu vermitteln. Das macht den Unterschied aus. Wenn Sie herausfinden, wie Sie diese Dinge richtig machen, spielt alles andere kaum mehr eine Rolle.

---

[4] *Public Speaking for Success* (Tarcher), Seite 61.

[5] Im Video können Sie nach 84 Sekunden meinen Gesichtsausdruck sehen, als zwei meiner Folien vorbeifliegen: *http://www.blip.tv/file/856263/*.

KAPITEL 2

Der Angriff der Schmetterlinge

> *»Die besten Redner wissen, warum sie Angst*
> *haben … der einzige Unterschied zwischen den*
> *Profis und den Anfängern besteht darin, dass*
> *die Profis den Schmetterlingen beigebracht*
> *haben, in Formation zu fliegen.«*
>
> Edward R. Murrow

Es gibt gute Gründe, warum man Angst davor hat, eine öffentliche Rede zu halten. Doch solange ich niemanden sehe, der mitten in einem Vortrag vom Rednerpult flüchtet und um sein Leben rennend durch den Notausgang links der Bühne verschwindet, würde ich nicht behaupten, dass einen Vortrag zu halten beängstigender sei als der Tod. Diese merkwürdig populäre Behauptung, die da lautet: »Wusstet du, dass viele Menschen lieber sterben würden, als eine Rede zu halten?«, ist der klassische Fall, in dem die Leute fragen sollte, woher sie wissen, was sie zu wissen glauben. Diese »Tatsache« deutet an, dass sich Menschen, stellte man sie vor die Entscheidung, lieber von Gebäuden stürzen oder Zyankalikapseln schlucken würden, statt vor den Kollegen einen kurzen Vortrag zu halten. Da das in der realen Welt nicht vorkommt – kein Bericht über einen Selbstmord nennt einen anstehenden Vortrag als Begründung –, stellt sich die Frage, woher diese Behauptung bloß kommt?

Die Quelle ist *The Book of Lists* von David Wallechinksy u.a. (William Morrow), ein 1977 erstmals veröffentlichtes, unterhaltsames Buch. Es enthält eine Liste der Dinge, die wir Menschen am meisten fürchten, und öffentliche Reden stehen darin an erster Stelle. Hier die Liste mit der Überschrift »Die schlimmsten menschlichen Ängste«:

1. Vor einer Gruppe reden
2. Höhe
3. Insekten
4. Finanzielle Probleme
5. Tiefes Wasser
6. Krankheit
7. Tod
8. Fliegen
9. Einsamkeit
10. Hunde
11. Auto fahren

12. Dunkelheit

13. Aufzüge

14. Rolltreppen

Wer nun obige Behauptung äußert, kann diese Liste nicht kennen, denn wer sie sieht, dem ist klar, dass sie viel zu albern und seltsam ist, um sie ernst zu nehmen. *The Book of Lists* gibt an, dass ein Team von Marktforschern 3.000 Amerikanern eine einfache Frage gestellt hat:»Wovor haben Sie am meisten Angst?« Allerdings durften die Befragten beliebig viele Antworten aufschreiben. Da es keine Liste gab, aus der man auswählen konnte, ist die Umfrage alles andere als wissenschaftlich. Schlimmer noch, es gibt keine Informationen darüber, wer diese Leute waren.[1] Wir können also nicht wissen, ob die Befragten für den Rest von uns in irgendeiner Weise repräsentativ waren. Ich weiß, dass ich, vermutlich genau wie Sie, die meisten Meinungsumfragen meide, was wiederum die Frage aufwirft, warum wir Meinungsumfragen so viel Vertrauen entgegenbringen.

Sieht man sich die Liste an, ist leicht zu erkennen, dass wir Angst vor Höhe (2), tiefem Wasser (5), Krankheit (6) und vorm Fliegen (8) haben, weil man bei diesen Dingen sterben kann. Summiert man das Ganze, steht der Tod an erster Stelle, womit die Ehre des Sensenmanns wiederhergestellt wäre.[2] »Fakten« über öffentliche Vorträge sind meist irreführend, da sie häufig aus Quellen stammen, die – wie Ratgeberliteratur – bestimmte Dienste anbieten und davon profitieren, öffentliches Reden so furchtbar wie möglich erscheinen zu lassen. Selbst bei einer vernünftigen Untersuchung neigen Menschen dazu, kleinere, aber im täglichen Leben präsente Ängste häufiger zu nennen als so abstrakte Erfahrungen wie den Tod.

---

[1] *The Book of Lists* erwähnt es nicht, doch es ist sehr wahrscheinlich, dass die Quelle ein 1973 von der Agentur Bruskin/Goldkin veröffentlichter Bericht ist.

[2] Wenn Sie diese Liste kombinieren, um das schlimmstmögliche Horrorszenario darzustellen, wäre das ein Vortrag in einem Flugzeug in 10.000 Metern Höhe in der Nähe eines Spinnennetzes, während Sie gleichzeitig Ihre Steuererklärung machen, bei ausgeschaltetem Licht gleich neben einem tollwütigen Hund an der tiefen Seite eines Schwimmbeckens sitzen, sich krank fühlen, und das Ganze gleich neben sich eine Rolltreppe, die direkt zu einem Aufzug führt.

Wenn man über solche Dinge wie den Tod, schlechte Meinungsumfragen und öffentliche Reden nachdenkt, sollte man sie zuerst
klarmachen, dass noch niemand sterben musste, weil er einen
schlechten Vortrag gehalten hat. Nun ja, einer schon, der amerika-
nische Präsident William Henry Harrison, der sich eine Lungen-
entzündung einfing, nachdem er die längste Antrittsrede der amerikanischen Geschichte gehalten hatte. Die Moral von der
G'schicht ist einfach: Fass dich kurz, oder du könntest sterben.
Von dieser Ausnahme einmal abgesehen: Wenn Sie so wichtig sind
– wie Gandhi oder Lincoln –, dass jemand den Wunsch verspürt,
Sie zu töten, liegt es nicht an Ihren Reden. Malcolm X wurde
1965 zu Beginn einer Rede erschossen, doch er war ein fantasti-
scher Redner (und wurde wohl getötet, weil er zu gut sprach). Lincoln wurde ermordet, während er anderen auf der Bühne *zusah*.
Er wurde auf seinem Stuhl sitzend von hinten erschossen, was uns
einen wesentlichen Vorteil eines Vortrags zeigt: Es wird sich kaum
jemand von hinten an Sie anschleichen können, um Sie umzu-
legen, ohne dass es das Publikum bemerkt. Auf der Bühne hinter
einem Rednerpult zu stehen, bot dem amerikanischen Präsidenten
George W. Bush bei seinem letzten öffentlichen Auftritt im Irak
einen gewissen Schutz, als ein empörter irakischer Reporter erst
den einen und dann den zweiten Schuh nach ihm warf. Da er den
Angriff von der Bühne aus kommen sah, war Bush im Vorteil und
konnte beiden geistesgegenwärtig ausweichen.

Die eigentliche Gefahr geht immer von der Menge aus. Fans von
Rockbands wie The Who, Pearl Jam und den Rolling Stones
kamen auf den Zuschauertribünen zu Tode. Und auch wenn der
Schlagzeuger von Spinal Tap auf mysteriöse Weise während eines
Auftritts explodierte, sind in der Weltgeschichte nur sehr wenige
Tode auf der Bühne verbrieft. Die von Menschenmengen ausge-
henden Gefahren sind der Grund dafür, dass einige die Sitze am
Gang bevorzugen – man kann schnell flüchten, egal ob vor einem
Feuer oder vor der Langeweile. Auf der Bühne erreichen Sie nicht
nur die Notausgänge besser, jeder Anwesende wird auch sofort
erkennen, wenn Sie ohnmächtig werden, herunterfallen oder einen
Herzinfarkt erleiden, und einen Krankenwagen rufen. Wenn Sie
das nächste Mal vorne stehen und einen Vortrag halten, sollten Sie
also wissen, logisch betrachtet, dass Sie dort am sichersten sind.
Das Problem ist, dass unser Gehirn so geschaltet ist, dass es das
Gegenteil glaubt (siehe Abbildung 2-1).

Abbildung 2-1: Wenn Sie das linke Bild sehen, sieht Ihr Gehirn das rechte.

Unser Gehirn betrachtet, trotz aller Intelligenz, die folgenden vier Dinge als sehr schlecht für sein überleben:

- Allein dazustehen.
- Oder im offenen Gelände ohne die Möglichkeit, sich zu verstecken.
- Ohne Waffe zu sein.
- Vor einer großen Menge sie anstarrender Kreaturen zu stehen.

In der Evolutionsgeschichte waren sämtliche Situationen, in denen alle obigen Punkte zutrafen, sehr schlecht für Sie. Die Wahrscheinlichkeit war sehr hoch, dass Sie gleich angegriffen und lebendig gefressen wurden. Viele Raubtiere jagen in Rudeln, und ihre leichteste Beute sind diejenigen, die allein sind und ohne eine Waffe, auf weiter Flur, wo man sich kaum verstecken kann (z.B. auf einer Bühne). Unsere Vorfahren, diejenigen, die überlebten, hatten für solche Situationen eine Angstreaktion entwickelt. Obwohl ich also seit 15 Jahren unterrichte, Vorträge halte und auch recht entspannt wirken mag, es ist eine wissenschaftliche Tatsache, dass mein Gehirn und mein Körper eine gewisse Angst verspüren, bevor und während ich spreche.

Die Verdrahtung unseres Gehirns – dessen Geschichte Jahrtausende älter ist als die Geschichte öffentlicher Reden bzw. des Sprechens überhaupt – macht es unmöglich, sich nicht zu fürchten, wenn man sich in der scheinbar schlimmsten taktischen Situation befindet, in der man überhaupt sein kann. Das kann man auch nicht abschalten, zumindest nicht vollständig. Diese Verdrahtung ist so fundamental, dass sie sich in den ältesten Teilen unseres

Gehirns befindet (wie viele andere wichtige Funktionen unseres Gehirns auch), über die wir nahezu keine Kontrolle haben. Nehmen wir zum Beispiel eine so einfache Sache wie das Atmen. Versuchen Sie doch mal, die Luft anzuhalten. Ein durchschnittlicher Mensch kann das etwa eine Minute lang, doch sobald sich der Schmerz erhöht – Schmerz, der von Ihrem Nervensystem erzeugt wird, um Sie von so dummen Dingen wie einem Selbstmord abzuhalten –, wird Sie Ihr Körper letztendlich dazu zwingen, nachzugeben. Ihr Gehirn will unbedingt überleben und macht ungefragt viele Dinge, um Ihnen beim Überleben zu helfen. Doch selbst wenn Sie besonders stur sind und wegen Sauerstoffmangels ohnmächtig werden, was wird Ihrer Meinung nach dann wohl passieren? Sie werden trotzdem leben. Ihre treu ergebene Amygdala, einer der ältesten Teile Ihres Gehirns, übernimmt die Kontrolle, um ihre Atmung, die Herzfrequenz und tausend andere Dinge zu regulieren, über die Sie niemals nachgedacht haben, bis Sie wieder zu sich kommen (wörtlich und bildlich gesprochen).

Viele Jahre habe ich meine Ängste bei öffentlichen Reden verleugnet. Wenn man mich nach einer Rede fragte, ob ich nervös gewesen wäre, landete ich immer auf dem dummen Machotrip. Ich grinste, als würde ich sagen wollen: »Wer, ich? Nur einfache Sterbliche sind nervös.« Bis zu einem gewissen Grad wusste ich immer, dass das Blödsinn war, doch ich kannte weder die wissenschaftlichen Fakten noch wusste ich, was andere dazu zu sagen hatten. Es stellte sich heraus, dass selbst berühmte Menschen immer wieder bestätigen, dass ihre Gehirne, trotz ihres Talents und Erfolgs, genauso verschaltet sind wie unsere:

- Mark Twain, der sein Einkommen hauptsächlich mit Reden, nicht mit Schreiben verdiente, sagte: »Es gibt zwei Arten von Rednern: diejenigen die nervös sind, und diejenigen, die lügen.«

- Elvis Presley sagte: »Ich habe nie das überwunden, was man als Lampenfieber bezeichnet. Ich hatte es bei jeder Show.«

- Thomas Jefferson hatte so große Angst vor öffentlichen Reden[3], dass er die Rede zur Lage der Nation von einem ande-

---

3 Die Gründe für Jeffersons kleine Zahl von Reden werden diskutiert. Die Jefferson Library vertritt dazu eine ausgesprochen wohlwollende Meinung, siehe *http://wiki.monticello.org/mediawiki/index.php/Public_Speaking* und Halford Ryans *U.S. Presidents As Orators: A Bio-Critical Sourcebook* (Greenwood Press).

ren verlesen ließ (auch George Washington mochte öffentliche Reden nicht).

- Bono, der Sänger von U2, gibt zu, an jedem Morgen vor einem Konzert (von denen er Tausende gegeben hat) nervös zu sein.
- Winston Churchill, John F. Kennedy, Margaret Thatcher, Barbara Walters, Johnny Carson, Barbra Streisand und Ian Holm haben alle Angst vor öffentlichen Auftritten zugegeben.[4]
- Aristoteles, Isaac Newton, Charles Darwin, Winston Churchill, John Updike, Jack Welch und James Earl Jones hatten alle einmal Stotterer und waren nervöse Redner.[5]

Selbst wenn Sie diese Angstreaktionssysteme abschalten könnten, was man sich als Erstes wünscht, wenn man Angst vor öffentlichen Reden hat, wäre das aus zwei Gründen keine gute Idee. Zum einen ist es durchaus von Vorteil, wenn die alten Teile unseres Gehirns die Kontrolle über unsere Angstreaktionen haben. Wenn eine Gruppe von Ninja-Kriegern durch die Zimmerdecke fällt und Sie umzingelt – mit dem Auftrag, Ihr zartes Fleisch in feine Scheiben zu schneiden –, wollen Sie dann wirklich die Bürde auf sich nehmen, Ihre Herzfrequenz regulieren zu müssen oder zu entscheiden, welche Muskeln Sie zuerst anspannen müssen, damit sich Ihre Beine in Bewegung setzen, um weglaufen zu können? Ihr aktiver Geist ist nicht schnell genug, um diese Dinge in der kurzen Zeitspanne zu erledigen, die Ihnen zum Überleben bleibt. Es ist eine gute Sache, dass die Angstreaktionen von den unbewussten Teilen unseres Geistes gesteuert werden, da das die einzigen Teile sind, deren Verschaltung schnell genug ist, um bei echter Gefahr etwas Sinnvolles zu tun.

Der Nachteil dieser Angstreaktionsverschaltung besteht darin, dass sie zu Problemen führt, weil unser Leben heutzutage sehr sicher ist. Nur wenige von uns treffen auf dem Weg zur Arbeit regelmäßig auf Löwen oder müssen sich mit Alligatoren herumschlagen, das heißt, unsere Angstreaktionsprogrammierung harmoniert nicht mehr mit unserem modernen Leben. Die gleichen Stressreaktionen, die wir genutzt haben, um Millionen von Jahren zu überleben, werden nun von unseren übereifrigen Gehirnen auf nicht überlebenswichtige Situationen angewandt. Wir entwickeln

---

4 Aus *Conquer Your Speech Anxiety*, Karen Kangas Dwyer (Wadsworth).
5 *The Francis Effect*, M. F. Fensholt (Oakmont Press), Seite 286.

Magengeschwüre, Bluthochdruck, Kopfschmerzen und andere
körperliche Leiden zum Teil deswegen, weil unser Stresssystem
nicht dazu entworfen wurde, mit den »Gefahren« unserer schönen
neuen Welt umzugehen: Computerabstürze, alles kontrollierende
Vorgesetzte, Telefonkonferenzen mit zwölf Teilnehmern und stun-
denlanges Pendeln im Berufsverkehr. Würden wir auf dem Weg zu
einem Vortrag von Tigern angegegriffen werden, fänden wir den
Vortrag selbst nicht annähernd so beängstigend – unsere Ansicht
zu Angst einflößenden Dingen sähe dann anders aus.

Zum anderen konzentriert Angst die Aufmerksamkeit. Alle schönen
und interessanten Dinge des Lebens gehen mit Angst einher.
Wollen Sie das nette Mädchen fragen, ob sie mit Ihnen ausgeht?
Denken Sie daran, sich auf diesen coolen Job zu bewerben?
Wollen Sie ein Buch schreiben? Sich selbstständig machen? Alle
guten Dinge beinhalten die Möglichkeit eines Fehlschlags, sei es
Ablehnung, Enttäuschung oder Peinlichkeit, und die Angst vor solchen Fehlschlägen motiviert viele Leute dazu, alles Notwendige zu
tun, um erfolgreich zu sein. Diese Angst gibt uns die Energie, pro-
aktiv dafür zu sorgen, dass diese Fehler nicht eintreten. Viele psychologische Ursachen für Ängste am Arbeitsplatz – von den Kollegen ausgelacht zu werden oder vor dem Chef dumm dazustehen –,
können auch als Gelegenheit betrachtet werden, seinen eigenen
Wert unter Beweis zu stellen. Kurioserweise gibt es biologisch
gesehen kaum einen Unterschied zwischen der Angst vor Fehlern
und der Vorfreude auf Erfolg. In seinem ausgezeichneten Buch
Gehirn und Erfolg (Spektrum Akademischer Verlag) hebt Dr. John
Medina hervor, dass es für den Körper sehr schwierig ist, Erre-
gungs- und Angstzustände zu unterscheiden:

> *Viele der Mechanismen, die Sie bei dem Anblick eines Raubtiers
> vor Schreck zusammenkauern lassen, werden auch beim Sex –
> oder auch beim Verzehr des Thanksgiving-Abendessens – aktiv.
> Für Ihren Körper sind Säbelzahntiger, Orgasmen und Truthahn-
> braten bemerkenswert ähnlich. Ein erregter physiologischer
> Zustand ist sowohl für Stress als auch für Freude charakteris-
> tisch.*

Angenommen, er hat recht, warum ist das so? In beiden Fällen
liegt es daran, dass Ihr Körper Ihnen zusätzliche Energie zur Verfügung stellt, die Sie nutzen können. Den Körper interessiert es
nicht, ob der Grund dafür gut oder schlecht ist, er weiß nur, dass
er sich auf etwas vorbereiten muss. Wenn Sie vorgeben, keine

Angst vorm öffentlichen Reden zu haben, lassen Sie sich selbst die natürliche Energie entgehen, die Ihnen Ihr Körper anbietet. Angst erzeugt Energie, die Sie nutzen können, ebenso wie Freude. Ian Tyson, ein Stand-up-Comedian und Motivationsredner, gibt den folgenden glänzenden Rat:»Die Reaktion des Körpers auf Angst und Freude ist die gleiche … es wird also zu einer mentalen Entscheidung: Habe ich Angst oder freue ich mich?« Wenn Ihr Körper den Unterschied nicht erkennt, müssen Sie Ihre Instinkte nutzen, um sich zu helfen, statt sich zu verletzen. Das erreichen Sie am besten, indem Sie planen, bevor Sie reden. Wenn Sie einen Vortrag halten, entziehen sich viele Variablen Ihrer Kontrolle – das ist okay, und es ist ganz normal, sich davor zu fürchten. Doch bevor Sie Ihre Rede halten, können Sie viele Dinge tun, um sich vorzubereiten und die Kontrolle über die Faktoren zu gewinnen, die Sie kontrollieren *können*.

Was zu tun ist, bevor Sie reden

Der Hauptvorteil eines Redners gegenüber dem Publikum ist, dass er weiß, was als Nächstes kommt. Komiker – die besten öffentlichen Redner – erreichen ihr Ziel größtenteils deshalb, weil Sie die Pointe nicht kennen. Um mir einen ähnlichen Vorteil zu verschaffen, übe ich, genau wie George Carlin oder Chris Rock, meinen Stoff ein. Nur so lerne ich, wie ich von einem Punkt zum nächsten komme oder wie ich eine Geschichte oder Tatsache darzustellen habe, um bestmöglich zum nächsten Punkt zu gelangen. Und wenn ich sage, dass ich übe, meine ich, dass ich an meinem Pult stehe, mir ein Publikum um mich herum denke und den Vortrag genau so halte, als wäre er real. Wenn ich etwas für eine Präsentation plane, übe ich es. Doch ich übe nicht für die Perfektion, und ich lerne auch nichts auswendig. Würde ich das tun, hörte ich mich wie ein Roboter an. Noch schlimmer, ich klänge wie jemand der sich sehr bemüht, die Dinge in einer exakten, konkreten und völlig unnatürlichen Art darzustellen, was der Zuhörer einen Kilometer gegen den Wind erkennt. Meine Absicht besteht darin, meinen Stoff so gut zu kennen, dass ich mich mit ihm wohlfühle. Mein Ziel ist Selbstvertrauen, nicht Perfektion.

Können Sie sich denken, was die meisten Leute *nicht* tun, die sich um ihre Vorträge Sorgen machen? Üben. Wissen Sie, was ich als Erstes frage, wenn ich gebeten werde, jemandem bei einem Vortrag zu helfen, und er mir die Folien schickt?»Haben Sie geübt?«

Üblicherweise lautet die Antwort Nein, und man ist überrascht, dass das so wichtig sein soll. Als ob andere Interpreten wie Rockbands oder Shakespeare-Darsteller nicht proben müssten, um ihre Sache gut zu machen. Die Folien sind nicht die Darbietung – Sie, der Redner, sind es. Und es zeigt sich, dass die meisten Ratschläge (auch die Tipps zu Folien), die in den guten Büchern zum Thema öffentliches Reden stehen, nur schwer anzuwenden sind, wenn man nicht übt. Der beste Grund zum Üben besteht darin, dass ich gefahrlos Fehler machen und korrigieren kann, ohne dass es jemand mitbekommt. Ich bin sicher kein besserer Redner als irgendjemand anderer – ich bin nur besser darin, Probleme zu erkennen und zu beheben.

Beim Üben, insbesondere wenn es um ein neues Thema geht, kommen viele Aspekte zusammen. Und wenn ich über etwas stolpere oder irritiert bin, halte ich ein und treffe eine Entscheidung:

- Funktioniert es besser, wenn ich es erneut versuche?
- Muss diese oder die vorherige Folie überarbeitet werden?
- Kann ein Bild oder eine Geschichte diesen ganzen Text ersetzen?
- Gibt es vom vorherigen Punkt einen besseren Einstieg zu dieser Stelle?
- Wird die Sache besser, wenn ich diesen Punkt/diese Folie/ diese Idee ganz weglasse?

Ich wiederhole diesen Vorgang, bis ich mit der Rede ohne größere Fehler durch bin. Da ich weit mehr Angst davor habe, einen schlechten Vortrag zu halten, als ein paar Stunden mehr zu üben, gewinnt das Üben. Die Energie, die aus meiner Angst vor einem Fehlschlag und vor einer Menge dumm dazustehen entsteht, gibt mir die Kraft, alles daranzusetzen, um zu verhindern, dass das passiert. So einfach ist das.

Aber obwohl jeder üben kann – man braucht dazu weder eine besondere Intelligenz noch magische Kräfte –, machen es die meisten nicht, weil:

- es keinen Spaß macht,
- es Zeit braucht,
- man sich albern dabei vorkommt,
- man annimmt, dass das auch sonst keiner macht,

- die Angst vor dem Reden zu einer Verschleppungstaktik führt, die sich zu einer selbsterfüllenden Prophezeiung ausweitet.

Ich weiß, dass ich wie ein Idiot aussehe, wenn ich zu Hause in Unterwäsche in einem Raum voller imaginärer Zuhörer meinen Vortrag übe. Wenn ich in Hotelzimmern übe, was ich oft tue, habe ich jedes Mal Sorge, dass mitten im Satz ein Zimmermädchen hereinplatzt und ich ihr zu erklären versuche, warum um alles auf der Welt ich mir in Unterwäsche selbst einen Vortrag halte. Doch ich stelle mich diesen Ängsten lieber in meinem eigenen Zimmer – mit meiner eigenen Minibar, zu einer von mir gewählten Zeit, immer und immer wieder, sooft ich will – als vor einer realen Menge, einer Menge, die meinen Vortrag sehr wahrscheinlich auf Video und als Podcast festhält und alles aufnimmt, was ich tue. Im richtigen Leben gibt es keinen zweiten Versuch.

Wenn ich eine Rede tatsächlich vor einem Publikum halte, tue ich das nicht zum ersten Mal. Nachdem ich eine Rede drei- oder viermal geübt habe, kann ich problemlos auf die Folien verzichten, da ich die Kernpunkte auswendig kenne. Die Sicherheit, die ich durch das Üben gewonnen habe, ermöglicht es mir zu improvisieren und auf unerwartete Dinge zu reagieren – Zwischenrufe, schwierige Fragen, gelangweilte Zuhörer oder fehlerhafte Gerätschaften –, die während eines Vortrag eintreten können. Hätte ich nicht geübt, würde ich mir um meinen Stoff so viele Gedanken machen, dass ich auf nichts anderes achten könnte und weit weniger darauf eingehen könnte, was aus dem Publikum kommt. Ich gebe zu, dass ich trotz aller Überei schlechte Arbeit abliefere, Fehler mache, das Publikum enttäusche, doch ich bin sicher, dass der Grund dafür weder Angst noch Verwirrung durch meine eigenen Folien ist. Ein ganzes Universum an Ängsten und Fehlern verschwindet einfach, wenn Sie sich auf Ihre Vorbereitung verlassen können.

Doch selbst mit aller Übung dieser Welt entscheidet mein Körper, genau wie Ihrer, selbst, wann er sich fürchtet. Denken Sie zum Beispiel an die befremdliche Tatsache feuchter Hände. Warum bloß sind feuchte Hände in Situationen auf Leben und Tod nützlich? Ich hatte nur einmal feuchte Hände, kurz vor einer Fernsehübertragung auf CNBC. Zu Beginn der Aufzeichnung, während ich auf einer unbequemen pinkfarbenen Couch saß und in dem grellen Licht und der kalten Luft versuchte, ruhig zu bleiben, fühlte ich ein seltsames Kribbeln in meinen Handflächen. Während die Kameras liefen, hob ich meine Hände, um zu sehen, was da vorging. Ich musste sie berühren, um zu merken, dass sie schwitzten. Verrückt, wie ich bin, fand ich das wirklich lustig, was gleichzeitig einige meiner Ängste abbaute. Die beste wissenschaftliche Erklärung besagt, dass einige Primaten, Kreaturen, die auf Bäumen herumkletterten, eine größere Gewandtheit besaßen, wenn ihre Handflächen feucht waren. Aus dem gleichen Grund tippen Sie Ihren Finger mit der Zunge an, bevor Sie eine Zeitungsseite umblättern. Worauf ich hinauswill, ist, dass Ihr Körper auf altertümliche Weise auf Stress reagiert, ganz egal wie gut vorbereitet Sie sind.[6] Das ist in Ordnung. Es bedeutet nicht, dass Sie ein Idiot oder ein Feigling sind, es bedeutet nur, dass Ihr Körper schwer arbeitet, um Ihr Leben zu retten. Das ist von Ihrem Körper ebenso nett, wie es von Ihrem Hund nett ist, dass er Katzen verscheucht. Es ist schwer, einen Hund für sein instinktives Verhalten zu tadeln, und das gleiche Verständnis sollten Sie auch für Ihren Körper aufbringen.

Weil ich die unabwendbaren Angstreaktionen meines Körpers respektiere, muss ich mir vor einem Vortrag besondere Mühe geben, mich zu beruhigen. Ich sorge dafür, dass mein Körper möglichst entspannt ist, und baue vor dem Vortrag überschüssige Energie ab. In der Regel gehe ich am Morgen vor der Veranstaltung ins Fitnessstudio, um so viel nervöse Energie wie möglich abzubauen, bevor ich auf die Bühne gehe. Für mich ist das die einzige Möglichkeit, meine Angstreaktionen auf natürliche Weise zu dämpfen. Andere Möglichkeiten, körperlichen Stress zu reduzieren, sind:

- den Veranstaltungsort frühzeitig aufzusuchen, um sich nicht abhetzen zu müssen,
- Technik- und Tonproben durchzuführen,
- sich auf der Bühne zu bewegen, damit sich Ihr Körper im Raum sicher fühlt,

---

6 Der Angriff der Schmetterlinge im Bauch ist dennoch ein Rätsel. Die beste Erklärung lautet, dass es sich um einen Nebeneffekt Ihrer Stressreaktion handelt, der Blut aus ihrem Verdauungssystem in für das Überleben wichtigere Teile Ihres Körpers abzieht. In die Hose pinkeln und vergleichbare Aktivitäten haben die gleiche Ursache und zusätzlich den Vorteil, jeden zu verwirren, der versucht, Ihnen Ihr Fleisch abzujagen.

- sich in den Saal zu setzen, um ein Gefühl dafür zu bekommen, was das Publikum sieht,
- rechtzeitig zu essen, um nicht hungrig zu sein, doch nicht direkt vor der Rede,
- vor der Rede mit einigen Leuten im Publikum zu reden (wenn Ihnen das zusagt), um es nicht nur mit Fremden zu tun zu haben (Freunde wollen einen in der Regel nicht auffressen).

All diese Dinge erlauben es Ihnen, sich mit der räumlichen Umgebung vertraut zu machen, in der Sie sprechen werden, was Ihrem Körper das Gefühl der Gefahr etwas nehmen sollte. Bei einem Soundcheck bekommen Ihre Ohren mit, wie Sie sich beim Sprechen anhören, und ein kleiner Spaziergang über die Bühne lässt in Ihrem Körper das Gefühl entstehen, mit dem Terrain vertraut zu sein. Das klingt nach Kleinigkeiten, aber Sie sollten alle nur möglichen Faktoren kontrollieren, um die größeren Dinge kompensieren zu können, die während eines Vortrags auftauchen und die Sie nicht kontrollieren können. Redner, die spät erscheinen, ihre Folien in letzter Minute ändern und nie über die Bühne gehen, bevor sie dran sind, und sich dann über Ängste beschweren, sind selbst schuld. Das Problem ist nicht die Rede, es ist die fehlende Verantwortlichkeit für die unveränderlichen Reaktionen des Körpers auf Stress.

Es gibt auch psychologische Gründe für die Angst vor dem öffentlichen Reden. Dazu gehören Ängste wie:

- verurteilt, kritisiert oder ausgelacht zu werden,
- etwas Peinliches vor anderen zu tun,
- etwas Dummes zu sagen, was das Publikum niemals vergisst,
- die Leute zu Tode zu langweilen, selbst wenn man seine besten Ideen präsentiert.

Wir können einen Großteil dieser Ängste minimieren, wenn wir erkennen, dass wir die meiste Zeit öffentlich reden. Tatsächlich sind Sie bereits geübt darin, öffentlich zu reden – der Durchschnittsmensch spricht etwa 15.000 Wörter pro Tag.[7] Solange Sie

---

[7] Die Bandbreite liegt zwischen 10.000 und 20.000, je nach Individuum. (Diese Angaben stammen aus Michael Erards *Um* [Anchor].) Ich wünschte, ich würde diesen Wert für die Person neben mir im Flugzeug kennen, bevor ich anfange, mich mit ihr zu unterhalten.

dieses Buch nicht in Einzelhaft lesen, sprechen Sie die meisten
Ihrer Wörter zu anderen Menschen. Wenn Sie ein Sozialleben
besitzen und Freitagabend ausgehen, werden Sie wahrscheinlich
mit zwei, drei oder sogar fünf Leuten gleichzeitig sprechen. Glück-
wunsch, Sie sind bereits ein erfahrener, erfolgreicher Redner. Sie
sprechen mit Ihren Kollegen, Ihrer Familie und Ihren Freunden.
Sie nutzen E-Mail und das Web, d.h., Sie schreiben jeden Tag
Dinge, die von Hunderten von Menschen gesehen werden. Wenn
man sich die Liste der Ängste noch einmal ansieht, gelten sie alle
auch für diese Situationen.

Tatsächlich ist es wahrscheinlicher, dass Sie von jemandem verurteilt werden, der Sie kennt, denn er wird sich stärker für das interessieren, was Sie sagen. Er hat gute Gründe, mit Ihnen zu diskutieren und zu streiten, weil sich alles, was Sie tun, viel stärker auf
ihn auswirkt als es bei einem unbekannten Redner der Fall wäre.
Eine Zuhörerschaft aus Fremden interessiert sich nur wenig und
verfällt schlimmstenfalls in Tagträume oder in Schlaf, was sie
unfähig macht, Ihre Fehler zu erkennen. Es stimmt zwar, dass viele
Ängste irrational sind und nicht einfach mit Logik vertrieben
werden können, doch wenn Sie sich angenehm mit Freunden und
Bekannten unterhalten können, verfügen Sie über das Rüstzeug,
um vor Gruppen von Menschen zu sprechen, die Sie nicht kennen.
Achten Sie genau darauf, wenn Sie das nächste Mal einen guten
Redner sehen. Er wirkt wahrscheinlich natürlich und entspannt,
und es sieht so aus, als würde er zu einer kleinen Gruppe sprechen, ganz egal, wie viele Zuhörer tatsächlich anwesend sind.

Dieses Gefühl der Kontrolle, auch wenn es sich nur im Kopf
abspielt, ist für viele Menschen, die in der Öffentlichkeit auftreten, wichtig. Wenn Sie sich Sportler und Musiker ansehen oder
Künstler, die jede Nacht vor riesigen Menschenmengen auftreten,
werden Sie bemerken, dass alle vor der Show ihre eigenen Rituale
zelebrieren. Allstar-Basketballer wie LeBron James und Mike
Bibby kauen abergläubisch vor und während des Spiels an ihren
Nägeln. Michael Jordan trug bei jedem Spiel seine alten University of North Carolina-Shorts unter seinen NBA-Shorts. Wayne
Gretzky stopfte sein Trikot in seine Hockeyhose, etwas, das er als
Kind vor Spielen gelernt hatte. Wade Boggs aß Hühnchen vor
jedem Spiel. Diese kleinen Akte der Kontrolle, wie zufällig oder
bizarr sie auch wirken mögen, gaben ihnen das (Selbst-)Ver-
trauen, das sie brauchten, um sich der Unkontrollierbarkeit ihres

Jobs zu stellen. Und diese Jobs sind wesentlich schwieriger als der eines Redners. Für jeden Punkt, den Michael Jordan jemals erzielte, gab es einen anderen gut bezahlten Profisportler, der alles daran setzte, ihn daran zu hindern.

Solange also Vortragssaboteure Ihr Mikrofon nicht mitten im Satz stehlen oder ihren eigenen Projektor aufstellen und eigene Folien zeigen – die nur darauf abzielen, jeden Ihrer Punkte zu widerlegen –, sind Sie von dem Druck befreit, dem andere ausgesetzt sind. Kleine Beobachtungen wie diese machen es leichter, über solche Ängste zu lachen, auch wenn sie dadurch nicht verschwinden.

KAPITEL 3

30.000 Dollar die Stunde

Es ist 7:45 Uhr am Morgen an der Fisherman's Wharf in San Francisco, so früh, dass die Sonne gerade erst aufgeht. Für jeden Autor eine unchristliche Zeit und ein unchristlicher Ort, um sich draußen aufzuhalten. Autoren sind nicht gerade die angepasstesten Menschen; und man sagt uns nach, wir würden bevorzugt aus der sicheren Deckung unserer Laptops wortgewaltige Salven auf die Menschheit abfeuern. Ich kenne nur wenige Autoren, die den Morgen lieben, und der Portier in meinem Hotel – der eine hellblaue Seemannsuniform trägt, die Teil des Nautikthemas des Argonaut Hotels ist – ist ganz klar auf meiner Seite. Er winkt ein Taxi für mich heran und schenkt mir unter seinen müden Augen ein halbes Lächeln, das sagt:»Ist es nicht nervig, so früh arbeiten zu müssen?« Wer seine Nachtschicht mit Humor beendet, kann gewiss kein schlechter Kerl sein. Vielleicht sehe ich an diesem Morgen aber auch ein wenig derangiert aus, und mein Aussehen amüsiert ihn. Vielleicht auch beides.

Viele reden über Sonnenaufgänge, als wären sie magisch. Doch hier am Fisherman's Wharf, wo der Morgennebel eine prächtige orangefarbene Aura um den spätwinterlichen Sonnenaufgang bildet, ist außer dem Portier, dem Taxifahrer und mir niemand wach und draußen. Wissen Sie, warum? Weil wir faul sind. Selbst wenn ein Sonnenaufgang um 7:47 morgens so brillant und herzergreifend wäre wie ein wandgroßes Meisterstück von J. M. W. Turner, selbst wenn der Sonnenaufgang mit 100-Dollar-Scheinen um sich werfen und die morgigen Lottozahlen bekannt geben würde, würden ihn nur wenige von uns sehen. Die meisten Dinge, die wir als wundervoll und erstaunlich bezeichnen, verlieren kampflos gegen eine zusätzliche Stunde Schlaf. Wir würden aufwachen, einige Augenblicke darüber nachdenken und dann in die Behaglichkeit unserer Träume zurücksinken. Schlafentzug ist ein Fluch unserer modernen Zeit, ein Problem, das mit unseren technischen Errungenschaften geboren wurde. Vor Edisons Glühlampe hatte die Nacht durchschnittlich zehn Stunden, 2009 nur noch rund die Hälfte.[1] Und das bedeutet, dass man, wenn es um Son-

---

[1] Es gibt gute, anekdotenhafte Hinweise darauf, dass die meisten Amerikaner vor der Elektrizität einem natürlichen Muster folgend nach Sonnenuntergang ins Bett gingen und bei Sonnenaufgang wieder aufstanden. Harte Daten zu neueren Trends finden Sie unter *http://www.usatoday.com/news/health/2007-08-29-sleep-study_ N.htm.*

nenaufgänge geht, Menschen nach ihrem Handeln beurteilen muss, nicht nach dem, was sie sagen.

An diesem Morgen liefert die Sonne eine ganz schöne Show ab, doch wo sind all die Sonnenaufgangsliebhaber? Sie sind nicht mit mir zusammen auf der Straße. Sie schlafen, genau wie ich es tun würde, wenn ich könnte. Die Wahrheit ist, dass Redner auf der ganzen Welt ihr Publikum leichter wach halten könnten, wenn in der Nacht zuvor mehr davon gut geschlafen hätten. Wenn schon der Aufgang unseres nächsten Sterns – der Quelle aller Energie und allen Lebens auf der Erde, des universellen Symbols für alles Gute, Schöne, Hoffnungsvolle – einen nicht aus dem Bett treibt, welche Chance hat da ein Redner?

Ganz ehrlich, ich liebe den Sonnenaufgang ... es ist das Aufstehen, das ich hasse. Sonnenaufgänge sind überwältigend, wenn man sie durch ein Hotelfenster betrachtet, aus einem komfortablen Bett heraus, und auch nur solange ich in den nächsten Stunden nichts für irgendwen tun muss. Mein berufliches Problem besteht darin, dass viele Vorträge einfach zu früh für mich angesetzt sind. Und an den Tagen, an denen ich das Glück habe, ein gutes Honorar für eine Veranstaltung zu erhalten, stehe ich vor einer zusätzlichen chronologischen Herausforderung: Die Keynote zu halten, bedeutet, dass ich den Ton für den Tag festlege, eine Herausforderung, die – angesichts unseres beschränkten Verständnisses von Raum und Zeit – von mir verlangt, vor allen anderen zu sprechen. All das erklärt, warum ich an einem Dienstagmorgen um 7:48 geduscht, rasiert, gestutzt, gefüttert und deodoriert, im gestärkten Hemd und blank geputzten Schuhen, in einem Taxi zum Hafengebiet San Franciscos unterwegs bin. Wie das beeindruckende Licht der Sonne, das sich mehr und mehr gegen die Wolken über der San Francisco Bay durchsetzt, ist dieser Morgen sowohl großartig als auch furchtbar, aufregend und langweilig zugleich. Es ist eine wunderbare Art zu leben, dafür bezahlt zu werden, dass man denkt, lernt und Ideen austauscht – alles Dinge, die ich liebe. Doch ich bin weit weg von zu Hause, auf dem Weg zu einem unbekannten Ort, um vor Unbekannten zu sprechen. Drei stressige Tatsachen, die bedeuten, dass alles passieren kann, insbesondere weil es zur für mein Gehirn schlimmstmöglichen Zeit passiert – früh am Morgen.

Den Weg zum Veranstaltungsort zu finden, ist die erste Herausforderung, vor der man als bezahlter Redner steht. Und glauben Sie mir, das ist oft eine größere Herausforderung als der Vortrag selbst. Den Vortrag kenne ich gut, da ich ihn selbst entwickelt habe. Ich kann niemanden verantwortlich machen, wenn er nicht passt. Und wenn ich schließlich in dem Raum angekommen bin, in dem ich reden soll – selbst wenn es der schlimmste Raum auf der Welt ist –, kann ich versuchen, mich auf die Widrigkeiten einzustellen. Doch bis ich in den Raum komme, d.h., bis ich mir den Weg über Flughäfen, Autobahnen, Städte, Konferenzcenter, Bürokomplexe und Parkplätze gebahnt habe, kann ich mich nicht vorbereiten. Unterwegs zu sein, bedeutet, psychologisch gesehen, dass man sich in der Hölle des *Fast-da-Seins* befindet. Im Gegensatz zu einem Vortrag, den ich jederzeit unter Kontrolle habe, verursachen die Dinge, die ich nicht kontrollieren kann, bei mir Stress – der Taxifahrer, der sich verirrt, der Stau einige Kilometer vor meinem Ziel und die verwirrenden Firmen- und Unigelände, auf denen sich ein Besucher wie ich unmöglich zurechtfinden kann. (Woher soll jemand wissen, dass das Gebäude 11 der Microsoft-Zentrale direkt neben Gebäude 24 liegt oder dass sich das Kresge Auditorium am MIT hinter Bexley Hall versteckt?) Aus Erfahrung weiß ich, dass es nichts Schlimmeres gibt, als sich auf diesen seltsamen Pfaden des ganz nah dran und ganz weit weg zu bewegen.

Als ich am Fort-Mason-Komplex ankam, entdeckte ich (in dem Moment, als das Taxi davongebraust war), dass die Herausforderung dieses Dienstags darin bestand, dass ich viel zu weit weg von dem Ort war, an dem ich hätte sein sollen. Fort Mason ist ein ausufernder Militärstützpunkt aus den Zeiten des Bürgerkriegs, der kürzlich zu einem Kommunikationszentrum umgestaltet wurde. Meiner Wegbeschreibung zufolge sollte ich Gebäude A suchen, doch es gibt dort keine Hinweisschilder und, noch schlimmer, keine normal aussehenden Gebäude, nur endlose Reihen identischer Baracken, Türme und enger Parkplätze (siehe Abbildung 3-1). Das Fort-Mason-Center hat einen wesentlichen Nachteil: Es sieht immer noch wie ein Ort aus, an dem man Sie töten will, statt Sie zu netten Gemeindeaktivitäten willkommen zu heißen. Es gibt Zäune, Tore, Barrikaden, Stacheldraht und hohe Steinmauern mit scharfen Kanten.

Abbildung 3-1: Der Veranstaltungsort: das einschüchternde Fort Mason in San Francisco.

Im Gegensatz dazu gibt es in Kiew ein Militärmuseum. Am Haupteingang stehen zwei ausgemusterte Panzer aus dem Zweiten Weltkrieg, die von oben bis unten mit lustigen, friedlichen Wirbeln in Regenbogenfarben bemalt sind (siehe Abbildung 3-2). Das ist mal eine Verwandlung: gestern noch eine Todesmaschine und heute ein lustig-albernes Spielzeug. Fort Mason sieht hingegen aus wie ein Ort, der selbst Spartanern zu spartanisch wäre. Sie würden ein paar Zierpflanzen und einen neuen Anstrich verlangen, bevor sie über einen Einzug überhaupt nachdenken würden.

Auf meiner Suche hielt ich am Haupttor an – was ich instinktiv bei allen Toren in der Nähe militärisch anmutender Einrichtungen mache –, und erst nach einigen langen Augenblicken, in denen ich dastand wie ein Idiot, erkannte ich, dass ich einfach durchgehen konnte. Keine Identifizierung oder weiße Flagge notwendig. Das Tor ist für Fahrzeuge gedacht, was den befremdeten Blick des Pförtners erklärt: Ich stand die ganze Zeit in der Pkw-Spur. Ich wanderte ziellos durch den Komplex, überlebte mehrere Sackgassen, falsche Wegbiegungen und unbenannte Parkplätze, während ich versuchte, mir keine Heckenschützen oben auf den Türmen vorzustellen, bis ich schließlich Gebäude A fand und glücklich eintrat.

Abbildung 3-2: Das nationale Kriegsmuseum in Kiew, Ukraine. So renoviert man ein für den Krieg gedachtes Objekt.

Die Veranstaltung in Fort Mason wurde von Adaptive Path organisiert, einem in der Bay Area bekannten Design-Consulting-Unternehmen, und ich kenne die Leute gut. Sie haben mich schon früher verpflichtet und ich erkenne und begrüße freundliche Gesichter. Bald treffe ich auf Julie, eine der Organisatorinnen der Veranstaltung, und nach einer kurzen Unterhaltung übergibt sie mir einen Umschlag. Ich weiß, dass darin ein Scheck über 5.000 Dollar steckt, das Honorar für meine Dienste. Ich will ihn öffnen und nachsehen. Wenn es ums Geld geht, ist mein Gehirn wie ein kleines Kind, für das 100 Dollar ein Vermögen und 500 Dollar unvorstellbar sind. Alles darüber hinaus existiert für den überraschend großen 15-Jahre-alt-Teil meines Geistes einfach nicht. Ich will hineinsehen, nicht weil ich Julie nicht traue, sondern weil ich mir selbst nicht traue. Ich bin verblüfft, wie viel erwachsene Menschen anderen erwachsenen Menschen für langweilige, risikolose Erwachsenendinge bezahlen. Mein Jugendfreund Doug fuhr mit 60 Meilen pro Stunde den Cadillac seiner Mutter von der falschen Seite über die große Anhöhe des Eingangs zum Whitestone Shopping Center in Queens, während wir auf dem Rücksitz alle schrien – und das völlig umsonst. Er riskierte unser aller Leben nur und ausschließlich zu seinem schwachsinnigen, aber ansteckenden Vergnügen. Mittlerweile verdienen Banker und Hedgefonds-Manager Millionen damit, an Excel-Spreadsheets herumzuspielen, eine Aktivität, bei der es keine Aussicht auf körperliche Schäden gibt, außer vielleicht eine Sehnenscheidenentzündung. Sie verdienen in einem Jahr mehr als die Jungs, die das Dach auf mein Haus gesetzt haben, die Straße gebaut haben, die zu diesem Haus führt, die als Feuerwehrmann oder Polizist arbeiten, um es zu schützen, in ihrem ganzen Leben sehen werden. Es sind seltsame Tatsachen wie diese, die wir zweimal werden erklären müssen, wenn die Aliens landen.

In Filmen öffnen Gangster immer die Brieftasche und zählen Geld, doch im richtigen Leben macht das niemand. Es ist peinlich, befremdlich und schmierig. Geld ist für Amerikaner und ihre Kultur, die unter ihren unverrückbaren puritanischen Wurzeln leidet, mit Lust und Scham behaftet. Trotzdem stellt unsere moderne Konsumgesellschaft das Anhäufen finanziellen Reichtums vor alles andere, auch wenn diese kleinen Zeilen in der Bibel über Kamele und Nadelöhre dem Gläubigen nahelegen, dass das vielleicht keine gute Idee ist.[2] Der daraus resultierende Widerspruch ist für vieles verantwortlich, was an Amerika so wundervoll und furchtbar zugleich ist. Ich vermute, viele von Ihnen sind direkt zu diesem Kapitel gesprungen, sei es wegen des Titels oder weil es Ihnen beim Durchblättern des Inhaltsverzeichnisses aufgefallen ist. Nicht weil Sie böse, sondern weil Geld Sie gleichzeitig fasziniert und abstößt, besonders wenn es um scheinbar triviale Jobs wie öffentliches Reden geht. Ich weiß, dass ich für etwas bezahlt werde, das im Grunde genommen keine Arbeit ist. Es ist eine leichte Beschäftigung, denn ich schaufel keine Kohle, baue keine Häuser und riskiere auch nicht, verstrahlt zu werden. So etwas ist *echte* Arbeit. Ich werde mir nie den Rücken verletzen, meine Lungen ruinieren oder mit Verdacht auf arbeitsbedingte Leukämie ins Krankenhaus eingeliefert werden. Und trotz der vielen Fragen, die mir in den Sinn kommen, während Julie mir den Scheck gibt, stopfe ich ihn in die Tasche und steuer auf den Vortrag zu, um meine Arbeit zu erledigen.

---

2 »Eher geht ein Kamel durch ein Nadelöhr, als dass ein Reicher in das Reich Gottes gelangt.« Markus 10,25. Oder Timotheus 6,10: »Die Liebe zum Geld ist die Wurzel allen Übels.«

Ich bin 5.000 Dollar pro Vortrag wert. Andere Redner erhalten 30.000 Dollar oder mehr, und das aus zwei Gründen: das Vortrags-Business und die freie Marktwirtschaft.[3] Menschen kommen nach einem Vortrag zu mir und fragen:»Wie sind Sie ins Vortrags-Business geraten?« Und ich antworte mit der Gegenfrage:»Wissen Sie, was das Vortrags-Business ist?« Und darauf haben sie nie eine Antwort. Man hat diesen Begriff schon mal gehört (auch wenn er niemals erklärt wird), und es scheint die einzige Frage zu sein, die man einem Redner stellen kann, wenn man versucht, Interesse daran zu zeigen, womit er seine Brötchen verdient. Nun denn, hier kommt eine Einführung. Öffentliches Reden als Beruf wurde in den USA vor dem Bürgerkrieg populär. Im 18. Jahrhundert – Jahrzehnte vor Elektrizität, Radio, Fernsehen, Internet und Automobilen – war Unterhaltung nur schwer zu finden. Das erklärt, warum so viele Menschen in Kirchenchören sangen, Bücher lasen oder auch stundenlang miteinander *redeten*: Es gab keinen Wettbewerb.

In den 1820ern entwickelt ein Mann namens Josiah Holbrook die Idee einer Ringvorlesung namens *Lyzeum*, benannt nach dem griechischen Theater, in dem Aristoteles seine Studenten (kostenlos) unterrichtete. Die Veranstaltungen waren sehr beliebt. Alle wollten, dass sie auch in ihre Stadt kamen. Im Jahr 1835 gab es 3. 000 dieser Veranstaltungen, verteilt über die gesamten Vereinigten Staaten, größtenteils in New England. 1867 schlossen sich einige Gruppen zur Associated Literary Society zusammen, die Redner für eine einmalige, vorgegebene Route von Stadt zu Stadt quer durch das Land einkaufte. Das ist das allgegenwärtige Vortrags-Business, über das viele Amerikaner bis heute reden. Damals war es eine einmalige Sache, wenn man teilnehmen durfte.»Lebewohl, Schatz. Ich bin auf Ringvorlesung ... und in sechs Monaten wieder da«, könnte irgendein berühmter Redner gesagt haben. So lange dauerte es, das ganze Drum-und-Dran mit Pferden durch das

---

3 Im Interesse der Transparenz und um Ihre Neugier zu befriedigen: Ich halte pro Jahr etwa 25 bis 30 Vorträge. Manchmal erhalte ich, je nach Situation, bis zu 8.000 Dollar. Bei etwa einem Drittel werden nur die Reisekosten oder kleine Honorare gezahlt, dann geht es mir mehr um Eigenwerbung oder Hilfestellung. Knapp 40% meines Einkommens bilden Tantiemen, der Rest sind Honorare aus Vorträgen und Workshops. Damit komme ich auf etwa 100.000 Dollar pro Jahr, weniger als ich bei Microsoft verdient habe. Allerdings arbeite ich weniger Stunden, habe von 9 bis 17 Uhr Zeit und bin völlig unabhängig, was mir unendlich viel mehr wert ist. Ich beschränke mich auf ein bis zwei Reisen pro Monat, d.h., ich lehne viele Veranstaltungen ab. Ich ziehe es vor, mehr Zeit als Geld zu haben, denn zusätzliche Zeit kann man sich nicht kaufen.

Land und wieder nach Hause zu bewegen. Vor den Rolling Stones und U2 haben Künstler die monatelangen Tourneen ohne Doppeldecker-Tourbusse, Scharen von Groupies und ständige Partys auch überstanden.

Zu Beginn gab es für die Redner nur wenig Geld. Das Lyceum war als öffentliche Dienstleistung gedacht, sozusagen eine Erweiterung der lokalen Bücherei. Es war eine ursprüngliche, elementare Wohlfühlbewegung, die für Bildung und die Verbreitung bestimmter Ideen sorgen wollte. Diese Veranstaltungen waren oft kostenlos oder sehr preiswert, etwa 25 Cents pro Ticket oder 1,50 Dollar für die gesamte Saison.[4] Doch in den 1850ern, als Spitzenredner wie Daniel Webster, Ralph Waldo Emerson und Mark Twain das Lyzeum dominierten, stiegen die Preise pro Ticket auf bis zu 20 Dollar – was 2009 etwa 200 Dollar entsprach. Natürlich gab es weiterhin freie Vorträge, und die wird es auch immer geben, doch in der Spitze erreichten Redner ungeahnte Höhen. Im späten 18. Jahrhundert konnte eine berühmte Person mehr als genug Geld damit verdienen, um bequem davon zu leben. Und genau das taten viele berühmte Schriftsteller.

Schnell übernahm die freie Marktwirtschaft. Flugreisen, Radio, Telefon und all die anderen Dinge, die wir heute für selbstverständlich erachten, führten die Vorstellung einer Ringvorlesung ad absurdum. Vortragsreihen, Konferenzen und Gesellschafterversammlungen führten zu Tausenden von Veranstaltungen, die jedes Jahr neue Redner brauchten. Einige Veranstaltungen wurden nicht bezahlt oder verlangten von den Rednern sogar Geld (weil es als Ehre angesehen wurde, eingeladen zu werden und einen Vortrag zu halten); andere Veranstalter kauften ein paar Redner ein, damit die Sache gut lief. Jahrzehntelang gab es eine so hohe Nachfrage nach Rednern, dass Redneragenturen – Talentagenturen für öffentliche Redner – als Vermittler auftraten, die Vortragssuchende und Redner (die, wie ich, für ihre Reden bezahlt werden wollen) zusammenbrachten. Wenn Bill Clinton, Madonna oder Stephen King auf Ihrem Geburtstag sprechen sollen und Sie das nötige Kleingeld besitzen (siehe Tabelle 3-1), können Sie sich an die sie vertretenden Redneragenturen wenden, die gern mit Ihnen ins Geschäft kommen. Was uns wieder zu dem Thema zurückbringt, ob ich 5.000 Dollar wert bin.

---

4 *History of Public Speaking in America*, Robert T. Oliver (Allyn & Bacon), Seite 461.

Tabelle 3-1. Spitzenredner und ihre Honorare[a]

REDNER	HONORAR FÜR EINE STUNDE VORTRAG
Bill Clinton	$150,000+
Katie Couric	$100,000
Malcolm Gladwell	$80,000
Garry Kasparov	$75,000+
David Allen	$50,000–$75,000
Ben Stein	$50,000–$75,000
Wayne Gretsky	$50,000+
Magic Johnson	$50,000+
Bob Kostas	$50,000+
Maya Angelou	$50,000
Rachael Ray	$50,000
Dave Barry	$25,000–$30,000

[a] Diese Honorare wurden aus den öffentlichen Auflistungen der Redneragentur-Websites der jeweiligen Redner zusammengestellt. Die meisten Sites merken an, dass diese Honorare variabel sind und sich jederzeit ändern können. Die Liste enthält die höchsten Honorare, die ich jeweils finden konnte. Siehe *http://www.keyspeakers.com/* oder *http://www.prosportspeaker.com/*.

Mein Honorar von 5.000 Dollar hat nichts mit mir persönlich zu tun. Ich werde nicht dafür bezahlt, Scott Berkun zu sein. Ich weiß, dass ich nur für den Wert bezahlt werde, den ich für denjenigen darstelle, der mich einkauft. Wenn meine Gastgeber für eine Veranstaltung beispielsweise 500 Dollar pro Person berechnen können und 500 Leute an dieser Veranstaltung teilnehmen, sind das Einnahmen von 250.000 Dollar. Die angekündigten Redner sind dabei ein Grund dafür, dass ein solch hoher Preis genommen werden kann und so viele Menschen daran teilnehmen wollen. Je größer die Namen, je prestigeträchtiger ihr Hintergrund und je interessanter ihre Vorträge, umso mehr Leute werden kommen und bereitwillig die geforderte Summe bezahlen.

Selbst bei privaten Veranstaltungen – wenn etwa Google oder Ferrari einmal im Jahr eine Veranstaltung für ihre Mitarbeiter organisiert – stellt sich die Frage, wie viel es wert ist, einen Redner zu engagieren, der die Mitarbeiter ein kleines bisschen smarter, besser oder motivierter an den Arbeitsplatz zurückkehren lässt. Vielleicht ist das keine 30.000 oder auch nur 5.000 Dollar wert, doch es gibt einen ökonomischen Wert für das, was ein guter Redner mit den richtigen Themen für die Leute tut. Es hängt davon ab, wie viel die Leute im Raum demjenigen wert sind, der die Rechnung bezahlt. Auch wenn es nur um Unterhaltung geht oder darum, das Publikum an wichtige Dinge zu erinnern, die sie vergessen haben, ist ein guter Redner etwas wert. Denken Sie an den letzten langweiligen Vortrag zurück, dem Sie beigewohnt haben: Hätten Sie etwas mehr Geld ausgegeben, wenn der Redner weniger ätzend gewesen wäre? Ich wette ja.

Andererseits machen viele Veranstaltungen Verlust. Die hohen Fixkosten für Veranstaltungsort und Verpflegung (wobei Letzteres stark durch Ersteres geprägt wird) machen das Veranstaltungsgeschäft schwieriger, als man denkt. Häufig müssen die Organisatoren das ganze Geld vorstrecken und darauf hoffen, ihren Break-even zu erreichen. Viele Veranstaltungen machen überhaupt keinen Gewinn und bezahlen verständlicherweise den Großteil der Redner nicht, da das Ziel darin besteht, ihre Communitys zu bedienen, statt Gewinn zu machen.[5] Wenn Sie also schon verschiedene Vorträge gehalten haben und nicht dafür bezahlt wurden, ärgern Sie sich nicht. Es ist sehr wahrscheinlich, dass keiner der Vortragenden bezahlt wurde.

Die traurige Wahrheit ist, dass viele Redner selbst bei hohen Honoraren oft nicht gut sind. Aber im Grunde genommen werden sie auch nicht direkt für ihr Können als Redner bezahlt. Ihr Marktwert bestimmt sich eher dadurch, wie viele Menschen sie zu einer Veranstaltung locken, und es kommen wohl mehr zu einem Event, um eine berühmte Persönlichkeit zu sehen – selbst wenn man davon ausgeht, dass es langweilig ist, ihr zuzuhören –, als den besten Redner der Welt sprechen zu hören (solange das der einzige Grund seiner Berühmtheit ist).[6] Zwei der schlechtesten Vorträge, die ich erlebt habe, wurden von berühmten Menschen gehalten: David Mamet (Dramatiker, Drehbuchautor und Regiseur) und Nicholas Pileggi (Autor von *Wiseguy*, dem Buch, auf dem Scorseses *Goodfellas* basiert). Beides waren Autorenlesungen, die bekannter-

---

[5] Es wäre schön zu wissen, wohin die Gewinne einer Veranstaltung fließen, wenn es denn welche gibt. Das ist eine gute Frage, die Sie stellen können, wenn Sie eingeladen werden, eine Rede zu halten.

[6] Jedes Jahr findet ein Wettbewerb für den besten öffentlichen Redner der Welt statt, doch ich wette, dass Sie von den Gewinnern noch nie etwas gehört haben: *http://www.toastmasters.org/Members/MemberExperience/Contests/WorldChampions_1.aspx*.

maßen langweilig und schlechte Beispiele für öffentliche Reden sind. Dennoch waren die recht großen Räume in beiden Fällen erstaunlich gut gefüllt.

Allerdings glaube ich nicht, dass einer der Teilnehmer viel davon hatte, ihnen zuhören zu dürfen, außer vielleicht dem Recht, sagen zu können, eine berühmte Persönlichkeit gesehen zu haben, was vielleicht auch etwas wert ist.

Die Herausforderung für Veranstalter, die mit beschränkten Budgets und engen Zeitvorgaben zu kämpfen haben, besteht darin, die drei unvermeidlichen Kriterien für die Wahl derjenigen, die auf ihren Veranstaltungen sprechen sollen, auf eine Reihe zu bekommen. Sie müssen Redner finden, die:

1. in Bezug auf das Thema berühmt oder glaubwürdig sind,

2. gut reden können,

3. verfügbar sind.

Meistens sind sie mit zwei dieser drei Punkte schon gut bedient. Man begegnet häufig guten Rednern, die aber nicht viel zu sagen haben, oder brillanten, aber langweiligen Experten. Um alle drei Punkte sicherzustellen, muss man etwas mehr Geld hinlegen, und darum bin ich einer von Tausenden, die sich am unteren Ende einer sehr hoch bezahlten Tätigkeit tummeln.

Um die in diesem Kapitel bislang genannten Zahlen ins rechte Licht zu rücken, möchte ich darauf hinweisen, dass der durchschnittliche Erwachsene auf dem Planeten Erde 8.200 US-Dollar pro Jahr verdient und der Durchschnittsamerikaner etwa 50.000 Dollar.[7] Da Sie Ihre Lohnabrechnung kennen, wissen Sie also genau, wo Sie stehen. Möglicherweise wäre es aus Arbeitgebersicht klug, solche Informationen auf die Lohnabrechnung zu setzen – es würde viele Arbeitnehmer davon abhalten, sich darüber zu beschweren, was sie nicht haben.[8] Fast die Hälfte der Erdbevölkerung verfügt weder über sauberes Wasser noch über eine zuverlässige Stromversorgung, ganz egal, wie viel sie verdienen.

---

7 Siehe *http://www.success-and-culture.net/articles/percapitaincome.shtml* und *http://www.census.gov/Press-Release/www/releases/archives/income_wealth/ 012528.html*.

8 Ich denke, dass es gut wäre, die Einkommen zu veröffentlichen. Aus diesem Grund lege ich hier auch meine Honorare und mein Einkommen offen. Würden das mehr Menschen tun, würde man die Über- und die Unterbezahlten besser erkennen und könnte Korrekturen vornehmen. Oder es würde bei völliger Anarchie die Zivilisation untergehen. So oder so würde ich mir das gern ansehen.

Betrachtet man den Planeten als Ganzes, haben Sie es recht gut getroffen, wenn Sie das Buch in einem Haus lesen, bei elektrischem Licht, den vollen Kühlschrank nebenan (oder einen bezahlbaren Lieferservice in der Nähe), und sich keine Gedanken um Malaria oder Ruhr machen müssen. Und wenn Sie immer noch unglücklich sind, stellen Sie sich einen Moment lang die Galaxis vor, einen Ort, der zu 99,99% aus totem, leerem Raum besteht. Spätestens jetzt sollten Sie sich darüber im Klaren sein, dass allein die Tatsache, dass Sie leben, sich als Spezies lange genug entwickelt haben, um zu wissen, dass Sie leben, und gebildet genug sind, um Bücher lesen zu können, ein astronomischer Glücksfall ist. Eigentlich sollten wir damit glücklich sein, doch die meiste Zeit über scheint das nicht der Fall zu sein.

Unglücklicherweise interessieren uns die 10% auf der Welt, die besser verdienen als wir, mehr als die 90%, die weniger verdienen. Und auch wenn Sie meine Rednerhonorare missbilligen, bin ich darin nicht anders als Sie. Ich bin mir der Redner sehr wohl bewusst, die mehr verdienen als ich, obwohl sie weniger zu sagen haben als ich und das auch noch schlechter tun. Man kann wohl davon ausgehen, dass, ganz egal wo Sie stehen, jemand froh wäre, in Ihre Fußstapfen treten zu können, genau so wie Sie gerne in jemandes Fußstapfen treten würden. Ich weiß nur zu gut, dass Rockstars, Schauspieler, Fortune 100-Führungskräfte und Profisportler jährlich Millionen verdienen, indem sie für Dinge werben, mit denen sie nichts zu tun haben. Wenn ich überbezahlt werde, dann immerhin mit dem Risiko, auf einer Bühne stehend ausgebuht zu werden. Die Werbung zahlt dafür, dass man etwas mag oder zumindest vorgibt, es zu mögen. Das ist keine Arbeit in einem uns vertrauten Sinn des Wortes, da es nur eine wage Zustimmung zur Arbeit anderer Menschen darstellt, die die fragliche Person wahrscheinlich nie gesehen hat. Promis wie LeBron James verdienen allein mit Produktempfehlungen mehr als 50 Millionen Dollar pro Jahr. Ein jährliches Einkommen, für das ein Durchschnittsamerikaner zehn Leben braucht. Das scheint nicht fair zu sein, und philosophisch gesehen ist es das auch nicht. Sie tun nichts für ein übergeordnetes Wohl. Sie unterrichten keine Kinder, helfen nicht den Armen, beenden keine Kriege und heilen keine Krankheiten. Und je nachdem wofür sie werben, werden sie wahrscheinlich unser Verlangen nach etwas schüren, was wir nicht besitzen, uns nicht leisten können und wohl auch nicht brauchen.

Doch aus einem anderen Blickwinkel betrachtet, wissen wir alle, dass man so viel verdienen will, wie man nur kann. Wenn Sie ein Freund des freien Markts sind, müssen Sie akzeptieren, dass Sie selbst etwas dagegen unternehmen müssen, wenn Sie sich unterbezahlt fühlen – der freieste Teil des Markts sind *Sie*. Es steht Ihnen frei, zu kündigen und wie Thoreau in den Wäldern zu leben oder ein eigenes Unternehmen zu gründen, in dem Sie selbst entscheiden, wie viel Sie verdienen wollen. Auf mich selbst bezogen bedeutet das: Wenn ich für einen Vortrag jemals so viel erhalten will wie Bill Clinton oder Bob Costas, muss ich wesentlich berühmter werden, indem ich (geordnet nach Verzweiflung) bessere Bücher schreibe, mir einen besseren Agenten suche oder Jessica Simpson heirate. Natürlich können wir uns alle, so wie ich das hier gerade tue darüber beschweren, wie unfair die Welt doch ist. Dennoch sollten wir den Leuten gegenüber fair bleiben, die mehr Geld verdienen, als Sie Ihrer Meinung nach sollten, LeBron James und ich selbst eingeschlossen. Ich wette, wenn Sie einen durchschnittlichen Amerikaner mit einem durchschnittlichen Job mit durchschnittlichen Worten fragen, ob er für die gleiche Arbeit lieber 100.000 statt 50.000 verdiente, würde die durchschnittliche Antwort wohl Ja lauten.

Die einzig verbliebene Verteidigung für die Rednerhonorare ist, dass ich für die ganzen Dinge entlohnt werde, an die keiner denkt, aber die ich dennoch machen muss, um eine Rede halten zu können. Ein Keynote-Vortrag vor einem großen Publikum dauert etwa 60 Minuten. Man kann behaupten, dass das anstrengender und stressiger ist als die ganze Arbeitswoche eines durchschnittlichen Büroangestellten, doch lassen wir das mal beiseite. Einen neuen Vortag zu entwickeln und einzuüben, dauert zwei Arbeitstage, also 16 Stunden. Bedenken Sie dann meine Reise zum Veranstaltungsort, einschließlich der endlosen Warteschlangen an den Sicherheitskontrollen, den Flug, den ich nehmen muss, die Taxen, mit denen ich fahren muss, die Hotels, in denen ich nächtigen muss, und so weiter. Nun halten viele Leute Vorträge, und ich werde nicht einfach dafür bezahlt, in ein Mikrofon zu sprechen. Ich werde für die jahrzehntelange Erfahrung bezahlt, die in meinem Lebenslauf aufgeführt ist und die (theoretisch) das von mir Gesagte interessant, provokativ, unterhaltsam, lehrreich, inspirierend machen soll – oder was auch immer die Leute, die mich einkaufen, in ihrem Marketingmaterial aufzählen. Ich bin ein guter Lehrer, was durchaus nicht selbstverständlich und zweifellos ein paar Kröten wert ist, doch letztlich gibt es einen ultimativen Faktor: Ich werde dafür bezahlt, auf einer Veranstaltung zu sprechen statt auf einer anderen. Wenn die Nachfrage das Angebot übersteigt, muss ein Preis bezahlt werden. Je höher die Nachfrage, desto höher der Preis.

Bleibt das unausgesprochene Risiko, dass ich plötzlich ohne Einkommen dastehe. Ich habe keinen Pensionsanspruch. Ich habe keinen umfassenden Vertrag, der mir Vortragsveranstaltungen auf Lebenszeit garantiert. Dieses Buch kann richtig gut einschlagen, oder in Buchbesprechungen zerrissen werden, und meine Rednerkarriere könnte ein unglückliches und jähes Ende nehmen, was insgesamt gesehen auch in Ordnung wäre. Ich habe meinen Job nicht gekündigt, um 30.000 Dollar die Stunde zu verdienen – ich habe gekündigt, um zu sehen, ob ich das überhaupt schaffen kann. Und nachdem ich das die letzten fünf Jahre geschafft habe, will ich wissen, wie lange ich mir unabhängig meinen Lebensunterhalt allein durch das, was ich schreibe und sage, verdienen kann.

KAPITEL 4

Vom Umgang mit schwierigen Räumen

Die Hälfte dessen, was man in einem schicken Restaurant bezahlt, zahlt man nicht fürs Essen. Man bezahlt die Miete, die Atmosphäre und wie man sich dank der angebotenen Leistungen fühlt. Wenn Sie jemals eine Verabredung getroffen haben, bei der wichtig war, wo sich der Laden befand, wie er aussah und wie man sich dort fühlte, wissen Sie, dass das stimmt. Öffentliches Reden ist da nicht anders. Die Atmosphäre ist für die Qualität des jeweiligen Erlebnisses wichtig. Hätten Sie Martin Luther King, Jr. in einer New Yorker U-Bahn-Station zuhören müssen oder Winston Churchill im Waschraum einer Autobahnraststätte mit all den Gerüchen, den Geräuschen und Tierchen, für die diese atmosphärischen Monströsitäten berüchtigt sind, wären Sie alles andere als entzückt gewesen. MLKs berühmte Rede hätte sich dann wohl so angehört: »Ich habe einen ... [hält inne, während ein Zug mit 110 Dezibel einfährt, die Zuhörer halten sich die Ohren zu] ... Trau ... puh, vergesst es.« Seine Eloquenz hätte nicht zu den unerfreulichen und ablenkenden Kräften in der Umgebung um ihn herum gepasst. Der *Ort* ist für den Redner von Bedeutung, weil er für das Publikum von Bedeutung ist. Alte Theater, ein Universitätshörsaal, sogar die Treppe des Lincoln Memorial sind erstklassige Orte für eine Rede, doch die meisten Redner werden nur selten an so großartige Veranstaltungsorte eingeladen. Die meisten Vorträge finden unter flackerndem Neonlicht in beengten Konferenzräumen statt oder in Veranstaltungshallen, die mit Tausenden anderer Funktionen im Kopf entworfen wurden. Das erklärt, warum ich viel mehr über Kronleuchter weiß als ich sollte.

Während Sie im Publikum sitzen und auf die Bühne schauen (eine Bühne, die entworfen wurde, damit man mich gut sehen kann), sehe ich selbst oft nichts (siehe Abbildung 4-1). Alle Lampen sind direkt auf mein Gesicht gerichtet. Man vergisst, dass der Raum, so schlecht er auch sein mag, so angelegt ist, dass das Publikum etwas sieht, während wir Redner allein dastehen. Wenn Sie sich Bilder berühmter Personen ansehen, die eine berühmte Rede halten, sehen Sie die Bühne genau so, wie derjenige mit dem besten Sitzplatz sie gesehen hat. Niemand sonst ist auf der Bühne, und wenn doch, bewegt sich keiner. Wenn Präsident Obama eine Rede hält und ein Dutzend Leute dahinter Cheeseburger kaut oder Faxen macht, wäre jeder im Publikum verärgert.

Doch wenn ich ausnahmsweise doch einmal ins Publikum schaue kann, sehe ich oftmals nur Ablenkungen. Ich kann sehen und hören, wie sich die Türen öffnen und schließen, wenn jemand zu spät kommt oder früher geht. Ich sehe den Schein der Laptops in den Multitasking-Augen der Leute. Ich sehe Kameramänner und Bühnenarbeiter, die schweres Gerät bewegen, ihre Lampen aufblinken lassen und Witzchen machen, alles in den letzten Reihen hinter der Menge, die nur ich sehen kann. Und das Deprimierendste überhaupt sind die Tage (die, an denen ich vergessen habe, den Rede-Göttern ein Opfer darzubringen), an denen ich nur das schwindelerregende Glimmen der Konferenzsaal-Kronleuchter sehe, wenn ich geradeaus blicke. Natürlich die billigen aus grauem Metall, die mit einer goldenen Farbschicht überzogen sind. Sie schweben im Raum über der Menge, einem Ort, an den nur wenige im Publikum jemals schauen, aber genau da, wo die Augen des Redners natürlicherweise hinsehen wollen. In einem guten Raum ist die Zimmerdecke frei von Ablenkungen. In einem schlechten Raum hängt hier eine große glimmende blöde Kugel.

Abbildung 4-1: Eine große Veranstaltung mit Rampenlicht. Das gibt Ihnen eine Vorstellung davon, was ich sehe: fast nichts.

Discokugeln funktionieren, weil sie eigentlich völlig absurd sind und jeden echten Versuch einer Dekoration boykottieren, doch Kronleuchter, selbst die billigen, die ich oft sehe, sind völlig ernst gemeint. Trotz ihrer falschen, kerzenscheinförmigen Glühlampen (Täuschungsversuch fehlgeschlagen), sind sie ein missglückter Ansatz, einem Raum Klasse zu verleihen, eine Art von Klasse die man – sehr zum Leidwesen der Besitzer dieser Räume – nicht erreichen kann, indem man etwas Großes und Glänzendes an die Decke hängt. Mir wurde gesagt, dass die Kronleuchter nur aus einem Grund in Konferenzsälen hängen: Hochzeiten. Sie wollen den Raum für Hochzeiten vermieten – die lukrativsten Veranstaltungen der westlichen Welt –, und ohne einen hässlichen Kronleuchter im Prospekt fürchten sie, nie wieder für Hochzeiten gebucht zu werden. Überprüfen Sie die Decke, wenn Sie das nächste Mal einen Vortrag halten. Wenn Sie dort einen Kronleuchter sehen, wissen Sie, dass er nicht für Sie da hängt.

Doch warum sich über eine glorifizierte Beleuchtungsvorrichtung aufregen? Warum das Risiko eingehen, für den Rest des Lebens von Konferenzen der Kronleuchterindustrie verbannt zu werden? Ich sage es Ihnen. Moderatoren sprechen ständig von »schwierigen Räumen« und meinen damit üblicherweise das Publikum. Sie tadeln das Publikum, obwohl sie zuerst den *Raum* rügen sollten. Viele Störungen werden durch den Raum selbst geschaffen, atmosphärische Herausforderungen, die aus lauwarmen Massen »schwierige« macht. Haben Sie jemals versucht, eine Geburtstagsparty auf einem Friedhof zu veranstalten, oder eine Beerdigung in einem Freizeitpark? Natürlich nicht. Sie wären zum Scheitern verurteilt – solange Ihre Familie nicht einige Tafil zum Frühstück eingeworfen hat oder Sie mit Tim Burton verwandt sind. Die meisten Veranstaltungsorte für Reden und Vorträge in der modernen Welt sind langweilige, graue, uninspirierende, schlecht beleuchtete Würfel. Sie wurden entworfen, um sich zu langweilen (weshalb es so schwer ist, während eines Vortrags wach zu bleiben), eine Art Schweizer Messer, das man für alles nutzen kann. Der durchschnittliche Konferenzraum oder Firmenhörsaal wurde wegen seiner Möglichkeit gekauft, vielen verschiedenen Zwecken zu dienen, wenn auch keinem besonders gut, was meine unnatürliche, möglicherweise tödliche Haltung zu Kronleuchtern erklärt. Rügen Sie Redner, sooft Sie wollen – wir haben uns den Großteil dieser Tadel sicher verdient –, doch einen Teil der Schuld sollten Sie demjenigen geben, der das Publikum in diesen miesen Raum gesteckt hat. Es war nicht meine Entscheidung. Wenn ich die Wahl hätte, würden Sie mich hier sehen (siehe Abbildung 4-2).

Ich wäre gern in einem griechischen Amphitheater, zum Teil weil ich gehört habe, dass Griechenland sehr nett sein soll, doch hauptsächlich weil der ideale Raum für einen Vortrag ein Theater ist. Es ist verrückt, ich weiß, aber die meisten Probleme in Bezug auf Vortragsräume wurden vor über 2.000 Jahren gelöst. Das griechische Amphitheater macht alles richtig, solange es nicht regnet. Vortragsräume sollten halbkreisförmig sein, nicht rechteckig. Die Bühne sollte etwas höher sein als die erste Reihe, nicht nur damit die Leute Sie auf der Bühne besser sehen, sondern auch damit Sie sich mächtiger fühlen. Das Wichtigste ist aber, dass jede Sitzreihe etwas höher liegt als die vorherige, damit jeder einen freien Blick hat. All diese Dinge machen es den Zuhörern einfacher, sich zu konzentrieren und die Aufmerksamkeit auf die Bühne zu richten, und bieten dem Redner gleichzeitig eine natürliche Akustik.

Abbildung 4-2: Das Theater in Epidauros.

Einen der besten Vorträge der letzten Zeit habe ich in der Carnegie Mellon University im Adamson Wing gehalten, einem Raum in der Größe eines Theaters mit vielleicht 120 Sitzplätzen (siehe Abbildung 4-3).[1] Wäre eine Zapfanlage in das Rednerpult integriert, der Raum wäre perfekt.

---

[1] Als Absolvent der Carnegie Mellon University ist es für mich ein besonderer Nervenkitzel, in einem Raum zu reden, in dem ich so oft eingeschlafen bin. Die größeren Räume in Doherty Hall sollten allerdings auf ihre einschläfernden Kräfte hin untersucht werden.

Abbildung 4-3: Der Adamson Wing an der Carnegie Mellon University.
Ein für Vorlesungen gut geeigneter Raum.

Und der größte, meistens zu wenig gewürdigte Vorteil von Amphitheatern im griechischen Stil und guten Universitätshörsälen? Keine Kronleuchter.

Theater sind selten. Sie zu bauen, kostet, entsprechend teuer ist die Miete, und nur wenige Konferenzcenter besitzen welche. Wenn es sie gibt, bleiben sie den Rednern mit den großen Namen vorbehalten. Alle anderen müssen sich mit dem quadratischen, schäbigen, schlecht beleuchteten Loser-Raum begnügen. Ich spreche die ganze Zeit über in solchen Loser-Räumen. Doch wenn Sie eingeladen sind, einen Vortrag zu halten, und sich einen Raum auswählen können, dann nehmen Sie den, der einem Theater am ähnlichsten ist. Selbst wenn er kleiner ist oder weiter weg, wird Ihnen der Raum einige Extrapunkte sichern. Mir wird immer ganz anders, wenn ich weiß, dass ich in einem Raum spreche, der mir dabei hilft, eine Verbindung mit dem Publikum herzustellen. Ein Raum ohne Pfeiler und tote Winkel, ein Raum mit guten Lichtverhältnissen, ein Raum, der so gut schallisoliert ist, dass man den Verkehr draußen nicht hört – und auch nicht den Vortrag nebenan. Das ist selten, doch wenn es passiert, zahle ich es den Auftraggebern doppelt und dreifach zurück.

In einem rechteckigen Raum gibt es viele Probleme, über die kaum jemand redet. Wenn Sie im Gang ganz links oder rechts sitzen und geradeaus gucken, starren Sie direkt auf die Stirnwand. Um dem Geschehen folgen zu können, müssen Sie Ihren Kopf oder den Körper in Richtung Mitte drehen. Sie müssen auch über die Köpfe der vor Ihnen Sitzenden oder irgendwie zwischendurch schauen – was bei mehr als 20 Sitzreihen meist ein aussichtsloses Unterfangen ist. Warum sollte man da sitzen, wenn man den Redner nicht sehen kann? Sie können sich den Vortrag ebenso gut auf dem Fernseher in der Bar ansehen und sich dabei Trinkspielen mit Ihren Freunden hingeben, etwa »Hmmmster«, bei dem der Verlierer jedes Mal einen Kurzen kippen muss, wenn der Redner »hmmm« sagt. Bei einigen Rednern sind Sie in kürzester Zeit ohnmächtig.

Wenn Sie im Publikum sitzen, wird sich der Winkel Ihres Körpers oder der Augenkontakt mit dem Redner nicht besonders auf Ihren Eindruck zur Qualität des Vortrags auswirken. Doch für den Redner spielt es eine Rolle. Wenn 50, 100 oder 5.000 Leute Ihnen 10% mehr Aufmerksamkeit und Energie widmen – sei es durch Augenkontakt, Körperhaltung oder ein Lachen –, macht das den Unterschied zwischen sich wohlfühlen und sich verloren fühlen aus. Ein zusätzliches Augenpaar oder ein zustimmendes Nicken hier und da verändert das Wohlbefinden des Redners. Und in einem guten Raum – egal ob Konzert oder Vortrag – fließt eine Menge Energie zwischen Publikum und Bühne hin und her.

Selbst in schlechten Clubs haben Musiker den Vorteil, die Energie im Raum kontrollieren zu können – Bassdrum und verstärkte Gitarren setzen Energiewellen frei und lassen die Leute tanzen oder in anderer Form reagieren. Doch in einem grauen, langweiligen Raum voller rechter Winkel – in dem die Hälfte der Anwesenden nur den Spliss in den Haaren der vor ihnen Sitzenden sieht, während man anstelle einer Bassdrum beispielsweise die weinerliche Stimme des Leiters der Buchhaltung hört, der herunterleiert, wie man Seite 9, Abschnitt F der Reisekostenabrechnung auszufüllen hat –, wird die Energie im Raum geteilt und gebrochen, bevor sie die Bühne überhaupt verlässt. Sie stirbt, weil sie von den Wänden verschluckt, vom Teppich aufgezehrt und vom gedimmten Licht bedeckt wird. Ein Redner ist, ohne die Hilfe einer Gitarre oder Bongos, auf sich allein gestellt, die Defizite des Raums zu überwinden. Selbst gute Redner werden häufig von den Effekten schlechter Räume aufgefressen.

Der schlimmste Fall, schlimmer noch als ein schlechter Raum, ist ein sehr großer, schlechter, leerer Raum. In einem riesigen, langweiligen, rechteckigen, schwach beleuchteten Raum mit 1.000 Plätzen zu sprechen, ist schon Herausforderung genug, doch wenn nur 100 Teilnehmer anwesend sind, fühlen sich solche Räume wie schwarze Löcher an. Selbst wenn Sie schreien, tanzen oder mit Messern jonglieren, werden Sie wohl nicht genug Energie erzeugen können, um den Raum zu füllen. Ich habe einmal U2 im Meadowlands in New Jersey spielen sehen, in das 60.000 Leute passen. Gegen Ende des Konzerts strömten die Besucher nach draußen, um dem Verkehr zu entgehen, und egal was Bono auf der Bühne veranstaltete, das Stadion war tot. Es waren immer noch 20.000 tanzende Konzertbesucher anwesend, doch es waren die lahmsten 20.000, die ich jemals gesehen habe.

Ein passendes persönliches Desaster ereignete sich 1998, als ich auf Microsofts Tech-Ed-Konferenz in Dallas sprach. Ich hatte den größten Raum des riesigen Konferenzzentrum-Komplexes der Hotelanlage. Die Decke war so hoch und die hintere Wand so weit von der Bühne weg, dass ich die Technik-Crew tatsächlich fragte, ob es sich um einen umgebauten Flugzeughangar handelte. Er musste für etwas anderes genutzt worden sein als für Trainingskonferenzen. Außer um Redner zu quälen, gab es keinen Grund für die Größe dieses Raums. Als ich fragte, schaute die Crew zur Decke empor und schien ein wenig überrascht zu sein, dass es überhaupt eine Decke gab. Anscheinend haben sie bisher noch nie daran gedacht, hochzuschauen, da sie die meiste Zeit damit verbrachten, all die Dinge in Ordnung zu bringen, die am Boden nicht mehr funktionierten. Hätte ich ihnen davon erzählt, wie sich Sterne über den nächtlichen Himmel bewegen, hätte das wohl ihre Vorstellungskraft überstiegen.

Im Raum waren Stühle für über 2.000 Zuhörer aufgestellt. Als ich das hörte, schwoll mein Ego an: 2.000 Leute? Um mich zu sehen? Wow. Ich muss ja echt cool sein. Doch die Countdown-Uhr tickte herunter – 20 Minuten, 10 Minuten, 5 –, und ich starrte die ganze Zeit auf dieses Meer leerer Stühle. Ich fühlte mich gedemütigt. Ich wollte gar nicht erst anfangen. Ich hatte noch niemals so viele leere Stühle an einem Ort gesehen. Wo werden sie gelagert? Irgendwo muss es ein riesiges Lager nur für diese Stühle geben. Wie unglaublich frustrierend für denjenigen, die sie die ganze Nacht über aufgestellt hat, nur um sehen zu müssen, dass sie leer blieben. Und wie deprimierend, dass ich derjenige war, der es nicht vermocht hatte, sie zu füllen.

Eine Minute vor Beginn setzten sich hier und da einige Leute hin. Eine Handvoll kam, wie die Ameisen, durch den Hinterausgang in den riesigen Raum (ein paar kommen immer auf den letzten Drücker). Es war schön, sie zu sehen, doch sie verschwanden schnell in der höhlenartigen Dunkelheit zwischen den Gängen. 20 Sekunden vor Beginn sah ich einen Kerl vor mir, der die gähnende Leere hinter sich zu bemerken schien, seine Sachen packte und zum Ausgang huschte. So viel dazu. Fünf Sekunden. Die Lichter gingen an, und mit ihnen schwappte eine Hitzewelle über mein Gesicht und meine Arme. Die wenigen Augenpaare im Raum waren jetzt völlig verschwunden. Es war Zeit anzufangen.

Was sollte ich tun? Gab es irgendetwas, das ich hätte tun können? Mein Körper entschied sich für Panik. Ich hatte vorher schon mal Panik und wusste, dass der Trick darin bestand, einfach anzufangen. Die Angst rührt daher, dass man sich vorstellt, was passieren könnte, nicht das, was tatsächlich passiert, und je länger man wartet, desto schlimmer wird es. Die einzige Möglichkeit, diese üble Feedback-Schleife zu durchbrechen, besteht darin, einfach loszulegen, also zwang ich mich dazu, anzufangen. Und ich war grottenschlecht. Eine Stunde lang war ich wirklich schlecht – eine schier endlose Stunde in den Grand Canyon aller Räume redend, jedes Wort langsam über dieses Meer leerer Stühle wandernd. Ich hörte jedes Wort zweimal – einmal während ich es sagte, und zwei Sekunden später, wenn es (nicht behindert durch die Kraft einer schallabsorbierenden Menge) von den Wänden zurückgeworfen wurde. Als ich fertig war, zog ich mich schmollend in eine dunkle Ecke der Hotelbar zurück, versteckte mich hinter einer Reihe von Bieren und hoffte, nicht erkannt zu werden.

Die Lösung dieses Problems, und vieler anderer Probleme mit schwierigen Räumen, basiert auf der Dichtetheorie öffentlicher Reden. Diese Theorie entdeckte ich, einen Tag nachdem sich meine Dallas-Erfahrung in einer anderen Stadt mit einer weiteren furchtbar kleinen Zuschauerzahl in einem unglaublich großen Raum wiederholte. Ich erkannte, dass die Größe der Menge unerheblich ist – wichtig ist eine *dichte* Menge. Wenn Sie jemals in einem nur mäßig gefüllten Raum stehen, sollten Sie alles tun, damit sich die Zuhörer näher zusammensetzen. Schaffen Sie eine kompakte Menge, die so nah wie möglich vor Ihnen sitzt. Häufig widerspricht das den

Instinkten eines Redners, der einfach sein Ding durchziehen und so tun möchte, als würde es sich nicht anfühlen, wie am Heiligmorgen um drei Uhr früh im Busbahnhof zu sprechen.

Die wenigen Menschen im Publikum wissen genau wie Sie, dass der Raum leer ist, und wenn Sie so tun, als würden Sie es nicht bemerken, wissen sie, dass Sie Blödsinn reden, bevor Sie auch nur fünf Minuten Ihrer Rede gehalten haben. Das Publikum, auch ein schlechtes, will Ihnen wirklich helfen, doch keiner im Publikum kann etwas gegen schlechte Energie unternehmen. Nur zwei Leute im Raum haben diese Möglichkeit: der Veranstalter und der Redner. Der Veranstalter, eine Person, die wohl nur wenig über das Halten öffentlicher Vorträge weiß (und erst recht nichts von der Dichtetheorie) und die wahrscheinlich 25 andere Probleme hat, die wichtiger sind als Ihr leerer Raum, ist wahrscheinlich nicht besonders hilfreich. Verdammt, schließlich sind Sie seinetwegen in diesem Raum. Alle Hoffnung ruht also auf demjenigen mit dem Mikrofon, und das sind nun mal Sie (siehe Abbildung 4-4).

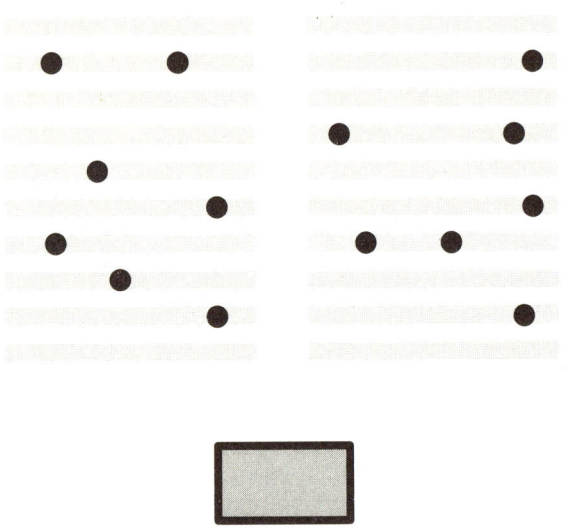

Abbildung 4-4: Eine kleine Menschenmenge in einem großen Raum. Ihre Energie kann niemals jeden im Raum wirksam erreichen, weil sie durch den ganzen toten Raum aufgefressen wird.

45 Leute in einem 2.000-Personen-Raum sind keine Menschenmenge, sondern eher ein versprengter Haufen von Einzelfiguren. Also muss

Ihr erster Schritt darin bestehen, die 2.000 Sitzplätze zu vergessen. Vergessen Sie die leeren Reihen und den toten Raum. Stellen Sie sich einen kleineren Raum innerhalb dieses großen Raums vor, einen mit etwa 50 Plätzen (siehe Abbildung 4-5). Lassen Sie ihn Realität werden, indem Sie die Teilnehmer bitten, in diesen etwas intimeren Raum einzutreten. Wenn Sie sie in dieser Wüste aus leeren Stühlen verstreut herumsitzen lassen, werden sie sich wie einsame Verlierer vorkommen. Sie werden sich dafür schämen, sie sehen zu wollen, statt all die anderen Dinge zu tun, die sie in dieser Stunde hätten tun können. Wenn Sie sie näher zusammenrücken lassen, wissen Sie wenigstens, dass sie nicht die einzigen Loser sind, die Sie sehen wollten. Sie sind nun Verlierer mit Verlierer-Freunden, was – alles in allem – wesentlich besser ist, als ein Verlierer ohne Freunde. Tatsächlich sind es Ihre Verlierer und sollten daher gut von Ihnen behandelt werden.

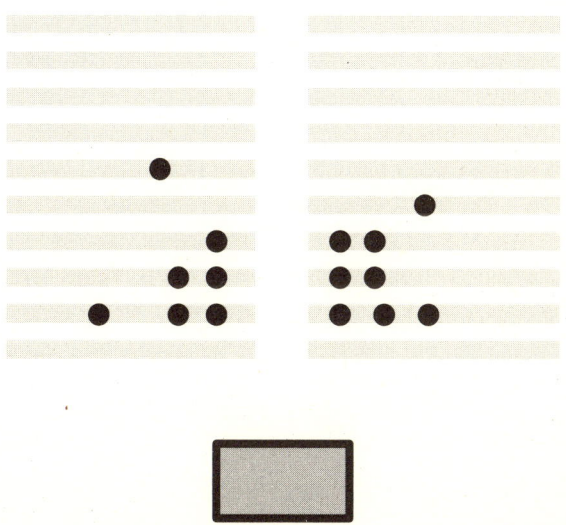

Abbildung 4-5: Vernünftig angeordnete kleine Menge in einem großen Raum. Hier können Sie trotz der Leere gut arbeiten.

Der schwierige Teil besteht darin, die Leute dazu zu bringen, sich umzusetzen. Wir sind eine faule Spezies. Wenn ich erst mal sitze, bin ich nicht sonderlich daran interessiert, aufzustehen, nur um mich wieder hinzusetzen. Doch Tatsache ist, dass wir alle tun, was eine Autorität uns sagt, und das gilt ganz besonders für Hörsäle. Wir haben bereits unser Leben damit verbracht, Leuten in vollen

Räumen zuzuhören, die uns aufgefordert haben, aufzustehen, sich zu setzen, Lieder zu singen, die Augen zu schließen, »Bingo« zu spielen, Nationalhymnen zu rezitieren und Tausende anderer dummer Dinge, die wir niemals tun würden, wenn es uns nicht jemand mit einem Mikrofon diktiert hätte. Es spielt keine Rolle, wo Sie sind oder wie ängstlich Sie in den Augen der Gruppe sind: Wenn Sie das Mikrofon haben, die Situation erklären und sie freundlich bitten, aufzustehen und sich nach vorne zu bewegen, werden sie das tun. Machen Sie ein Spiel daraus. Setzen Sie einen Preis für denjenigen aus, der sich als Erster bewegt. Fragen Sie das Publikum, ob es ein wenig Bewegung braucht, und wenn alle die Hände heben (Menschen, die an Vorlesungen und Konferenzen teilnehmen, brauchen immer Bewegung), sagen Sie ihnen, dass Sie genau das Richtige parat hätten. Das frisst zwar einige Minuten Ihrer Zeit auf, doch bei einem langen Vortrag ist es das allemal wert. Und der Redner nach Ihnen wird es Ihnen danken.

Die wenigen, die sich nicht rühren, sollten ohnehin hinten im Raum bleiben. Kein Gesetz gebietet es Ihnen, jeden im Publikum gleich zu behandeln. Bevorzugen Sie diejenigen im Publikum, die auf Ihre Bitten reagieren. Indem Sie sie dazu gebracht haben, sich zu bewegen, haben Sie sich einige weitere Vorteile verschafft. Die Zuhörer sind nun irgendwie an Ihnen interessiert, und Sie genießen ihre Aufmerksamkeit – zumindest für die nächsten zwei Minuten. Sie haben den ungemütlichen Zustand des Raums und die damit verbundenen Nachteile angesprochen, und man wird Ihre Ehrlichkeit und Ihr Bemühen, die Situation zu verbessern, respektieren. Und Sie selbst haben die Anführer und Fans identifiziert: diejenigen, die als Erste aufgesprungen sind. Das sind die Zuhörer, die an Ihnen und an dem, was Sie zu sagen haben am meisten interessiert sind. Wenn es irgendwelche Verbündeten in der Menge gibt – Leute die zuerst applaudieren oder eine Frage stellen –, wissen Sie, wo Sie sie finden können.

Das Wichtigste ist, dass die Dichtetheorie Ihre Energie verstärkt. Wir sind soziale Wesen. Wenn fünf Menschen – oder auch Hunde, Waschbären oder andere soziale Tiere – zusammenkommen, fangen sie an, sich als Einheit zu verhalten. Sie treffen gemeinsame Entscheidungen, bewegen sich zusammen und, das Wichtigste, werden zu kurzzeitigen Gemeinschaften. Wenn ich in einer dicht gepackten Menge jemanden zum Lachen bringe, seinen Kopf nicken lasse oder ein Lächeln hervorzaubere, wird es der direkte Nachbar bemerken und selbst etwas geneigter sein, es ihm nachzutun. Sitcoms spielen aus eben diesem Grund Lacher vom Band ab: Wir reagieren darauf, was die Menge um uns herum macht. Allein schon die Frau, die direkt neben Ihnen sitzt und mit voller Aufmerksamkeit zuhört, verändert die Atmosphäre zum Besseren, im Gegensatz zu einem langweiligen Typen neben Ihnen, der seine E-Mails abruft und nicht einmal aufschaut. Die Größe des Raums oder die Anzahl der Zuschauer wird irrelevant, solange die Leute darin nah beieinandersitzen, und zur selben Zeit dieselben Dinge erfahren und teilen.

Ein Redner kann viele kleinere Korrekturen an einem Raum vornehmen. Sorgen Sie für mehr Licht, wenn Sie sich vorkommen wie in einer Höhle. Fragen Sie nach einem Funkmikrofon oder bringen Sie Ihr eigenes mit, wenn Sie nicht an das Lesepult gebunden sein möchten. Wenn Sie jemanden hinter einem Pfeiler oder ganz hinten entdecken, bieten Sie ihm einen freien Sitz weiter vorne an. Reisen Sie immer mit einer Fernbedienung für Ihr Laptop, damit Sie sich an einen besseren Ort bewegen können, falls das Lesepult an einer blöden Stelle auf der Bühne steht. Fragen Sie die Anwesenden, ob ihnen zu warm oder zu kalt ist, und bitten Sie die Organisatoren dann über das Mikrofon, etwas dagegen zu unternehmen (selbst wenn die nichts tun können, stehen Sie gut da, weil Sie der Einzige sind, der sich überhaupt darum schert, wie sich das Publikum fühlt). Es gibt immer kleine Dinge, die Sie tun können – dafür müssen Sie keinen eigenen privaten Vortragssaal bauen –, um das Raumgefühl zu verbessern. Sobald Sie das Mikrofon haben, ist es Ihr Raum – machen Sie, was immer möglich ist, um das Erlebnis für die Zuhörer zu verbessern.

Wenn Sie es versäumen, sich Ihre eigene Spielwiese zu schaffen, werden Sie sich mit Sicherheit einem schwierigen Publikum gegenübersehen. Wenn ich fünf Minuten vor Beginn meiner Rede erscheine, habe ich keine Vorstellung davon, wie die Stimmung ist. Jedes Publikum unterscheidet sich aus Tausenden von Gründen von einem anderen, sei es wegen des morgendlichen Verkehrs oder weil das Lieblingsteam am Tag zuvor gewonnen oder verloren hat oder auch aufgrund der momentanen Lokalpolitik. Wenn ich erst kurz vor meiner Rede auftauche, kann ich nicht einschätzen, wie viel davon mit mir zu tun hat und nicht mit der Wut auf die Welt als Ganzes. Verantwortung für die Menge zu übernehmen, bedeutet, dass man so früh im Raum erscheint, dass man zumin-

dest den vorherigen Redner sieht. Manchmal bekommt man einen
Witz oder Kommentar in dieser Rede mit, den man aufgreifen
kann oder besser vermeidet, nachdem er bereits verwendet wurde.
Wenn der Redner beeindruckend war, von der Menge aber nur
kalte Blicke erntet, wissen Sie, dass etwas im Busch ist, das größer
ist als Sie oder der Redner vor Ihnen. Doch wenn er gut war und
viel Energie und starken Applaus erhält, während Sie mit fliegenden Fahnen untergehen, wissen Sie, dass es nicht am Publikum
lag – es lag allein an Ihnen.

In fremden Ländern zu sprechen, macht das nur allzu deutlich. Sie
haben keine Vorstellung davon, was ein schwieriges Publikum ist,
bevor Sie nicht in Schweden, Japan oder Dutzender anderer
Länder gesprochen haben, in denen Lachen, Herumalbern oder
Kreischen während eines Vortrags kulturelle Tabus darstellen.
Und wenn Sie die lokale Sprache nicht beherrschen, werden Sie
übersetzt. Das bedeutet, das Publikum weiß erst zehn Sekunden,
nachdem Sie etwas gesagt haben, was Sie gesagt haben – oder was
Sie nach Meinung des Übersetzers gesagt haben. Als ich in
Moskau sprach, simultan übersetzt wie bei den Vereinten Nati-
onen, war das Publikum wundervoll, doch ich wusste nicht,
warum es lachte, bis der Übersetzer es mir über die Hörmuschel
erklärte. Einige lange, furchtbare Augenblicke dachte ich, Sie
würden mich auslachen oder mich in die Zange nehmen, statt
mich zu unterstützen. Nachdem man einige Simultanüberset-
zungen hinter sich hat, ist ein Vortrag vor einer randalierenden
Menge ein Kinderspiel, solange diese ihre Muttersprache spricht.

Wenn alle Stricke reißen – Sie wissen, dass das Publikum Sie und
Ihre Ansichten hasst –, suchen Sie sich die Person aus, die Sie am
wenigsten ablehnt. In allen Sälen, egal wie schwierig sie sind,
werden Sie eine finden. Selbst wenn Sie als Anhänger der Fliegenden Spaghetti-Monster vor dem Vatikan reden, wird Sie
jemand im Saal weniger hassen als alle anderen.[2] Vielleicht findet
er Sie niedlich, oder er amüsiert sich darüber, wie ängstlich Sie
sind, doch er ist Ihre beste Chance. Wenn Sie ein erstes Lächeln,
ein zustimmendes Nicken oder ein wenig Applaus erhalten, dann
kommt es von ihm. Sobald Sie diese Person gefunden haben,
nutzen Sie sie als Basis. Ignorieren Sie die anderen nicht, aber

---

2 Informationen zur Kirche des Fliegenden Spaghetti-Monsters finden Sie unter
   http://www.venganza.org/about/.

suchen Sie bei ihr nach Unterstützung. Wenn Sie frühzeitig da sind, können Sie auch vorher die Initiative ergreifen, mit Leuten in der Menge reden und einige Anhänger ausfindig machen. Bitten Sie sie nach vorn. Alternativ könnten Sie nach der einen Person suchen, die einen wirklich guten Grund hat, Sie zu hassen, aber sicherstellen, dass sie nicht die erste Frage stellt.

Manchmal bildet sich der Redner die schwierige Menge nur ein und baut sie selbst auf. Er betrachtet das Publikum als feindselig und gibt ihm die Schuld. Aber welcher Idiot würde so etwas tun? So ein Idiot wie ich. Meinen ersten großen Vortrag hielt ich 1996. Es war ein Microsoft-interner Vortrag vor etwa 200 Ingenieuren und Managern. Mit meinem arroganten Alter von 24 war ich mir sicher, dass mich die Menge in Stücke reißen würde. Ich stellte daher sicher, dass niemand die Gelegenheit dazu bekam. Ich sprach in meinem schnellsten New Yorker Wer-will-mir-was-Ton, lächelte nie, und sobald ich den Mund öffnete, machte ich meinen Widerwillen sehr deutlich, irgendjemanden im Publikum irgend-etwas genießen zu lassen. Warum tat ich das? Warum kam ich so unangenehm rüber? Ich war verschreckt. Und als arroganter, ver-schreckter junger Mann übertrug ich es auf die Leute, vor denen ich am meisten Angst hatte. Ich habe mir das Video dieser Rede angesehen und es danach zerstört. Mein ganzer Auftritt war fürch-terlich lächerlich.

In dem Versuch, mich vor dem aus meiner Sicht feindseligen, kriti-schen und skeptischen Publikum zu schützen, habe ich den einen Weg eingeschlagen, der genau zu dem führt, was ich eigentlich hatte vermeiden wollen. Ich bin sicher, dass das oft passiert: Para-noides Verhalten erzeugt genau das, wovor wir uns fürchten, sozu-sagen eine sich selbst erfüllende Paranoia. Hätte ich mir später das Video meines Vortrags nicht angesehen, würde ich nun ein anderes Leben führen. Ich würde immer denken, dass ich auf die Menge reagierte, nicht, dass *sie auf mich reagiert hat*. Ich hätte mich ständig gewundert, warum meine Zuhörer so unfreundlich sind, und es schließlich aufgegeben. Nun weiß ich, dass ich das verkörpern muss, was ich mir vom Publikum wünsche. Wenn sie vergnügt sein sollen, muss ich vergnügt sein. Wenn sie lachen sollen, muss ich lachen. Doch es muss in einer Art und Weise geschehen, mit der sie etwas anfangen können, und das ist nicht immer leicht. Eine betrunken gehaltene Tischrede bei einer Hoch-zeit ist für den Tischredner meist ein großer Spaß, für alle anderen aber eher jämmerlich. Doch große Redner sind gut darin, zwischenmenschliche Verbindungen zu erzeugen. Sie zeigen dem Publikum einen authentischen Teil ihrer selbst und schaffen es so, den Vortrag zu einem einzigartigen, positiven Erlebnis für die Zuhörer werden zu lassen.

Ein ungewöhnlicher Ansatz, mit schwierigen Massen umzugehen, besteht darin, sich vorzustellen, dass die Masse interessiert am Redner sein muss, um ihn zu hassen. Eine feindselige Menge gibt Ihnen mehr Energie, mit der Sie arbeiten können, als eine indifferente. Bei einem Vortrag in einem Raum voller Komapatienten, alle ans Bett gefesselt und bis oben hin mit Tranquilizern vollgepumpt, ist die Chance gleich null, dass sich irgendwer für Sie interessiert. Doch wenn die Leute wütend sind und dazwischenrufen, bedeutet es, dass sie ein vehementes Interesse vertreten. Sie besitzen eine Energie, die sie beisteuern wollen, was auch immer geschieht. Wenn Sie herausfinden können, worin dieses Interesse besteht, und das möglichst früh, können Sie eine Verbindung mit ihnen herstellen. Finden Sie eine gemeinsame Basis und holen Sie diese an die Oberfläche. Ihr Hass wird sich schnell in Respekt verwandeln, weil sie Dinge auf der Bühne wahrnehmen, die sie so von jemandem wie Ihnen bisher nie gehört haben. Nachdem ich Hunderte von Vorträgen gesehen und gehalten habe, kann ich mit Fug und Recht behaupten, dass sich die Zuhörer am meisten über Unehrlichkeit ärgern. Zeigen Sie Integrität, indem Sie die Wahrheit über genau das sagen, was das Publikum ärgert, oder bestätigen Sie es ehrlich, und Sie werden Pluspunkte sammeln. Menschen, die genug Courage haben, um die Wahrheit in ein Mikrofon zu sprechen, sind ausgesprochen selten.

Nur wenige wissen, dass Dale Carnegies erfolgreichstes Buch *Wie man Freunde gewinnt: Die Kunst, beliebt und erfolgreich zu werden* (Fischer), eines der bestverkauften Selbsthilfebücher der Geschichte, heftige Gegenreaktionen der Presse und der kulturellen Elite seiner Zeit nach sich zog. Carnegie wurde in Leitartikeln und Cartoons verhöhnt und an Colleges und Universitäten verspottet, weil er allzu vereinfachende und alberne Ratschläge gäbe. Er wurde eingeladen, vor dem Dutch Treat Club in New York City zu sprechen, einem elitären Kreis von Verlegern, Redakteuren und Werbefachleuten – also die Art zynisches, starrköpfiges Volk, die seine Arbeit am meisten kritisierte. Trotz der War-

nungen seiner Ratgeber sprach er vor ihnen und sagte (frei
übersetzt) Folgendes:

*Ich weiß, dass es einige Kritik an meinem Buch gibt. Man
behauptet, es sei nicht tiefgründig genug und enthielte in Sachen
Psychologie und menschliche Beziehungen nichts Neues. Das ist
wahr. Gentlemen, ich habe niemals behauptet, eine neue Idee zu
haben. Natürlich arbeite ich mit dem Offensichtlichen, ich präsentiere, wiederhole und glorifiziere das Offensichtliche – weil
den Menschen das Offensichtliche mitgeteilt werden muss. Sie
haben ein großes Bedürfnis, zu wissen, wie man mit anderen
Menschen umgeht. Das sollte ihnen auf natürliche Weise
gegeben sein, doch das ist nicht der Fall. Mir wurde gesagt, Sie
seien ein feindseliges Publikum, doch ich plädiere auf »nicht
schuldig«. Die Ideen, für die ich stehe, sind nicht meine. Ich
habe sie mir von Sokrates geborgt, von Chesterfield gemopst,
von Jesus gestohlen und in ein Buch gesteckt. Wenn Sie deren
Regeln nicht mögen, wessen Regeln würden Sie verwenden? Ich
höre Ihnen mit Freuden zu.*[3]

Einem Bericht zufolge erhielt er einen riesigen Applaus. Obwohl
ich kein Freund dieses Buchs bin, bin ich ein Fan dieser
Geschichte. Er packte eine schwierige Masse auf klare, clevere und
ehrliche Art und Weise an.

Dennoch werden Sie an bestimmten Tagen von einigen Zuhörern
trotzdem gehasst werden, ganz egal was Sie tun. Gelegentlich
treffe ich auf Menschen, die es lieben zu hassen, oder wir geraten
aus Gründen aneinander, die ich nicht erklären kann. An einer
Universität, an der ich zu einem Vortrag eingeladen war, hatte ich
es einmal mit einem Professor zu tun, der mich dreimal unter-
brach, bevor ich mit meiner ersten Folie durch war. Minuten
später, nach lange stechenden Blicken und lauten Seufzern stand er
auf und ging.[4] Hätte ich etwas anders machen können? Ich glaube
nicht. Manchmal mag Sie jemand nicht und hat einfach Spaß
daran, Sie zu hassen. Hätte ich versucht, ihm zu gefallen, hätte ich

---

[3] Aus *The Man Who Influenced Millions*, Giles Kemp und Edward Claflin (St. Martin's Press), Seite 154.

[4] Nach dem Vortrag kamen einige Studenten zu mir und entschuldigten sich für sein
Verhalten. Offensichtlich war ich nicht der einzige, der mit offenen Armen empfangen wurde. Später nahm ich höflich Kontakt mit ihm auf, um herauszufinden,
was ihn so aufgebracht hatte. Als Antwort bot er mir an, dass er mir einige seiner
Bücher schicken könne, »damit ich etwas lerne«.

nur jemand anderen ebenso rasend gemacht. Es stört mich nicht, gehasst zu werden, weil ich ebenfalls einige und einiges nicht mag. Doch wenn es das Publikum spaltet, ruiniert es etwas, das der Rest im Raum zu genießen scheint. Da der Professor gegangen war, ersparte er es mir, ihn aufzufordern, still zu sein oder zu gehen, was ich getan hätte, wenn er weitergemacht hätte. Dafür sollte ich ihm vielleicht dankbar sein. Man vergisst leicht, dass sich die meisten an ihren Sitz gefesselt fühlen. Sie würden gern gehen, wollen aber nicht die Aufmerksamkeit auf sich ziehen, die sie erfahren, wenn sie aufstehen und über die Knie der anderen klettern, um in den Gang zu gelangen. Wenn jemand unglücklich ist, bin ich froh, wenn er geht, statt die Energie für etwas anderes zu verschwenden. Ich finde das nicht unanständig, es ist vielmehr ein Segen. Eine kleine Gruppe von fünf Interessierten sieht vielleicht nicht gut aus, stellt aber eine bessere Situation dar als 50 Leute, die gehen wollen, es aber nicht tun.

Falls Sie wirklich Angst davor haben, sich auf feindlichem Gebiet zu bewegen, kann etwas zusätzliche Beinarbeit Ihre Ängste mildern. Fragen Sie Ihren Gastgeber, wie groß die Menge wohl sein wird und welche Fragen üblicherweise gestellt werden. Erfragen Sie die Namen dreier Teilnehmer, mit denen Sie sprechen können und die für die Menge, vor der Sie sprechen werden, repräsentativ sind. Während der Rede erwähnen Sie dann die »drei wesentlichen Kritikpunkte, die ich aus meinen Gesprächen mit Tyler, Marla und Cornelius herausgehört habe«. Das Publikum in Ihren Vortrag einzubinden, bringt Ihnen massenhaft Pluspunkte. Nur wenige machen das überhaupt, und wenn der Rest der Menge nicht mit Paul, Marla oder Cornelius einer Meinung ist, können sie das unter sich ausmachen, sobald Sie weg sind.

KAPITEL 5

Den Draht zum Publikum nicht verlieren

Es gibt viele dumme Menschen auf der Welt, und ich bin mir sicher, dass Sie selbst bereits einige kennengelernt haben. George Carlin, einer der größten Köpfe unserer Zeit, hat einmal beobachtet, dass der durchschnittliche Mensch nicht besonders schlau ist und (was schlimmer ist) dass die Hälfte der Bevölkerung dümmer ist als der Durchschnitt. Noch interessanter wird es, wenn man einen Raum voller Menschen fragt, wer von ihnen glaube, eine überdurchschnittliche Intelligenz zu besitzen. Mehr als die Hälfte der Anwesenden hebt immer die Hand. Wenn Sie wirklich schlauer sind als die Leute um Sie herum, sollten Sie sich dank Ihrer Überlegenheit sehr gut fühlen. Andererseits machen aber auch die Schlausten unter uns dumme Sachen. Einstein fiel bei der Universitätsaufnahmeprüfung durch, Julius Caesar übersah die spitzen Messer unter den Roben seiner Freunde. Ich bin sicher, dass Beethoven Kaffee über sein Klavier geschüttet hat und Julia Child hier und da ein Thanksgiving-Truthahn angebrannt ist. Betrachtet man also die große Anzahl dummer Menschen auf der Welt – und der klugen Menschen die dumme Dinge tun –, werden sich einige Redner alles andere als schlau präsentieren. Daran führt kein Weg vorbei. Ein Mann mit zwei Gehirnzellen kann üben, so viel er will, er wird einfach dämlich bleiben. Sein Problem ist dabei nicht seine Fähigkeit zu reden, sondern seine Unfähigkeit zu denken. Es wird zwar nur selten ausgesprochen, doch einige Menschen werden niemals gute Redner werden. Solange nicht jemand das Denken für sie übernimmt, besitzen sie bestenfalls die Hälfte des benötigten Handwerkzeugs.

Selbst viele schlaue Menschen, die an einem Vortrag arbeiten, lassen sich so sehr von Stilfragen ablenken, dass sie das Wesentliche aus den Augen verlieren. Sie kümmern sich um Folien, Bilder, Filme, Schriftarten, Kleidung, Haare und den ganzen Rest. Dabei vergessen sie aber die schwierigere und wichtigere Arbeit, genau über die zu vermittelnden Kernpunkte nachzudenken. Man kann sich durchaus einen eloquenten Redner vorstellen mit schönen Folien, einem guten Vokabular und perfekter Aussprache, ohne dass er allzu viel zu sagen hat oder, noch schlimmer, er sagt Dinge, die für das Publikum unwahr, irreführend, unpraktisch oder schlicht irrelevant sind. Ich würde diese Leute nicht als Idioten bezeichnen, doch man kann durchaus behaupten, dass sie einen Großteil ihres Hirnschmalzes mit Problemen belasten, die nicht die wichtigsten sind, die es zu lösen gilt. Das Problem der meisten schlechten Vorträge, die ich

gesehen habe, war nicht das Reden, die Folien, das Anschauungsmaterial oder all die anderen Dinge, von denen die Leute so besessen
sind. Vielmehr ist es das mangelnde Denken.

Vieles steht vernünftigem Denken im Weg, doch die Legende, dass
Lincoln die Gettysburg-Rede auf die Rückseite eines Briefum-
schlags schrieb, bietet uns da ein besonders berüchtigtes Beispiel.
Die Geschichte wird häufig erzählt, um Lincolns Brillanz zu unterstreichen – dass er eine der größten Reden aller Zeiten in ein paar
ruhigen Augenblicken während einer Zugreise niederschreiben
konnte. Eine solche Geschichte inspiriert viele, auf eine Vorbereitung zu verzichten und einfach auf die Bühne zu gehen, als ob es
das wäre, was die großen Führer und Denker tun würden. Der
Trugschluss dieser Legende besteht darin, anzunehmen, dass Lincoln nur über die Kernpunkte seiner Rede nachgedacht hat, während er sie niederschrieb. Dass er niemals über den Horror des Bürgerkriegs, die Bedeutung der menschlichen Aufopferung und die
Zukunft der Vereinigten Staaten nachgedacht hat außer in dem
Moment, als er die Worte seiner Rede auf ein Stück Papier krit-
zelte. Die Anekdote ist so charmant, dass nur wenige an die Jahre
denken, die er damit verbracht hat, über diese komplexen Themen
nachzudenken, die endlosen Debatten mit Gleichgesinnten und
politischen Gegnern und die ganzen Stapel voller Reden und Briefe,
die er zu diesen Themen schrieb. All das half ihm dabei, seine
Gedanken zu präzisieren und seinen Standpunkt klarzustellen.

Falls es jemanden interessiert, die Geschichte mit dem Briefum-
schlag ist wahrscheinlich ein Mythos. Dale Carnegie, der Lincoln
viele Jahre studiert hat, sagt (frei übersetzt) Folgendes über die
Entstehung der Gettysburg-Rede:[1]

*Er (Lincoln) verbrachte den letzten Teil dieses Abends damit,
seiner Rede einen »anderen Anstrich« zu geben. Er ging sogar in
ein benachbartes Haus, in dem sich sein Außenminister William
H. Seward aufhielt, um ihm die Rede laut vorzulesen und sich
seine Kritik anzuhören. Nach dem Frühstück am nächsten
Morgen arbeitete er weiter daran, ihr einen »anderen Anstrich«
zu geben, bis jemand an die Tür kam und ihn bat, seinen Platz
im Festzug einzunehmen.*

---

[1] *Public Speaking for Success*, Dale Carnegie (Arthur Pell), Seite 32.

Alle guten öffentlichen Reden basieren auf guten eigenen Gedanken. JFK hatte, trotz all seiner Brillanz, Redenschreiber, die wahrscheinlich seine berühmten Worte »Fragt nicht, was das Land für euch tun kann, fragt, was ihr für das Land tun könnt!«[2] für ihn geschrieben haben. Das Gleiche gilt für Ronald Reagan, Barack Obama, die meisten CEOs und viele der berühmtesten Redner der Geschichte. Ein Großteil der Arbeit dieser Redenschreiber besteht darin, eine Reihe von Ideen in klare Standpunkte zu verwandeln. Das bedeutet, dass der Unterschied zwischen Ihnen und JFK oder Martin Luther King weniger mit Ihrer Fähigkeit zu reden zu tun hat – eine Fähigkeit, die wir Hundertmal am Tag nutzen –, als vielmehr mit der Fähigkeit, zu denken und grobe Ideen in klare zu verwandeln. Einen wichtigen Punkt zu unterstreichen, eine entscheidende Lektion zu lehren oder anderen ein bestimmtes Gefühl zu vermitteln, verlangt zuallererst zu denken, viel und lange zu denken, bevor es überhaupt ausgesprochen wird. Doch wir sehen dieses Denken nicht, schließlich ist es nicht besonders interessant, beim Denken zuzusehen. Wir sehen nur das Reden, was den Eindruck erweckt, das Denken käme von ganz allein.

Egal welche Art Rede Sie halten, es gibt nur ein paar wenige Gründe dafür, sie sich anzuhören. Während Sie Ihre Rede planen, sollten Sie die nachfolgend aufgeführten Aspekte stets im Blick behalten. Die Leute kommen, weil sie:

1. etwas lernen wollen,

2. inspiriert werden möchten,

3. unterhalten werden wollen,

4. ein Bedürfnis hegen, das Sie hoffentlich befriedigen können,

5. andere treffen wollen, die an diesem Thema interessiert sind,

6. ein positives Erlebnis suchen, das sie mit anderen teilen können,

7. von Vorgesetzten, Eltern, Professoren oder Partnern dazu gezwungen wurden oder

---

2 Es ist nicht klar, ob JFK oder seine Redenschreiber absichtlich bereits gehaltene Reden herangezogen haben, doch andere haben fast das Gleiche gesagt, zum Beispiel: »Wir sollten innehalten und uns fragen, was unser Land für jeden von uns geleistet hat, und was wir im Gegenzug für unser Land tun können«, ausgesprochen von Oliver Wendell Holmes am 30. Mai 1884. Diese leichte Umformulierung und Wiederverwendung der Ideen anderer ist bei Reden üblich (ebenso wie falsches Zitieren).

8. mit Handschellen an den Stuhl gefesselt wurden und den Raum seit Tagen nicht verlassen haben.

Nur ein Narr kann eine Stunde reden, ohne einen dieser Punkte zu berücksichtigen. Viele Reden treffen einen oder zwei dieser Aspekte, wenn auch nur zufällig. Dennoch kann ein gedankenvoller Redner – ein Redner ohne außergewöhnliche Redegewandtheit oder magische Kräfte, aber dafür mit dem ernsthaften Bemühen, dem Publikum etwas Nützliches zu bieten – in den ersten 30 Minuten die ersten sechs Punkte abhaken, schnell zum Ende kommen und doch alle im Publikum zufriedengestellt haben (einschließlich derjenigen, die aus den Gründen 7 und 8 da waren).

Auf Konferenzen konzentrieren sich viele Redner darauf, im Detail zu erläutern, wie großartig sie Unternehmen lenken, Teams führen, akademische Höhen erklimmen oder Bücher schreiben, nur um zu beweisen, wie gut sie darin sind, etwas für andere zu tun. Wenn die Redner so smart und talentiert sind, wie sie es für sich in Anspruch nehmen, dürfen wir wohl auch erwarten, dass sie die Gründe ernst nehmen, aus denen die Leute in einem Raum sitzen und ihnen zuhören. Doch weil sie präsentieren und die Macht über das Mikrofon besitzen, machen sie sich selbst zum Mittelpunkt der Aufmerksamkeit, und vergessen dabei, wo die Prioritäten liegen sollten.

Anders ausgedrückt: Wenn 100 Leute Ihnen eine Stunde zuhören, sind das 100 Stunden, die diese Menschen dem widmen, was Sie zu sagen haben. Wenn Sie keine 5 oder 10 Stunden aufbringen können, um über sie nachzudenken und Ihre Argumente weiterzuentwickeln, um ihren Bedürfnissen gerecht zu werden, was sagt das dann über Ihren Respekt gegenüber der Zeit des Publikums aus? Es besagt, dass Ihre 5 Stunden wichtiger sind als deren 100, das heißt, Ihr Ego muss größer sein als das ganze Sonnensystem. Und es steht außer Frage, dass Ihr fehlender Respekt sichtbar wird, sobald Sie auf der Bühne stehen.

Im Februar 2009 habe ich bei einer wichtigen Konferenz einem berühmten Vorstand zugesehen, der vor Hunderten von Leuten einen Vortrag hielt. Nach einigen Minuten des Vortrags verfiel er in langes Schweigen, blätterte durch die Papiere in seiner Hand und gab schließlich zu, dass er sich durch seine eigenen Notizen habe verwirren lassen.[3] Das lag daran, dass er sich bereits einige Minuten vorher nicht mehr an seine Notizen gehalten hatte. Fassungslos entschuldigte er sich mit den Worten, dies nie wieder zu tun. Er hatte erkannt – und es dem Publikum erklärt –, dass es unmöglich ist, gleichzeitig zu improvisieren und seinen Notizen zu folgen. Seine ganze Rede war 20 Minuten lang, und wenn er in den Wochen vor der Rede nur 20 Minuten geübt hätte, wäre ihm bereits vor dem Betreten der Bühne klar geworden, dass das so nicht funktionieren würde. Das hätte ihm geholfen, seine eigenen Hauptargumente herauszuarbeiten, und hätte es dem zahlenden Publikum erspart, ihm mit seiner Zeit dabei helfen zu müssen.

Das Publikum verzeiht einem sehr viel. Es will, dass der Redner seine Sache gut macht, und übersieht daher viele vordergründige Probleme. Doch wenn der Redner nicht sorgfältig über seine Argumente nachdenkt, willentlich seinen eigenen Stoff missachtet und sich letztendlich darin verliert, wie gutmütig kann das Publikum da noch sein? In den meisten beruflichen Situationen wäre diese mangelnde Vorbereitung inakzeptabel. Stellen Sie sich vor, ein Doktor würde mitten in einer Gehirnoperation innehalten und Sie nach dem Grund für die Operation fragen. Wenn Sie nicht wissen, warum Sie auf der Bühne stehen, kann das Publikum Ihnen sicher nicht helfen.

In der Rednerbranche ist das als »den Draht zum Publikum verlieren« bekannt. Es ist der Augenblick, in dem das Publikum das Vertrauen verliert, dass seine Erwartungen an den Vortrag erfüllt werden. Keiner hört mehr zu. Das geschieht niemals aufgrund von Schreibfehlern, schlechten Folien oder weil der Redner kurzfristig verwirrt ist. Es passiert, wenn der Redner sich weit von dem wegbewegt, was das Publikum interessiert. Wenn das geschieht, ist leicht nachzuvollziehen, warum das Publikum sich Tagträumen hingibt, Solitaire auf dem Handy spielt oder einfach aufsteht und geht – die Leute wollen ihre Zeit einfach besser nutzen als der Redner.

Wenn ein Dummkopf den Draht zum Publikum verliert, sollte man fast froh sein. Doch es ist eine Tragödie, wenn eine kluge, interessante Person, die große Geschichten und Erkenntnisse mitzuteilen hat, nur aus mangelnder Voraussicht scheitert. Das Poten-

---

[3] Es spricht nichts dagegen, Notizen zu nutzen oder sie zu erwähnen, solange die Rede selbst gut ist.

zial für all die guten Gründe in der obigen Liste waren an diesem
Tag im Raum – Tausende möglicher Verbindungen von Menschen, Ideen und Leidenschaften –, doch sie wurden verschwendet, weil der Redner das Publikum vergessen hatte. Der
springende Punkt ist hier nicht das Üben. Natürlich ist es wichtig,
dennoch kann man auch Stunden an einem Problem sitzen und
doch nicht weiterkommen. Das Ziel Ihrer Vorbereitungszeit sollte
darin bestehen, Ihr Denken zu stärken, damit Sie es einfacher
haben, einen Großteil des Publikums trotz eventueller Patzer auf
der Bühne zufriedenzustellen.

Um gut vorbereitet zu sein, müssen Sie vier Dinge tun:

1. **Vertreten Sie eine starke Position.** Alle Reden und Präsentationen vertreten einen Standpunkt, und Sie müssen Ihren kennen. Wenn Sie nicht genug über ein Thema wissen, um eine
   Meinung zu haben, lösen Sie dieses Problem, bevor Sie Ihren
   Vortrag halten. Selbst wenn Sie sagen:»Hier sind fünf Dinge,
   die ich mag«, ist das eine starke Position, weil es eine unendli-
   che Anzahl von Dingen gibt, die Sie nicht aufführen. Aus einer
   schwachen Position heraus hört sich Ihre Rede vielleicht so an:
   »Hier ist das ganze Wissen, das ich in der mir zur Verfügung
   stehenden Zeit unterbringen kann, doch weil ich nicht weiß
   was Sie interessiert oder was ich sagen würde, wenn ich weniger Zeit hätte, folgt jetzt ein halb garer, schwer nachzuvollzie-
   hender und schwer zu präsentierender Haufen Schrott.« Jedes
   Mal wenn ich einen gelangweilten Sprecher sehe, würde ich
   ihn gern fragen:»Welchen Vortrag hätten Sie lieber gehalten?« oder »Was wollen Sie eigentlich sagen?«. Aus irgendeinem Grund hat er geglaubt, diesen Vortrag nicht halten zu
   dürfen. Einen Vortrag, den das Publikum wahrscheinlich eher
   erwartet hat.

2. **Denken Sie sorgfältig über Ihr spezielles Publikum nach.** Sie
   müssen wissen, warum es da ist, welche Bedürfnisse es hat,
   welches Hintergrundwissen, die Lieblingstheorie, an die es
   glaubt, und wie sich seiner Hoffnung zufolge sein Leben verändert, nachdem Ihr Vortrag beendet ist. Wenn Sie keine Zeit
   haben, das Thema zu studieren, dann studieren Sie zumindest
   Ihr Publikum. Es könnte sich herausstellen, dass Sie zwar
   wenig über ein Thema wissen, aber immer noch mehr als das
   Publikum.

3. **Fassen Sie Ihre Punkte kurz und bündig zusammen.** Wenn es zehn Minuten dauert, um Ihre Punkte zu erläutern, läuft etwas richtig schief. Punkte stellen Ansprüche dar. Argumente untermauern Ihre Punkte. Jeder Punkt sollte in einem einzelnen, dichten, interessanten Satz zusammengefasst sein. Ihre Argumente können lang sein, doch keines darf einen Zweifel daran lassen, auf welchen Punkt Sie hinauswollen. Eine mittelmäßige Präsentation macht die Punkte deutlich, verheddert sich aber in den Argumenten oder langweilt die Zuhörer mit ihnen. Eine wirklich schlechte Präsentation hebt die eigentlichen Punkte niemals deutlich hervor.

4. **Berücksichtigen Sie die möglichen Gegenargumente eines intelligenten, sachverständigen Publikums.** Wenn Sie die intelligenten Gegenargumente für jeden Ihrer Punkte nicht kennen, können Ihre Punkte nicht gut sein. Wenn Sie beispielsweise einen Vortrag darüber halten, warum man mehr Käse essen sollte, müssen Sie zumindest wissen, warum die Deutsche Anti-Käse-Stiftung[4] sagt, dass man weniger Käse essen sollte.

Beginnen Sie, um diese vier Punkte zu berücksichtigen, mit einem starken Titel. Titeln wird nur wenig Aufmerksamkeit geschenkt, sie stellen aber immer die ersten Worte Ihrer Folien dar. Und wenn Sie bei einem Event oder einer Konferenz sprechen, entscheiden die Leute anhand dieses Titels darüber, ob sie an Ihrem Vortrag teilnehmen. Die meisten Redner wählen langweilige, leblose Titel für ihre Vorträge aus – ein eindrucksvolles Beispiel für eine verpasste Gelegenheit. Ein Titel teilt das Universum darin ein, worüber Sie reden werden und worüber nicht. Sie können das auf Millionen unterschiedlicher Arten tun, doch die meisten davon sind langweilig. Wenn es Ihnen nicht gelingt, Ihr Thema sinnvoll zu unterteilen, stehen die Chancen nicht gut, überhaupt nützliche Punkte zu finden. Wenn Sie nur einen Kernpunkt haben, welcher ist es? Darum muss Ihr Titel kommunizieren.

Selbst wenn Sie einen langweiligen Titel verwenden müssen, weil Ihr Chef Sie dazu zwingt, dürfen Sie diesen nicht direkt am Anfang verwenden. Wählen Sie einen Arbeitstitel, von dem Sie glauben, dass er das Publikum wirklich anspricht, oder der sehr stark das

---

[4] Das ist eine fiktive Organisation, also suchen Sie sie gar nicht erst im Web. Oder vielleicht sollten Sie die Stiftung selbst gründen, wenn Sie etwas gegen Käse haben.

repräsentiert, was Sie zu sagen haben. Statuspräsentationen, in denen Redner über den aktuellen Stand ihrer Arbeit berichten, sind eine Katastrophe, weil jeder die langweiligen Präsentationen der anderen hasst, gleichzeitig aber jede irgendwie geartete Verbesserung an der eigenen Präsentation ablehnt. Würden Sie Ihre Präsentation beispielsweise sinngemäß mit »Das Gute, das Schlechte und was wir dagegen tun« betiteln, würde sich die Prägnanz Ihres Vortrags und der Wert dieser Meetings im Allgemeinen dramatisch verbessern.

Hier ein besseres Beispiel. Nehmen wir an, ich würde einen Vortrag mit dem Titel »Kreativität für Anfänger« halten. Ich wäre bereits zum Scheitern verurteilt. Wie ist es überhaupt möglich, alles darüber zu sagen, was ein Anfänger über Kreativität wissen muss? Und warum sollten die Zuhörer alles wissen wollen? Das wäre langweilig und würde ewig dauern. Gute Vorträge sind niemals umfassend, weil das das falsche Format dafür ist. Ebenso gut könnte ich jemandem sechs Stunden lang aus dem Wörterbuch vorlesen – das wäre genauso ineffizient. Was die Leute wirklich wollen, ist Erkenntnis. Sie wollen einen bestimmten Blickwinkel. Ein guter Redner oder Lehrer findet ihn für sie.

Ein besserer Titel wäre beispielsweise »Kreativ sein in einem langweiligen Job« oder »Der Kater mit Hut im Brainstorming: Was Sie über Kreativität lernen, wenn Sie Kinderbücher lesen«. Selbst wenn ich einen abgegriffenen, ausgelutschten Titel wie »Kreativität in fünf Minuten pro Tag« wähle: Von dem Augenblick an, in dem ich mit der Arbeit an der Präsentation beginne, weiß ich, welchen Wert er für das Publikum hat. Ich definiere ganz klar, was ich behandle und was nicht. Das führt jeden Redner bei jedem Thema auf die Erfolgsspur. Indem ich das Thema auf eine bestimmte und interessante Art anreiße, wird das gesamte noch folgende Nachdenken wesentlich einfacher, macht mehr Spaß und ist für die Teilnehmer sehr wahrscheinlich auch relevanter.

Doch viele Redner mögen keine interessanten Titel, weil – ja, das weiß ich gar nicht. Bei einigen spiegelt es ihre generellen Ängste vor dem Reden wider. Die Sehnsucht nach Sicherheit ist so stark, dass sie sich genötigt fühlen, dem gleichen Rezept zu folgen, das uns schon tausendmal eingeschläfert hat. Sie packen so viele Fakten, Fachwörter und Diagramme wie möglich rein, ohne jemals klar Stellung zu beziehen (in der Hoffnung, die Zuhörerschaft davon abzuhalten, eine Frage zu stellen). Betrachten wir einen Vortrag namens »Einmaleins des Risikomanagements«. Diejenigen, die sich aus Unizeiten daran erinnern, wissen, dass Einführungskurse langweilig sind. Häufig schläfern sie die Teilnehmer ein, statt sie anzuregen. Schlimmer noch, die Einführungskurse an den Unis werden üblicherweise gewählt, weil man sie wählen muss, nicht, weil man sie wählen will. Eine Rede »Einmaleins der/des <Dings hier einfügen>« zu nennen und zu hoffen, dass sie dadurch attraktiv wird, verleugnet die Tatsache, wie langweilig die meisten Einführungskurse in der gesamten Weltgeschichte für die Studierenden waren.

Verwenden Sie einen einfachen Titel wie »Die fünf wichtigsten Fragen und Antworten zum Thema X«. Ich bin überzeugt davon, Sie können jede durchschnittlich intelligente Person nehmen, sie in jede beliebige Organisation auf der Welt setzen und ihr die Aufgabe geben, diese Präsentation zu halten: Sie wird ihre Sache ordentlich machen. Selbst wenn sie nichts über X weiß, kann sie die richtigen Leute im Publikum ausmachen, ihre Fragen ermitteln, passende Antworten von den Experten im Unternehmen einholen und die Ergebnisse präsentieren. Es ist immer möglich, ein wenig über die Leute herauszufinden, die an einer Präsentation teilnehmen werden. Auf diese Weise können Sie die einzuschlagende Richtung besser bestimmen und müssen nicht über Ihr Publikum spekulieren. Wenn man sich einen Vortrag als eine Art Produkt vorstellt, ist Marktforschung durchaus sinnvoll. Es gibt kein Gesetz, das Sie daran hindert, die Art derjenigen zu studieren, die Ihnen zuhören werden, und sich auf das Material zu konzentrieren, die sie hören wollen.

Sie können jeden der folgenden Titel an Ihre Rede anpassen und sind schon auf dem Weg zu einer besseren Präsentation:

- Die fünf größten Probleme mit <Dings hier einfügen> und wie man sie löst
- Warum <Dings hier einfügen> nervt und was man dagegen tun kann
- Fehler, die ich mit <Dings hier einfügen> gemacht habe, und was ich daraus gelernt habe
- Die am häufigsten gestellten Fragen und Antworten zu <Dings hier einfügen>

- Die Wahrheit über <Dings hier einfügen> und wie Ihnen das hilft
- Raffinierte Kürzel und clevere Tricks, die nur Experten über <Dings hier einfügen> kennen
- Fünf Gründe, warum Sie gewinnen, wenn Sie mir <Dinge hier einfügen> geben
- Warum <Dings hier einfügen> Ihr Leben für immer verändern wird, kostenlos und augenblicklich

Mit einem interessanten Titel, selbst wenn Sie nicht sicher sind, ob Sie ihn erfüllen können, verschiebt sich die Arbeit auf mögliche Punkte, die durchaus halten können, was der Titel verspricht. Nehmen Sie sich ein Stück Papier und schreiben Sie alle Gedanken auf, die Sie zum Thema haben, selbst die skurrilen und halb garen.

Nehmen wir mal an, ich wähle den Titel »Wie Käse essen Ihr Leben rettet«. (Obwohl das Thema seltsam ist, und eins, über das ich noch nie nachgedacht habe, ist es ein nützliches Beispiel dafür, wie man – selbst ohne allzu viel Recherche – die Grundlagen für eine interessante Rede schafft.) Meine Liste könnte etwa so aussehen:

- Käse schmeckt gut. (Wer mag keinen Käse? Mein Onkel hasst Käse. Wie finde ich heraus, wie viel Prozent der Menschen keinen Käse mögen?)
- Er hat lustige Namen, die mich zum Lachen bringen (Havarti, Munster und Manchego!).
- Käsehändler. Auch nett auszusprechen.
- Er ist reich an Kalzium und anderen Vitaminen. (Stimmt das? Was ist mit dem hohen Fettanteil?)
- Menschen müssen ihr Essen und ihr Leben genießen ... Hedonismus kann gut sein. (Ist jemals jemand an Käse gestorben? Gab es Käse-Todesfälle? Tod durch Käse? Warum hat Schweizer Käse Löcher? Schweizer Käse erinnert mich an eine Käsereibe, was merkwürdig ist. Was passiert, wenn man Schweizer Käse raspelt? Kann nicht gut sein. Muss ich herausfinden.)
- Etwas über Käse zu lernen, bedeutet, etwas über Lebensmittel zu lernen. (Klingt irgendwie falsch.)
- Amerikanischer Käse ist ein Farce. Wer hat Velveeta erfunden? Samt (engl. *velvet*) und Lebensmittel passen nicht zusam-

men. Und was ist mit diesem gelben Plastikzeug, das in Kinos auf die Nachos gegossen wird?

- Makkaroni und Käse. Warum ist das in den USA so beliebt? War es schon vor Kraft beliebt? Warum regt sich in den USA keiner über Krafts Monopol auf Makkaroni und Käse auf?
- Was ist mit Laktoseintoleranz? Was sage ich diesen Leuten?
- Bekommt man guten Käse im Versandhandel? Gibt es Internetquellen für Käseliebhaber und den Einkauf?

Mit einem Titel und einer Liste in der Hand besitzt man nun einen *Strohmann*: eine grobe Skizze dessen, was die Rede beinhalten und welche Punkte sie umfassen könnte. Zeigen Sie sie Ihren Kollegen, Freunden oder auch potenziellen Zuhörern und fragen Sie sie, wie man die Liste verbessern könnte. Wenn Sie keine Freunde haben und von allen Kollegen gehasst werden, suchen Sie im Web. Arbeiten Sie Ihre Liste aus. Fügen Sie weitere Fragen und Ideen hinzu. Kümmern Sie sich nicht darum, wie Sie diese Punkte nutzen oder die Fragen beantworten können und ob Sie überhaupt der gleichen Meinung sind. Stellen Sie einfach eine große, lange und (am wichtigsten) interessante Liste zusammen. Ein Dutzend ist gut, 15 sind brillant, und 20 machen Sie zum Superstar. Auf jeden Fall sollten Sie die Liste auf die Seite legen, sich selbst auf die Schulter klopfen und sich ein Bier gönnen. Sie haben richtig gehört, gehen Sie weg und tun Sie etwas, dass mit Ihrer Rede oder der Liste überhaupt nichts zu tun hat.

Das klingt jetzt absurd, weil Ihre Folien wahrscheinlich schon überfällig sind oder weil Sie zu lange damit gewartet haben, dieses Kapitel zu lesen (in diesem Fall sollten Sie aufhören, das Buch zu lesen, und ein paar Bier trinken). Doch wenn Ihre Rede gut sein soll, müssen Sie Ihre Liste wirken lassen. Gehen Sie auf Distanz, damit Sie sie kritisieren können, und zwar nicht wie jemand, der stolz darauf ist, gerade ein paar Punkte festgehalten zu haben, sondern eher wie ein cleverer, weniger aufmerksamer Typ aus dem Publikum. Überprüfen Sie, verbessern Sie und wiederholen Sie dann das Ganze.

Schließlich sortieren Sie die Liste nach der Stärke der jeweiligen Punkte von oben nach unten neu. Sie könnten erkennen, dass sich zwei Punkte gegenseitig aufheben oder dass ein Punkt eigentlich einen Unterpunkt darstellt. Vielleicht erkennen Sie auch, dass es einen besseren Titel gibt als den, mit dem Sie angefangen haben. Fein, ändern Sie ihn. Sie sollten nun wesentlich mehr über das

Thema wissen als zu Beginn, und das sollte sich auch in den Überschriften widerspiegeln.

Mit ein wenig Aufwand müssten Sie zu einer Liste mit fünf starken, interessanten, halbwegs abgestimmten Punkten gelangt sein sowie einem Haufen komischer, rudimentärer halb garer Dinge. Gibt es einen Qualitätsunterschied zwischen dem guten und dem noch unvollständigen Stoff, ziehen Sie einen Strich, um das deutlich zu machen. Bei meinem etwas schrulligen Beispiel würde meine Liste für »Wie Käse essen Ihr Leben rettet« etwa so aussehen:

1. Käse ist universell. (Es gibt ihn seit etwa 4.000 Jahren. Er ist organisch, natürlich. Gibt es Kulturen, die keinen Käse essen, keine Milch trinken?)

2. Amerika hat eine schlechte Käse-Geschichte und ein Käse-Stigma. (Beispiele sind Velveeta und diese alberne käsefreie Masse im Plastik-Look und der Konsistenz von Farbe, die in Kinos über die Nachos gegossen wird. Wie konnte das passieren? Gibt es eine Schlechter-Käse-Verschwörung?)

3. Käse gehört zu den schmackhaftesten und vielseitigsten Lebensmitteln überhaupt (5.000 verschiedene Nutzungsmöglichkeiten, eine Zillion[5] verschiedener Arten, schmelzend/nicht schmelzend usw.).

4. Käsehändler sind lokale Experten, die den passenden Käse zu jedem Essen finden. (Bonuspunkte gibt es, wenn Sie Wein mögen – noch mehr Möglichkeiten und Geschmacksexplosionen.)

5. Die Slow-Food-Bewegung: Langsam essen baut Stress ab und erhöht die Lebenserwartung. Käse kann dabei helfen. Man kann ihn einfach genießen und genüsslich essen.

---

6. Käse ist lecker! (Wer mag keinen Käse? Wo liegt das Problem?)

7. Er hat lustige Namen, die mich zum Lachen bringen (Havarti, Munster und Manchego).

---

5 Mein Freund und gewissenhafter Korrektor Marlowe Shaeffer bestand darauf, dass ich Sie darüber informiere, dass eine Zillion keine reale Zahl sei. Tatsächlich gibt es momentan laut *http://cheese.com* 670 verschiedene Arten.

8. Ewas über Käse zu lernen, bedeutet, etwas über Lebensmittel zu lernen.

9. Makkaroni und Käse. Warum ist das in den USA so beliebt? War es auch vor Kraft schon beliebt?

10. Gibt es guten Käse im Versandhandel? Gibt es Internetquellen für Käseliebhaber und den Einkauf?

Auf diesem einfachen Entwurf basieren weitere gute Dinge. Er bildet die Grundlage der Ideen, der Sie bei allen weiteren Arbeiten (wie diese auch immer aussehen mögen) unterstützt. Den Draht zum Publikum zu verlieren, ist jetzt unmöglich. Welche Folien Sie auch entwerfen, welche Bilder Sie auch nutzen oder welche Filme Sie auch zeigen, es gibt immer eine klare Struktur für das, was Sie tun und warum Sie es tun. Während sich Ihre Rede entwickelt, kann sich Ihr Entwurf ändern, dennoch haben Sie klare Punkte anzubieten. Wenn Sie sich während Ihres Vortrags verlieren, Ihr Laptop explodiert oder Ihre Notizen unverständlich werden, greifen Sie auf den Entwurf zurück. Es hat immer noch einen gewissen Wert, wenn Sie einfach den Entwurf durchgehen und Ihre Punkte ansprechen.

Einige Leute lehnen solche Vorlagen ab, da sie in unserer modernen Zeit steif, technisch angestaubt und altbacken wirken. Sie halten weniger beschränkte Formen der Organisation wie Mindmaps oder Storyboards für cooler. Gute Bücher wie Garr Reynolds' *ZEN oder die Kunst der Präsentation* (Addison-Wesley) und Nancy Duartes *slide:ology. Oder die Kunst, brillante Präsentationen zu entwickeln* (O'Reilly) fördern solche Dinge. Probieren Sie verschiedene Dinge aus, um herauszufinden, welcher kreative Prozess Ihnen am meisten liegt.

Dennoch muss es eine Vorlage mit den Punkten geben, die Sie in Ihrer Rede ansprechen wollen, und zwar aus dem folgenden Grund: Alle Präsentationen sind Erzählungen, und alle Erzählungen sind eine Folge von Punkten. Selbst wenn Ihre Punkte aus Bildern, Geschichten oder Puppenspielen bestehen, müssen sie auf erzählerische Weise verbunden sein, um für das Publikum einen Wert darzustellen. Und diese Erzählung muss das Versprechen halten, das der Titel gegeben hat. Ein Entwurf wie im obigen Beispiel stellt die einfachste Erzählstruktur dar, mit der Sie arbeiten können. Sie ist leicht zu merken. Sie können diesen Entwurf sogar in Ihren Folien verwenden und dem Publikum Ihren Plan zeigen, während Sie voranschreiten.[6] Und selbst wenn Sie 20 Stunden damit verbracht haben, eine wundervolle Foliensammlung zu entwickeln, dann aber jemand in der ersten Reihe nach der zweiten Folie mit Ihrem Laptop durchbrennt, können Sie immer noch auf Ihren Entwurf zurückgreifen. Das wäre nicht schön, aber es wäre in Ordnung. Es ist viel schwerer, auf ein Storyboard, eine Mindmap oder sonst etwas zurückzugreifen, solange man diese Ansätze nicht genutzt hat, um bei so etwas wie einem einfachen Entwurf anzukommen.

Ich präsentiere üblicherweise mit Folien. Ich liebe es, meine Punkte mit Bildern und Filmen zu verdeutlichen, doch ich mache mir niemals Sorgen darum, dass diese Dinge nicht funktionieren könnten. Da ich meine Punkte klar durchdacht habe, kann ich sie meinem Publikum immer noch vorstellen, wenn auch nicht auf die von mir erhoffte Art und Weise. Solange ich mit meinen Recherchen vertraut bin, kann ich die Anekdoten naturgemäß auch so erzählen.

Als Folge meiner harten Arbeit an einem klaren, starken, wohlbegründeten Entwurf besitze ich bereits drei Fassungen meiner Rede: einen Aufhänger (den Titel), eine Fünf-Minuten-Version (mit jedem Punkt und einer kurzen Zusammenfassung) und die vollständige Fassung (mit Folien, Filmen und was sonst noch dazu geeignet ist, meine Punkte zu untermauern).

Es ist keine Überraschung, dass Redner, die ohne Folien arbeiten, einfache Entwürfe oder kurze Listen verwenden, um ihre Punkte abzuarbeiten. Mark Twain, Winston Churchill und Franklin Roosevelt nutzten alle einen kurzen Entwurf mit fünf oder sechs Punkten – häufig mit nur wenigen Worten zu jedem Punkt –, um sich während der Rede an sie zu erinnern. Wenn Sie im Vorhinein lange genug nachdenken reicht Ihrem Gehirn nur eine kleine Liste, und ein Großteil der Rede läuft ganz von selbst (siehe Abbildung 5-1).

Wenn Sie einen guten Titel wählen und sich auf einem Gebiet bewegen, in dem Sie sich sehr gut auskennen, kann es durchaus sein, dass Sie (genau wie Lincoln) nicht sehr hart arbeiten müssen, um das Versprechen zu halten, das der Titel dem Publikum gibt.

---

6 Alles offenzulegen, hat den Nachteil, dass das Überraschungsmoment fehlt, das Erzählungen interessant macht. Doch wenn Sie an Klarheit und Selbstsicherheit gewinnen, ist es die Sache wohl wert.

*Abbildung 5-1: Das ist kein Polizeifoto. Wenn ich ohne Folien arbeite,
wie hier bei der Ignite! Seattle 2006, verwende ich häufig ein gefaltetes
Post-it, das meine fünf Punkte aufführt.*

Und natürlich brauchen Sie (wenn Sie wie Lincoln sind) keinen
interessanten Titel, um gute Arbeit zu leisten. Die Gettysburg-
Rede wird Gettysburg-Rede genannt, weil Lincoln sich nicht die
Mühe machte, ihr einen Namen zu geben. (Einige Historiker
dachten sich wahrscheinlich:»Nun, er war in Gettysburg und hielt
eine Rede, also …«). Doch denken Sie daran, dass er der Präsident
der Vereinigten Staaten war und ein Publikum bekam, wann
immer er wollte. Solange Sie nicht berühmt genug sind, um davon
ausgehen zu können, dass die Leute einfach aufgrund Ihres
Namens oder Ihrer ausgefallenen Hutmode erscheinen, sollten Sie
sich an die Arbeit machen. Je mehr Mühe Sie in die Klarheit Ihrer
Punkte investieren, umso einfacher werden alle anderen Dinge um
die Rede herum.

Bilder, die Sie nicht erwarten

Viele interessante Dinge geschehen in den Randbereichen, abseits des Scheinwerferlichts. Doch die meisten Bücher über öffentliches Reden konzentrieren sich auf das, was auf der Bühne passiert. Auf den folgenden Seiten finden Sie einige Fotos und Geschichten über Dinge, die Sie möglicherweise interessieren könnten.

Dieses Foto, aufgenommen bei Starbucks, zeigt, wie es ist, an einen Veranstaltungsort zu reisen und dabei an uninteressanten Orten festzusitzen. Ähnlich wie bei einer Rockband auf Tour liegt nur wenig Romantik darin, von einem Ort zum nächsten zu kommen. Selbst wenn der Gig an einem tollen Ort wie Moskau oder Tokio stattfindet, verbringt man viel Zeit damit, an langweiligen Orten auszuharren, die man hinter sich lassen muss, um an die interessanten zu gelangen. Alleine zu reisen, hat einige wenige Vorteile, allein auf einem leeren Flughafen zu warten, ist keiner davon.

Dieser Augenblick wurde am Vancouver International Airport um 6:30 morgens aufgenommen, während ich auf meinen Heimflug um 7:30 wartete. Nur Starbucks war so früh schon auf. Da sonst nichts passierte, versuchte ich, etwas Arbeit zu erledigen. Wenn Sie genau hinsehen, erkennen Sie, dass mein Output ein ziemlich nutzloses Gekritzel war.

Reisen eignen sich aber hervorragend, um sich neue Fragen zu stellen, daher schreibe ich auf Reisen häufig. Die von mir bevorzugte Technik besteht in (wie im obigen Foto zu sehen) Moleskine-Notizbüchern. Ich verlasse das Haus nie ohne eines, und in der Nähe meines Schreibtischs stapeln sie sich, vollgeschrieben mit Ideen. Ich gehe sie durch, wenn ich glaube, nichts mehr zu sagen zu haben.

Sich einzurichten, ist stressiger als die Rede selbst. Nur selten sind die Rednerpulte so gut ausgestattet wie dieser in der Microsoft-Zentrale. Es besitzt eine Lichtsteuerung, ein Knopflochmikro und zwei Mikrofone für das Publikum. In der unteren linken Ecke des Pults ist ein Fach mit Stiften, Post-its und anderen praktischen Dingen, die Redner oft in letzter Minute brauchen.

Einige AV-Leute sind echte Profis und betreiben ihre Räume, als wären sie die Carnegie Hall. Sie sorgen dafür, dass Ton- und Video-ausrüstung bestens abgestimmt sind, damit ich gute Arbeit leisten kann. Doch einige sind auch weniger gut und ich habe meist nicht genügend Zeit, die guten von den schlechten zu trennen. Meine Paranoia bezüglich des Einrichtens erklärt, warum ich lieber mein eigenes Laptop verwende. Wenn mein Laptop explodiert, bin ich schuld, und mir ist es lieber, selbst schuld zu sein, statt auf die Gnade des Technikmitarbeiters angewiesen zu sein, den ich gerade erst kennengelernt habe. Er könnte gestern eingestellt worden sein und noch weniger Ahnung haben als ich.

Einige Jahre bot ich Architekturführungen durch New York an, was neue Herausforderungen an mich als Redner stellte. Zwischenrufer im eigenen Publikum sind eine Sache, doch die Störungen zu bewältigen, die durch Taxen, Busse, Obdachlose und verwirrte Touristen (die glauben, Sie wären ihr Reiseführer) verursacht werden, machen normale Redeveranstaltungen wesentlich einfacher.

Am Times Square (zu sehen auf dem obigen Foto) leisten Sie gute Arbeit, wenn Sie die Aufmerksamkeit der Leute länger als 30 Sekunden aufrechterhalten können, und das ohne Folien und Mikrofon. Vergleicht man diejenigen, die zuhören, mit denen, die abgelenkt erscheinen, dann war ich auf diesem Bild recht gut. Der in der Mitte bin ich.

Selbst wenn ich in Form bin und die Dinge gut laufen, sind immer einige dabei, die etwas anderes machen, als zuzuhören. Ich kann sie dafür nicht anklagen, so sind wir Menschen nun mal. Schauen Sie, wie klein ich aus Sicht dieses Herrn bin. Für mich ist es sehr schwer, mit dem Computerbildschirm vor seinem Gesicht oder dem hübschen Mädchen in der nächsten Reihe zu konkurrieren. Aus diesem Grund sollten Sie sich vor einer Rede auf einen der billigen Plätze setzen, um sich daran zu erinnern, wie viel Energie Sie benötigen, um auf der Bühne nicht wie ein Zombie zu wirken.

Im Jahr 2007 erhielt ich eine E-Mail von einer Frau, die auf meiner Webseite einige Schreibfehler in einem Aufsatz gefunden hatte. Als Dank bot ich an, Ihr eines meiner Bücher zu schicken. Sie lehnte ab, sagte, sie lebe in Australien, was recht weit weg sei. Doch Moment mal! Ich sagte ihr, dass ich ihr schönes Land im nächsten Monat besuchen und einen Vortrag halten würde und dass ich ihr das Buch persönlich übergeben könnte. Es stellte sich heraus, dass sie eben diese Konferenz besuchen würde. Das Problem bestünde darin, dass sie schüchtern wäre und ich sie nur schwer finden würde. Ich sagte ihr, sie sollte sich keine Sorgen machen – ich hätte da so meine Mittel und Wege.

Meine Lösung? Ich erzählte die Geschichte zu Beginn meiner Keynote dem Publikum, das mit einem aufmunternden Applaus reagierte. Lächelnd kam sie auf die Bühne, und ich konnte ihr das Buch geben.

Auf der ganzen Welt eingeladen zu sein, bedeutet, dass man häufig als etwas Besonderes behandelt wird. Manchmal treffe ich berühmte und interessante Menschen, und häufig gibt es danach Partys oder spezielle Abendessen, auf denen ich der Ehrengast bin. Häufig sieht mein Nachtleben aber so aus wie oben, allerdings ohne die Aussicht.

Doch an diesem Tag in Chicago lächelten mich die Reisegötter an. Nach einem Wechsel in die Suite 614 des Hotels Monaco und einem guten Vortrag an der DePaul University entfloh ich der kalten, regnerischen Februarnacht mithilfe eines ausgezeichneten Essens zusammen mit etwas Wein und einem Freund namens Fitz. Die Begeisterung über eine gut gelaufene Reise in eine Lieblingsstadt nutzend, schrieb ich einen Gutteil von Kapitel 3, während ich (wie oben zu sehen) am Fenster meines Zimmers saß. Spaßeshalber sah ich mir um 1:15 morgens noch an, wie Polizisten einen Betrunkenen verhafteten, der im 7-Eleven auf der anderen Straßenseite (wo ich einige Stunden früher Snacks gekauft hatte) eingebrochen war.

Denkt man sich das ganze Drumherum wie Folien und Handouts weg, werden Reden sehr intim und real. Was bleibt, ist eine Person mit Ideen. So ist es Tausende von Jahren gelaufen. Aus guten Gründen verwenden nur wenige Komiker Folien oder Requisiten – solche Dinge können im Weg stehen, wenn man die Verbindung mit dem Publikum herstellen will. Das erklärt, warum ich kurze Redeformate wie Pecha Kucha und Ignite! mag, bei denen andere Regeln gelten: fünf oder sechs Minuten pro Rede, Folien laufen automatisch weiter, oder es gibt überhaupt keine. Die Redner müssen Risiken eingehen und sind verletzlich, was die Sache für das Publikum noch interessanter macht. Und es zwingt sie, den größten Quatsch aus ihren Präsentationen herauszustreichen.

Das obige Foto wurde auf der Gnomedex '08 in Seattle, Washington, während einer abendlichen Ignite!-Session aufgenommen. Ich war nicht besonders gut an diesem Tag, doch die Erfahrung ungewöhnlicher Formate oder das Reden über neue Themen lehrt mich immer irgendetwas, das ich das nächste Mal verwenden kann.

Große, leere Räume haben etwas Zermürbendes. Sie erinnern an Friedhöfe. Ich weiß nie, wie viele Leute erscheinen werden, d.h., je größer der Raum, desto höher der Einsatz. Wenn ich eintreffe, sind die Räume immer leer. Es gibt nur mich, die Technik-Jungs (es sind immer Jungs) und, wenn ich Glück habe, einen der Organisatoren, der mir hilft, mich einzugewöhnen.

Es ist interessant, wie sich der Blick vom Rednerpult von Raum zu Raum unterscheidet – manchmal liegen fast sieben Meter zwischen mir und dem Publikum. Ich habe diese Bilder aufgenommen, um Ihnen ein Gefühl dafür zu geben, was ich sehe, wenn ich auf der Bühne stehe.

Dies sind die gleichen sechs Räume wie auf den vorherigen Fotos, diesmal mit Publikum. Ich habe den Leuten erzählt, dass ihre Fotos in diesem Buch erscheinen, wenn sie aufstehen und wirklich glücklich aussehen. Ich habe Wort gehalten.

Die Veranstaltungen von links nach rechts und von oben nach unten: IAAP, Bellevue, Washington; Adaptive Path MX, San Francisco, Kalifornien; Waterloo UX at RIM, Waterloo, Ontario; T4G @ Toronto Science Center, Toronto, Ontario; Microsoft Corporation, Redmond, Washington; Ignite! Seattle, King Kat Theater, Seattle, Washington.

KAPITEL 6

Die Kunst, nicht zu langweilen

Es gibt bei jedem Film, bei jedem Konzert und jedem Vortrag einen Moment, kurz bevor es losgeht, in dem das gesamte Publikum still wird. Alles Rascheln und alle Unterhaltungen hören gleichzeitig auf, und jeder harrt in stiller Erwartung dessen, was da kommen mag. Man spricht vom Schweigen der Menge, doch tatsächlich ist dies der Augenblick, in dem sich die Menge erstmals formiert. Die 200 einzigartigen Menschen mit verschiedenen Ansichten und Ideen werden nun zu einer Einheit, verbinden sich erstmals, um ihre ungeteilte Aufmerksamkeit demjenigen auf der Bühne zu schenken. Und das Seltsame daran ist, dass das Publikum die Kontrolle an das Unbekannte übergibt. Es hat den Film noch nicht gesehen, den Vortrag noch nicht gehört und dem Spiel noch nicht gelauscht. Es ist gleichermaßen ein Akt des Respekts wie auch ein Akt der Hoffnung – und er ist erstaunlich. Es gibt nur wenige Dinge auf der Welt, die einen Raum voller Menschen zum Schweigen bringen, und der Anfang einer Vorführung ist einer davon.

Ich bekomme eine Gänsehaut, wenn das passiert, selbst wenn ich wie letzte Woche nur in der hintersten Reihe eines Kinos sitze, um mir *Crank: High Voltage* anzusehen, einen hoffnungslos albernen Actionfilm. Selbst dort, nach der Vorschau und bevor der Vorspann beginnt, ist es bizarr und magisch zugleich, mitzuerleben, wie die Menge im Saal versucht, leise zu sein. An diesem Tag habe ich die Stille allerdings versehentlich gebrochen. Ein M&M rutschte mir aus der Hand und fiel zu Boden. Jedes Geräusch auf seinem Weg in die erste Reihe hallte in den Ohren der genervten Fremden wider. Meine tollpatschige Panne, so peinlich sie auch war, zeigt, wie rar und besonders Stille ist und wie einfach man sie brechen kann.

Wenn ich rede, weiß ich, dass dieser spezielle Moment der einzige Augenblick ist, in dem ich die volle Aufmerksamkeit des Publikums genieße. Wenn nicht gerade ein Alien-Raumschiff während meines Vortrags mitten auf der Bühne notlandet, ist die Stille, bevor ich anfange, der stärkste Moment, den ich habe. Wie gut ich bin, wird dadurch definiert, wie ich die Kraft dieses Moments nutze. Die Bilanz hängt aber von einer umfassenderen Frage ab: Wie kann ich die Aufmerksamkeit der Zuhörer erhalten, nachdem dieser Moment vorbei ist? Das nachzuhalten, ist recht einfach: Wie viel Prozent der Leute im Publikum hört zu? 70%? 50%? 1%? Selbst wenn 70% im Raum zuhören, ein recht guter Wert, stellt sich die Frage, wie viele verstehen, was ich sage. Wer weiß. Doch die jetzt Unaufmerksamen haben keine Chance mehr, irgendetwas von meiner Rede mitzunehmen. Damit ich einen gewissen Wert habe, muss ich die Aufmerksamkeit so vieler Menschen wie möglich aufrechterhalten.

Niemand kann die ungeteilte Aufmerksamkeit seines Publikums aufrechterhalten. Wie viel ungeteilte Aufmerksamkeit haben Sie jemals von Ihren Freunden oder Kollegen erfahren? Oder, noch besser, wie oft haben Sie Ihre ganze Aufmerksamkeit jemand anderem gewidmet? Zustimmend mit dem Kopf zu nicken, während sich Ihr Ehepartner über seinen Arbeitstag auslässt, zählt nicht, wenn Sie dabei darüber nachdenken, was im Fernsehen läuft. Heutzutage ist es selten, mit den meisten Menschen in Ihrem Leben mehr als ein paar Minuten uneingeschränkter Aufmerksamkeit zu teilen. E-Mail, Twitter und Handys machen es noch schlimmer, doch es war schon immer ein Problem. Unsere Spezies hat überlebt, weil wir im Verlauf von Millionen von Jahren beim Jagen und Arbeiten unsere Muskeln und Gehirne aktiv genutzt haben. Ruhig herumzusitzen und jemandem zuzuhören, der etwas eintönig herunterleiert – was viele Vortragende leider tun –, ist für die Aufmerksamkeit eine Katastrophe. Unsere genetische Natur widerspricht dem Muster einer einfachen, alltäglichen Vortragssaalumgebung.

Das ist sicher keine Überraschung, wenn man bedenkt, dass die meisten Menschen Vorträge meiden, wann immer sie können. Niemand wird auf dem Totenbett bedauernd sagen: »Hätte ich doch mehr Vorträge besucht!« Wir wissen, dass man etwas am besten lernt, wenn man es aktiv ausübt, und bei einem Vortrag macht man nicht viel mehr, als herumzusitzen und in die Luft zu starren (zwei Dinge, die nur wenige von uns üben müssen). Wenn es also sein muss, sitzen wir weit hinten, nehmen elektronische Abwechslungen mit und wählen den Vortrag, der am interessantesten oder unterhaltsamsten klingt. Bedenken Sie, wie wenig sich Vorträge in den letzten 200 Jahren verändert haben, verglichen mit dem exponentiellen Wachstum aller anderen Dinge. Würden Sie ein Zeitmaschine verwenden, um die Menge aus Gettysburg in die Sitze der nächsten Jahreshauptversammlung Ihres Unternehmens zu versetzen, würde sich das Publikum lediglich fragen, warum so wenige Leute Hüte tragen.

Die Kunst der Aufmerksamkeit – ein Thema, das durch Bücher wie Malcolm Gladwells *Blink! Die Macht des Moments* (Piper) popularisiert wurde – kann man sich auch als die Kunst der Langeweile vorstellen. Ein überraschend nützlicher Ansatz, um darüber nachzudenken, wie ein Redner das Interesse des Publikums aufrechterhalten kann. Wenn Sie Langeweile verhindern können und nichts tun, was die die Leute langweilen könnte, sind Sie auf dem besten Weg zu einem aufmerksamen Publikum. Während der Recherchen zu seinem Buch *What's the Use of Lectures?* (Jossey-Bass) schloss Professor Donald A. Bligh seine Studenten während verschiedener Vorlesungen an Herzfrequenzmesser an und hielt fest, was mit der Zeit passierte. Es ist keine Überraschung, dass die Herzfrequenz zurückging. Sie war in dem magischen Moment zu Beginn am höchsten und nahm dann stetig ab (siehe Abbildung 6-1). Dank dieser deprimierenden Tatsache ist leicht zu verstehen, warum die meisten Vorträge langsame Einbahnstraßen in Richtung Ruhemodus sind. Unsere Körper, die nur herumsitzen und sonst wenig tun, schalten sich in die Ruhemodus – und wo unser Körper hingeht, dorthin folgt auch unser Geist.

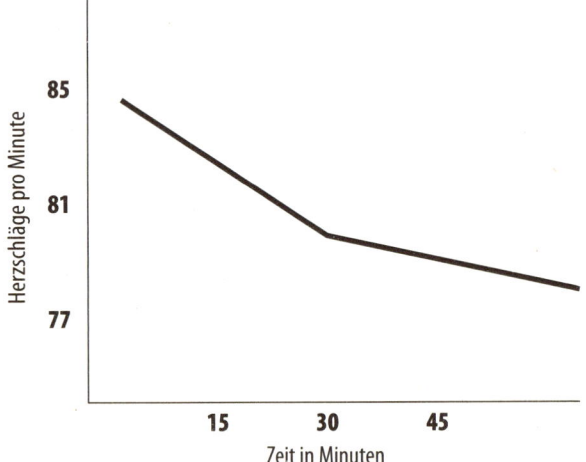

Abbildung 6-1: Was Ihr Körper macht, während Sie in einem Vortrag sitzen. Adaptiert aus Donald A. Blighs »What's the Use of Lectures?« *(Jossey-Bass).*

John Medina, Molekularbiologe und Direktor des Brain Center der Seattle Pacific University, glaubt, dass die meisten Menschen den meisten Dingen nur zehn Minuten ihrer Aufmerksamkeit schenken können. In seinem Bestseller *Gehirn und Erfolg* (Spektrum Akademischer Verlag) wendet Medina ein ganzes Kapitel lang diese Theorie auf die Herausforderungen des Lehrens an – die Zehn-Minuten-Regel ist der Kern seiner Vortragsplanungen. Er verwendet nie mehr als zehn Minuten für einen einzelnen Punkt, und er stellt sicher, dass die gesamte Vorlesung um eine Reihe von Punkten herumstrukturiert ist, von denen er weiß, dass sie das Publikum hören will. Mit einem genauen Studium der Interessen des Publikums und einem zehnminütigen Zeitlimit kann man die Langeweile eine Stunde fernhalten.

Die Zehn ist allerdings keine magische Zahl. Vorträge von 8, 12 oder auch 45 Minuten können faszinierend sein, solange der Sprecher weiß, was er tut, und es versteht, das Interesse des Publikums aufrechtzuerhalten. Doch das ist meist nicht der Fall. Es gibt einen guten Grund, warum die angesehenste Konferenz der Gegenwart, die TED-Konferenz (Technology, Entertainment, Design), mit einer Mischung aus 8- und 20-minütigen Reden arbeitet. Bei diesen sehr beliebten und extrem teuren vortragsorientierten Veranstaltungen (Tickets kosten 4.000 Dollar und mehr) werden berühmte Köpfe wie Bill Gates, Al Gore, Bono und Hunderte anderer Vorstandsvorsitzenden, politischer Führer und Genies aus den unterschiedlichsten Gebieten von überall auf der Welt eingeflogen, um eine Rede zu halten – die aber maximal 20 Minuten dauert. Sie verbringen mehr Zeit mit dem Mittagessen als mit ihren Vorträgen. Das zwingt die Redner, ihre Botschaft auf die kompakteste, leidenschaftlichste und potenteste Form zu reduzieren. Selbst wenn sie die Aufmerksamkeit des Publikums nicht aufrechterhalten können, sind sie nicht lange genug auf der Bühne, um jemanden zu Tode zu langweilen.[1] Sitcoms – ein Fernsehformat, das seit Jahrzehnten studiert wird, um die aufmerksamkeitssteigernden Qualitäten zu perfektionieren – bewegen sich im gleichen Zeitrahmen: 30 Minuten lang, in drei Teile untergliedert und mit 30-sekündigen Werbeblöcken aufgelockert.

Es gibt keinen guten Grund dafür, dass die meisten Vorträge eine Stunde lang sind, außer dass wir diese Zeitspanne mögen. Wenn

---

[1] Pecha Kucha-Abende und die Ignite!-Veranstaltungen von O'Reilly sind so beliebt, weil das Format (Vorträge von fünfminütiger Länge und automatisches Weiterblättern der Folien) garantiert, dass es nicht langweilig wird. Mehr dazu erfahren Sie unter *http://www.pecha-kucha.org/* und *http://ignite.oreilly.com/*.

man einen Babysitter organisieren, zum Veranstaltungsort fahren und seinen Platz in der Menge finden muss, nur um jemanden 15 Minuten reden zu hören, wäre man zu Recht verärgert. Entweder das, oder Sie würden gar nicht erst hingehen. Zeit bietet eine einfache Möglichkeit, einen Wert zu messen. Das können wir nutzen, um zu entscheiden, ob wir für was auch immer bezahlen wollen. Und für den Gastgeber ist es bequemer, die Sitzungen im Stundentakt oder alle 90 Minuten anzusetzen. Es ist schwierig genug, sich mit einem Redner herumzuschlagen (ganz zu schweigen von seinem Zeitplan und seinen Panikattacken). Drei oder vier zusätzliche Redner zu finden, die die Stunde auffüllen, würden den planerischen Gesamtaufwand für den Veranstalter nur vervielfachen. Man hört häufig Klagen darüber, dass man in einem einstündigen Vortrag nur wenig gelernt hätte, doch wäre man überhaupt hingegangen, wenn der Vortrag nur zehn Minuten gedauert hätte?

Leider werden wir immer wieder Vorträge erleben, deren Länge nichts mit dem eigentlichen Inhalt zu tun hat. Es ist ein Artefakt der Kultur, der Logistik hinter einer solchen Veranstaltung und die Abneigung gegenüber Veränderungen, die dafür sorgen, dass die meisten Redner bis zum Ende aller Zeiten längere Vorträge halten, als es dem Publikum lieb ist. Und reitet man auf diesem frustrierenden Punkt weiter herum, ist das Zynische daran die Tatsache, dass er die Zeit nicht zwangsläufig gut nutzt, wenn man einen Redner auf 20 oder 10 Minuten reduziert. Bei einem echten Dummkopf kann jede Zeitspanne zu lang werden.

Doch es gibt eine Lösung. Die Antwort auf die meisten Aufmerksamkeitsprobleme lautet **MACHT**.

Macht ist ein lustiges Wort, umso mehr, wenn man es ohne jeden Grund groß und fett schreibt. Die Leute sind bestürzt, wenn Sie sagen, dass Sie mehr Macht wollen, doch ich behaupte, jeder Redner sollte nach mehr Macht streben. Ich weiß, dass wir in Amerika an die Demokratie glauben wollen, doch jeder Politikwissenschaftler weiß, dass wir in den USA technisch gesehen eine Republik sind. Konzeptbedingt verteilen wir die Macht sehr ungleichmäßig. Zum Beispiel haben wir 100 Senatoren, 50 Gouverneure und nur einen Präsidenten, und jeder Einzelne von ihnen hat ein Vielfaches mehr an Macht als die Bürger, die er oder sie repräsentiert. Eine ungleichmäßige Verteilung der Macht ist nötig, um die Dinge effektiv zu gestalten, und das ist genau das, was Sie brauchen, wenn Sie einen Vortrag halten wollen. Sollten Sie nun denken, dass die Dinge in Amerika nicht ganz so gut laufen – in einer echten Demokratie mit 300 Millionen Menschen wäre es noch viel schlimmer.

Der Aufbau öffentlicher Reden ist – politikwissenschaftlich gesehen – nicht demokratisch, sondern tyrannisch. Nur eine Person steht auf der Bühne, nur eine Person erhält einen einführenden Applaus, und nur eine Person bekommt das Mikrofon. Wenn Außerirdische während der TED-Konferenz landen würden, müssten sie zwangsläufig annehmen, dass der Typ auf der Bühne mit dem Mikrofon in der Hand der Herrscher über diesen Planeten ist. In der Geschichte der Zivilisation waren Häuptlinge, Könige und Pharaonen meist die einzigen öffentlichen Redner. Doch nur wenige Redner nutzen das riesige Potenzial dieser Macht. Die meisten Redner haben so viel Angst davor, etwas zu tun, das vom Üblichen abweicht, dass sie die meiste Macht verschwenden.

Bestimmen Sie das Tempo

Die einfachste Möglichkeit, Ihre Macht zu nutzen, besteht darin, das Tempo zu bestimmen. Jeder wünscht sich, die Lead-Gitarre in seiner Lieblingsband zu spielen oder ihr Sänger zu sein, doch die eigentliche Macht kommt vom Rhythmus. Er kontrolliert die Geschwindigkeit, mit der alles passiert – zu schnell, zu langsam oder (hoffentlich) genau richtig. Diese Aufgabe fällt üblicherweise dem Schlagzeuger zu, dem Typen, der immer im hinteren Teil der Bühne sitzt (was mit daran liegt, dass sein Instrument so laut ist). Er kann die Sache jederzeit lahmlegen, indem er einfach aufhört zu spielen oder die Bassdrum so schnell wie möglich schlägt. In beiden Fällen findet das tolle Gitarrensolo ein abruptes Ende. Der Gitarrist hat keine Chance, den Rhythmus des Schlagzeugers zu übertrumpfen, es sei denn, er schmettert ihm die Stratocaster über den Schädel. Der Schlagzeuger hat tatsächlich die größte Macht, und das gilt auch für die Person mit dem Mikrofon bei einem Vortrag. Ein Redner muss das Tempo für das Publikum vorgeben, wenn er dessen Aufmerksamkeit erhalten will. Die durchschnittliche Coverband in irgendeiner Spelunke kann die Menge einfach in Bewegung bringen, indem sie ein klares Tempo vorgibt. Menschen lieben Rhythmus. Wir lieben das Gefühl des Gleichtakts. Doch die einzige Person, die bei einer Rede den Rhythmus vorgeben kann, ist die Person dort vorne.

Ich habe an Universitäten und bei Unternehmen vor Leuten gesprochen, die wesentlich klüger sind als ich, die beim Mittagessen lustiger und kreativer sind als ich den ganzen Tag, und doch kann ich ihnen einen guten Vortrag bieten, indem ich einfach folgenden Rhythmus vorgebe. Ich kann sagen:»Ich werde 30 Minuten zu Ihnen reden und habe fünf Kernaussagen zu machen. Ich werde mich jedem Punkt fünf Minuten widmen und spare mir die restliche Zeit für eventuelle Fragen auf.« Es dauert etwa zehn Sekunden, das zu sagen, doch für diesen kleinen Preis erhalte ich die Aufmerksamkeit im Raum aufrecht, weil die Zuhörer den Plan kennen. Sie kennen das Tempo. Und wenn sich mal jemand ausblendet – sich in Träumen von schönen, netten Menschen an hawaiianischen Stränden verliert –, um plötzlich wieder in die Realität zurückzukehren, sollte er sich sagen können:»Wow, ich bin völlig abgeschweift, worüber redet er? Oh, okay, er spricht gerade über Punkt drei von fünf. Alles klar!« Selbst das aufmerksamste Publikum schweift mal ab, und ich muss sicherstellen, dass es meiner Rede wieder folgen kann, sobald die Tagträume vorbei sind.

Wenn Sie die Aufmerksamkeit des Publikums besitzen, sollten Sie kurz erläutern, wie die Dinge laufen werden. Sie werden automatisch zehn Bonuspunkte erhalten. Die Details Ihres Plans sind dabei gar nicht so wichtig, solange man ihm einfach folgen kann und Sie nicht allzu viel Zeit damit verschwenden, ihn zu erklären. Etwas läuft verkehrt, wenn 60 Sekunden vergangen sind und Sie noch nicht mit dem ersten Punkt angefangen haben. Halten Sie sich nicht mit Ihrem Lebenslauf oder einer Vorgeschichte auf (»Ich habe das erste Mal von blah blah bei blah blah gehört«). Das interessiert das Publikum nicht. Es braucht fast nie zu erfahren, wie Sie dorthin gelangt sind, wo Sie gerade sind. Wenn ein Zuhörer im Publikum sitzt, nachdem er den Titel der Rede, die Beschreibung und Ihre Biografie gelesen hat, hält er Sie wohl für glaubwürdig genug. Beginnen Sie mit einem Paukenschlag. Betrachten Sie die erste Minute als eine Art Filmvorschau: angefüllt mit Drama, Spannung und Highlights, die klarstellen, warum das Publikum weiter zuhören sollte.

Rhythmus erzeugt Energie. Ein stetiger, pulsierender Rhythmus erklärt alle Formen des Tanzes vom Volkstanz bis zum Ecstasygesteuerten Rave um drei Uhr morgens. Militärmärsche sind vollkommen abhängig von Trommeln oder »Links, links, links, rechts, links«-Gesängen. Doch die meisten Menschen haben bei Vorführungen ein furchtbares Zeitgefühl, und das gilt auch für einige Tänzer und Musiker. Nehmen Sie den Trommler weg, der permanent für den Takt sorgt, und die pulsierende Energie verschwindet, die die Tänzer und Musiker auflädt. Redner haben keine Trommler auf der Bühne und keine Band im Hintergrund, um das Tempo aufrechtzuerhalten. Wenn Sie dem Rhythmus keine Aufmerksamkeit widmen, finden die Zuhörer schnell einen eigenen Rhythmus in ihren Köpfen.

Einige Redner geben vor, fünf Minuten für den ersten von fünf Punkten zu verwenden, und hängen dort 30 Minuten später immer noch fest, ohne sich bewusst zu machen, dass sie den versprochenen Rhythmus verraten haben. Lassen Sie das bei Ihrem netten, freundlichen, liebevollen Publikum nicht zu. Geben Sie auf Ihr Publikum Acht. Schlagzeuger arbeiten mit einem Metronom, einem kleinen Kästchen, das die Zeit perfekt nachhält. Ihre Arbeit ist wesentlich einfacher: Sie müssen nicht präzise sein, Sie müssen nur ungefähr schätzen. Üben Sie Ihren Stoff vor einer Uhr ein, bis Sie das Timing draufhaben – Sie können nicht wissen, wie lange jede Folie oder jeder Punkt braucht, bis Sie ihn durchgegangen sind. Eine Uhr im Raum hilft, doch häufig passiert dort zu viel, als dass Sie ad hoc Korrekturen vornehmen könnten. Merke: Wenn Sie zu faul zum Üben sind, müssen Sie damit rechnen, dass das Publikum zu faul ist, Ihnen zu folgen.

Steuern Sie die Aufmerksamkeit (»Was sehe ich mir an und warum?«)

Es gibt einige Dinge, denen wir Menschen gern unsere Aufmerksamkeit widmen:

- Dinge, die wir gerne essen
- Dinge, die uns essen könnten
- Probleme, die uns betreffen
- Menschen, für die wir Mitgefühl empfinden
- Themen, die uns interessieren
- Rätsel, die wir lösen wollen

- helle, funkelnde, sich bewegende Objekte (siehe Autowerbung)

- Leute, mit denen wir Sex haben wollen (siehe alle Arten von Werbung)

- Dinge, die explodieren (Männer)

- Dinge, die niedlich sind (Frauen)

- Dinge, die niedlich sind und explodieren (Männer und Frauen)

Mit dieser Liste im Kopf würde ein einfacher Trick darin bestehen, alle fünf bis sechs Minuten eines dieser Dinge in Ihre Rede einzubauen, um die Aufmerksamkeit des Publikums wieder auf sich zu lenken. Doch das funktioniert nicht, es wäre zu offensichtlich. Wenn Sie vorne im Raum stehen und alle 60 Sekunden ein Nebelhorn ertönt, während Sie dabei Ihre Hose runterlassen, ist Ihnen die Aufmerksamkeit aller Anwesenden sicher, zumindest so lange, bis sie die Bühne stürmen, um Sie zu verprügeln. Menschen erkennen, wenn sie manipuliert werden sollen. Wenn Sie einen Film zeigen, einen Witz erzählen oder ein schönes Bild präsentieren, das nichts mit dem Thema zu tun hat, dann hat das keinen nachhaltigen Effekt. Es bedeutet nichts. Nur gut gewählte Bilder sagen mehr als tausend Worte, und das auch nur dann, wenn sie so lange zu sehen sind, dass das Publikum auch ihre Bedeutung versteht. Solange Sie natürliche Möglichkeiten finden, die Aufmerksamkeit auf Dinge zu lenken, die Ihren Punkt unterstreichen, sollten Sie sie nutzen.

Sie erreichen das am einfachsten, indem Sie Geschichten erzählen. Zugegeben, sobald Sie Ihren Mund öffnen, erzählen Sie irgendeine Form von Geschichte. Jedwede Kommunikation ist eine Erzählung: mit einem Anfang, einer Mitte und einem Schluss. Die beste Möglichkeit, die Aufmerksamkeit zu steuern, besteht darin, über Situationen (ein anderes Wort für Geschichten) zu sprechen, die das Publikum interessieren. Für dieses Interesse kann es zwei Gründe geben: die Situation und derjenige, dem sie passiert. Es ist eine Sache zu sagen: »Hier ist Zeile fünf der neuen Steuererklärung.« Das ist nur eine langweilige Tatsache, die durch den Raum schwebt und die Leute ermuntert, ihre Aufmerksamkeit sonstwohin zu lenken. Ganz anders sieht es aus, wenn Sie sagen: »80% der Anwesenden haben bei der letzten Steuererklärung Zeile fünf mit Zeile sechs verwechselt, was sie 500 Dollar gekostet hat. Ich zeige Ihnen jetzt, wie man diesen Fehler vermeidet.« Selbst ein so geisttötendes Thema wie die Steuererklärung wird interessant, wenn sich der Redner sowohl um das Problem kümmert als auch um die Leute die es betrifft. Ist das Publikum neugierig auf die von Ihnen erzählte Geschichte, folgt es Ihnen fast überallhin. Gute Geschichtenerzähler wissen das intuitiv. Wie Annette Simmons es in *Mit guten Geschichten Menschen gewinnen. Der Story-Faktor* (Piper) schrieb:

> *Sie können locken, inspirieren, betteln, stimulieren oder faszinieren, doch Sie können nicht jeden dazu bringen, bei allem zuzuhören. Indem wir uns diese Tatsache im Vorfeld vergegenwärtigen, können wir uns auf das konzentrieren, was wir tun können. Wir wollen Neugierde wecken. Wir wollen Aufmerksamkeit erregen und aufrechterhalten ... Einfluss ist eine Funktion des Aufmerksamkeit-Erweckens. Es ist zentral, zunächst an das anzuknüpfen, was Ihre Zuhörer schon kennen und fühlen, und dann eine Verbindung herzustellen zwischen diesem Gefühl und all dem, was Sie sie sehen, tun oder fühlen lassen wollen. Es ist einfacher, wenn Sie zuerst Ihre Geschichte ankommen lassen und dann einen Kreis von Bedeutungen/Verbindungen um sie herumziehen und dabei das nutzen, was Sie in den Reaktionen Ihrer Zuhörer ersehen oder heraushören.*

Wenn Sie etwas Schickes zeigen wollen, etwa Bilder, Diagramme oder Filme – oder Ausdruckstänze, musikalische Darbietungen, brennende Kettensägen jonglieren oder was man sonst noch so auf der Bühne machen kann, um die Aufmerksamkeit auf sich zu lenken –, sollten Sie sich Folgendes fragen: »Warum sieht sich das Publikum das an?« Schlechte Antworten sind: Sie denken, das sei cool, Sie wollen Ihre Kettensägen-Künste zeigen, oder, die größte Sünde überhaupt, Sie fühlen sich genötigt, die Ihnen zugestandene Zeit auszufüllen. Sie müssen bessere Gründe haben. Der beste Grund ist, dass es zu der von Ihnen erzählten Geschichte passt. Sie müssen den Kern kennen und wissen, welche Einsichten das Publikum gewinnen kann, wenn es Ihnen dorthin folgt, wohin Sie es lenken möchten. Scheuen Sie keine Mühen und halten Sie z.B. einen Film mittendrin an, um die Schlüsselelemente hervorzuheben, die das Publikum sehen oder verstehen soll. Wenn Sie sich über einen Punkt nicht im Klaren sind oder wenn er für das Publikum nicht zutrifft, nehmen Sie ihn aus dem Stoff heraus. Es ist besser, die Aufmerksamkeit des Raums für solide zehn Minuten aufrechtzuerhalten und sich dann den Fragen zu stellen, statt eine Stunde in stumpfer Mittelmäßigkeit herumzustolpern.

Spielen Sie Ihre Rolle: Sie sind der Star

Menschen haben immer Erwartungen. Wenn sie in ein schickes Restaurant gehen, erwarten sie einen besonderen Service und vielleicht einen hochnäsigen Oberkellner, über den sie sich lustig machen können. Sehen sie einen Actionfilm, erwarten sie Explosionen, die allen Gesetzen der Physik widersprechen, und Bilder mit höhlenartigen Kratern. Und wenn sie Ihnen eine Stunde ihrer Zeit widmen, um Sie reden zu hören, erwarten sie, dass Sie überzeugend sind bei dem, was Sie sagen und tun. Solange Sie an der Fernbedienung für Ihr Notebook herumfummeln, mit Ihren eigenen Folien durcheinandergeraten oder sich dafür entschuldigen, dass Sie sich nicht besser auf den Vortrag vorbereitet haben, machen Sie deutlich, dass Sie ihre Aufmerksamkeit nicht wert sind. Sie spielen nicht die von ihnen erwartete Rolle – die eines überzeugenden, klaren, motivierten und möglicherweise unterhaltsamen Experten für irgendetwas. Sie müssen nicht perfekt sein, aber Sie müssen Ihre Rolle spielen.

Mit anderen Worten: Sie müssen sich größer machen, als Sie sind. Sprechen Sie lauter, nehmen Sie stärkere Posen ein und verhalten Sie sich aggressiver, als Sie das bei einer normalen Unterhaltung tun würden. Das sind die Regeln der Aufführung. Genau das wird den Kindern in der Highschool beigebracht, wenn die jährliche Aufführung von »Annie Get Your Gun« noch mal durchgegangen wird. Auch gute Stand-up-Comedians, Professoren und Talkmaster folgen diesen Regeln. Speziell für Vorträge sollten Sie außerdem beachten: Wenn Sie vorne stehen, wie weit weg sind die Leute in den mittleren Reihen? Bedenken Sie nun, dass die Hälfte des Publikums noch weiter weg sitzt. Die Leute ganz hinten benötigen mehr Hilfe, um die Verbindung mit Ihnen und Ihrer Botschaft herstellen zu können.

Wenn Sie an Webcasts oder Telekonferenzen teilnehmen oder auf andere Weise durch den Computer sprechen müssen, ist dieser Punkt sogar noch wichtiger. Mit dem Computer zu arbeiten, bedeutet, von jetzt auf gleich von drei Dimensionen auf zwei reduziert zu werden. Man kann Sie immer noch sehen, doch es ist eine pixelige, ausgewaschene, flache Videofassung Ihrer selbst. Die Feinheiten Ihres Humors und die Abstufungen Ihrer Punkte kommen nur schwer durch. Um das zu kompensieren, müssen Sie mehr Energie ausstrahlen. Das wird Ihnen unnatürlich vor-

kommen, wenn Sie allein vor Ihrem Schreibtisch sitzen, doch Ihre
Zuhörer brauchen jedes Quäntchen zusätzliche Energie, die Sie
ihnen geben können, damit ihre Gedanken nicht abschweifen.
Ein typischer Fehler von Menschen auf einer Bühne ist, dass sie
plötzlich merkwürdig schrumpfen. Sie werden übermäßig höflich
und vorsichtig. Sie sprechen weich, erzählen keine Geschichten
und lächeln niemals. Auch wenn dieser Panzer verlockend ist, weil
er Sie vor vermeintlichen Angriffen schützt: Er ist der sichere Tod
für die Aufmerksamkeit. Es ist so, als würde man die Rolle des
Hamlet spielen – der einige der besten Monologe der Menschheits-
geschichte spricht –, und monotone, leblose Sätze vor sich hin
nuscheln. Ich will damit nicht sagen, dass Sie gekünstelt klingen
sollen. Verhalten Sie sich nicht wie der Moderator einer Spiel-
show oder wie ein Cheerleader. Seien Sie stattdessen die leiden-
schaftliche, interessierte, vollständig präsente Version Ihrer selbst.[2]
Um denjenigen zu hören, ist das Publikum gekommen.

Wissen, was als Nächstes kommt

Der größte Vorteil, den ich gegenüber dem Publikum habe – ganz
egal wie clever es sein mag –, ist, dass ich weiß, was als Nächstes
passiert. Ich habe das bereits weiter oben in diesem Buch erläutert, doch es verdient eine erneute Erwähnung, weil es eine so
mächtige Möglichkeit darstellt, die Aufmerksamkeit zu kontrollieren. Ich bin überzeugt davon, dass ich, auch wenn ich nur halb
so viel zu einem Thema weiß wie mein Publikum, es dennoch (je
nachdem, wie ich meine Geschichten verwebe) erstaunen, überra-
schen und unterhalten kann. Das macht die Übergänge zwischen
Folien besonders wichtig. Ich muss wissen, was als Nächstes
kommt, und das von mir Gesagte so ausrichten, dass die nächste
Folie einen Sinn ergibt. Wenn ich das weiß, kann ich die Aufmerksamkeit im Raum zum richtigen Zeitpunkt auf mich ziehen, damit
mich alle ansehen oder mir zuhören, wenn das Nächste, was ich
sage, lustig, wichtig oder überzeugend ist.

---

[2] Die Schauspielerei hat nichts damit zu tun, anderen etwas vorzugaukeln. Es geht
darum, zu lernen, wie man seine Ausdrucksfähigkeit steigert und wie man das auf
das Leben auf und neben der Bühne anwendet. Jeder, der kommuniziert, profitiert
davon, etwas über das Theater zu lernen. Siehe *Die Arbeit des Schauspielers an
sich selbst* von Konstantin Stanislawski (Henschel Verlag).

Ob mir das gut gelingt, hängt davon ab, wie viel ich übe. Ich kann mir die Übergänge zwischen den einzelnen Punkten, oder wie die eine Geschichte am besten zur nächsten passt, nicht merken, wenn ich es nicht durchgehe und lerne, wie es sein muss. Häufig verwerfe ich eine großartige Idee, weil ich nicht herausfinde, wie ich einen sanften Übergang von der vorherigen Geschichte schaffe oder von dieser Idee zur nächsten Geschichte kommen soll. Investieren Sie auch in Software wie PowerPoint oder Keynote, die einen Präsentationsmodus besitzen, der es Ihnen erlaubt, die nächste Folie nur auf dem Laptop zu sehen. Dieses Werkzeug hilft Ihnen dabei, den Übergang so sanft hinzubekommen, wie Sie es geübt haben.

Spannung und Entspannung

Wenn ich Ihnen sage, dass jemand eine Million Euro gewinnt, bevor dieser Absatz beendet ist, ist das die Einführung in ein Drama. Wer wird gewinnen? Warum wird er gewinnen? Plötzlich ist das Lesen von Absätzen spannend. Das Drama ist eine einfache Möglichkeit, Spannung aufzubauen. Alle großen Erlebnisse beinhalten den dramatischen Rhythmus der Spannung und Entspannung, ganz egal, ob es sich um eine meisterhafte Zaubervorstellung handelt, eine Achterbahnfahrt oder um ein prickelndes erstes Date auf einer Bank am Meer bei Sonnenuntergang. In all diesen Fällen wird Spannung aufgebaut und angedeutet, sie wieder zu lösen. Wenn ich sage, dass jemand eine Million Euro gewinnen *könnte* oder dass es eine kleine Chance gibt, dass Sie Sex haben *könnten*, wäre das nicht so interessant. Es muss die begründete Erwartung geben, dass die Belohnung erfolgt.[3] Wenn Sie schlau sind, ist diese Belohnung im Titel und in der Beschreibung Ihrer Präsentation deutlich enthalten.

Die einfachste Art Spannung, die man aufbauen und wieder lösen kann, habe ich bereits erwähnt: Problem und Lösung. Wenn Ihre Rede mehrere für Ihr Publikum wichtige Probleme behandelt und Sie versprechen, die dadurch verursachten Spannungen zu lösen, indem Sie jedes Problem einzeln lösen, werden Sie richtig Plus-

---

3 Anton Tschechow schrieb einmal: »Man kann kein Gewehr auf die Bühne stellen, wenn niemand die Absicht hat, einen Schuss daraus abzugeben.« Gute Geschichtenerzähler bringen Gewehre in ihren Geschichten unter und wissen, wann sie abzufeuern sind (und auf wen sie abgefeuert werden).

punkte sammeln. Das Publikum wird Ihnen durch jede Phase von Spannung und Entspannung folgen. Wenn Sie bei der Identifizierung des ersten Problems gute Arbeit leisten und eine praktische oder inspirierende Lösung anzubieten haben, werden die Menschen während der gesamten Rede bei Ihnen sein. Andere Arten von Spannung können durch die Prämisse der Rede aufgebaut werden. Ihr Thema könnte lauten:»Warum keiner zur Schule gehen sollte«. Ihre ganze Denkart erzeugt eine Spannung, die Sie mit jeder Tatsache und jedem Kernpunkt abbauen.

Solche Muster aus Spannung und Entspannung können gleichzeitig genutzt werden, um einen Rhythmus aufzubauen. Die Top-Ten-Liste, die durch David Lettermans Late-Night-Talkshow bekannt wurde, erzeugt sowohl einen einfachen Rhythmus als auch verschiedene Ebenen von Spannung und Entspannung. Während die Liste abgearbeitet wird und sich Punkt eins nähert, steigert sich die Vorfreude des Publikums auf die nächste Antwort.

Beziehen Sie das Publikum ein

Am Anfang meiner Rednerkarriere habe ich das Publikum nie mit einbezogen, einfach weil ich Angst vor ihm hatte. Ich hatte den Eindruck, dass mich Fragen während meiner Rede nervös machten und ich nicht mehr auf die Ebene meines ursprünglichen Selbstvertrauens zurückfinden könnte. Also tat ich das für mich in dieser Situation einzig Sinnvolle: Ich bat die Leute darum, keine Fragen zu stellen, bis ich zum Ende gekommen war. Das war unter dem Aufmerksamkeitsaspekt eine schlechte Lösung. Sie verloren sofort jegliches Interesse, nachdem klar war, dass in der nächsten Stunde ein durchgehender Vortrag auf sie wartete (bei mir sind es häufig 80 Minuten, meine persönliche kleine Aufmerksamkeitshölle). Jedes Publikum besitzt viel Energie, die (wenn man sie kanalisiert, und seien es nur kleine Mengen) seine Aufmerksamkeit stärkt. Letztendlich habe ich einige einfache Tricks gelernt, um das Publikum einzubinden, ohne meinen Rhythmus zu stören:

- **Bitten Sie um Handzeichen.** Sie sind nicht sicher, wie erfahren Ihr Publikum ist? Fragen Sie:»Wer der hier Anwesenden ist seit weniger als fünf Jahren in diesem Beruf?« Plötzlich wissen Sie sehr viel mehr über Ihre Zuhörer. Da das Publikum die Antwort nicht einschätzen kann, sollten Sie erklären, was Sie sehen:»Okay, etwa 70%. Prima.« Während Sie reden, kön-

nen Sie sich vom Publikum auch Feedback zu Ihrem Tempo
einholen. Fragen Sie:»Wie viele denken, ich sei zu langsam?«,
gefolgt von:»Wie viele denken, ich sei zu schnell?« Sie besitzen nun konkrete Daten und können entsprechend korrigieren.

- **Stellen Sie Fragen und lassen Sie sie vom Publikum beantworten.** Die dümmste Frage, die ein Redner seinem Publikum
stellen kann, lautet:»Gibt es irgendwelche Fragen zu dem,
was ich gerade gesagt habe?« Das klingt bedrohlich, als würde
man es wagen, seine Autorität infrage zu stellen, was viele
Leute natürlich nicht wollen. Gestalten Sie das Ganze lieber
positiv und interaktiv. Fragen Sie besser:»Gibt es noch etwas,
das ich genauer erklären kann?« Lassen Sie das Publikum
während Ihrer Rede die Geschichte erzählen oder lassen Sie sie
zeigen, was sie wissen:»Weiß irgendjemand im Saal, wer den
Käsekuchen erfunden hat?« Setzen Sie Preise aus, kleine Dinge
wie Kopien Ihres Buchs, bei der Menge beliebte Dinge oder
10-Euro-Gutscheine von Starbucks. Die Aufmerksamkeit des
Publikums wird definitiv steigen.

- **Lassen Sie das Publikum ein Problem lösen.** Wenn Sie zum
Thema passende, interessante und anspruchsvolle Fragestellungen kennen, sollten Sie diese Ihr Publikum lösen lassen.
Wählen Sie Probleme, die man in 30 bis 60 Sekunden in den
Griff bekommen kann. Bei einem Vortrag über Reisetipps
könnten Sie fragen:»Was würden Sie tun, wenn Ihnen während der Reise die Brieftasche gestohlen wird?« Oder, wenn
Sie über das Kochen reden:»Wie würden Sie die sechs ver-
brannten Steaks retten, wenn die Gäste in 20 Minuten eintreffen?« Seien Sie konkret, dramatisch und wählen Sie Fragen
mit klaren, direkten Antworten, dann erhalten Sie diese aus
dem Saal. Fordern Sie das Publikum auf, mit den Nachbarn
oder in kleinen Gruppen zu arbeiten. Geben Sie ihnen immer
etwas weniger Zeit als nötig, um zusätzliche Spannung zu
erzeugen.

Jedes Publikum ist anders, und die Interaktion birgt Risiken.
Wenn Sie das Publikum reden lassen, überlassen Sie ihm die Bühne
und damit auch etwas von Ihrer Macht. Die gute Nachricht ist,
dass es Ihnen diese Macht fast immer zurückgibt. Manchmal gibt
es sogar mehr Macht in Form von Aufmerksamkeit und positiver
Energie zurück. Und selbst wenn niemand die Antworten auf Ihre

Fragen kennt, werden mehr Leute auf die Stille im Raum achten als auf Ihre Rede vor dieser Stille. Sie haben, egal warum, die Aufmerksamkeit des Publikums wiedergewonnen.

Sie sind Richter, Geschworener und Henker

Wenn Sie die Leute bitten, keine Handys zu benutzen, und jemand in der ersten Reihe beantwortet einen Anruf, was würden Sie dann tun? Es liegt an Ihnen, die Hausordnung durchzusetzen, da Sie das Mikrofon haben. Oder was ist mit dem Kerl, der eine Frage stellt, die sich über ganze drei Minuten erstreckt? Wie lange wollen Sie ihn herumschwafeln lassen? 20 Sekunden sind mehr als genug für eine Frage, nach 40 Sekunden handelt es sich um einen Monolog, und jeder im Publikum hasst ihn. Doch nach einer Minute werden die Leute Sie anstarren. Sie lassen die ganze Energie im Raum verpuffen. Das Publikum kann nicht viel dagegen tun, doch es weiß, dass Sie es können.

Haben Sie niemals Angst davor, die Regeln durchzusetzen, denen das Publikum folgen will. Wenn Sie sich nicht sicher sind, bitten Sie das Publikum um Handzeichen:»Sollen wir bei diesem Thema bleiben oder weitermachen?« Möchte es weitermachen, sollten Sie genau das tun. Wenn Sie eine bekannte Regel erzwingen, bringen Sie jeden auf Ihre Seite, der diese Regel befürwortet. Sie stellen Ihre Macht wieder her und erwerben sich den Respekt des Publikums. Also zögern Sie nicht, einen Angeber aufzuhalten, den Typ mit dem Handy zum Schweigen zu bringen und den Tisch mit einer privaten, aber störenden Unterhaltung zu ermahnen. Solange Sie freundlich und direkt sind, werden Sie der Held sein.

Kommen Sie immer früh zum Ende

Alle wollen immer früh gehen, doch sobald sie selbst das Mikrofon in der Hand halten, wird es spät. Seien Sie nicht wie sie. Planen und praktizieren Sie ein frühes Ende. Wenn ein Zeitfenster die Gelegenheit bietet, ein paar Minuten vor dem Zeitplan fertig zu werden – was Ihrem Publikum die Möglichkeit bietet, dem Berufsverkehr auszuweichen, zum nächsten Meeting zu kommen oder die Snackbar im Sitzungssaal zu stürmen –, dann tun Sie es. Niemand möchte, dass Sie länger reden. Wenn die Leute Sie wirklich mögen, bleiben sie häufig länger, um mehr von dem zu hören, was Sie zu sagen haben. Lassen Sie die anderen gehen. Geben Sie dem Publikum Ihre E-Mail-Adresse und betonen Sie, dass Sie weitere Fragen gern per E-Mail beantworten. Seien Sie mit Ihrer Zeit so freigiebig, wie Sie wollen, achten Sie aber darauf, die Leute einzuladen, statt sie zu zwingen, Ihnen weiter zuzuhören. Seien Sie ein »Aufmerksamkeitsbefreier« und lassen Sie sie gehen. Ein typisches Beispiel: Dieses Kapitel ist zu Ende.

KAPITEL 7

Lektionen aus meinen
15 Minuten Ruhm

Wir schreiben den Mai 2008. Ich sitze in schwarzen Schuhen, einer schwarzen Hose und einem schwarzen Rollkragenpullover in den CNBC-Studios und starre, umzingelt von hellen, weißen Lichtern, in eine Kamera. In eine Wand aus Lichtern zu schauen, hört sich super an, bis einem klar wird, dass man nichts sieht, dass einem die Augen weh tun und dass es verdammt heiß ist. Mit jeder Sekunde zweifle ich mehr daran, ob man mich tatsächlich filmen möchte oder ob man nur sehen sehen will, wie lange es dauert, bis ich dahingeschmolzen bin wie die Hexe aus dem *Zauberer von Oz*. Na ja, vielleicht beides. Ein Stück Klebeband markiert, wo ich zu stehen habe, während das aus zehn Personen bestehende Filmteam mich mit Utensilien, Kameras, Lichtfiltern und Mikrofonen umringt, damit ich fantastisch aussehe, wenn ich mich im Fernsehen zum Clown mache. Ganz egal wie schwer es sein mag, so lange still zu stehen, die eigentliche Herausforderung besteht darin, dass man von mir die schlimmste Form des Nichtstuns erwartet – die Art Nichtstun, bei der man keine Ablenkung hat, während alle anderen einen anstarren, knuffen und an einem rumzubbeln –, während ich warte und warte, dass sie endlich fertig werden und ich meine Zeilen aufsagen kann. Damit ich nicht verzweifle, weil ich hilflos zwischen Hektik und Warten gefangen bin, konzentriere ich mich auf das Drama, das sich alle paar Minuten hinter dem Filmteam abspielt. Ein Drama, das nur ich sehen kann.

Dieses Drama spielt sich wie folgt ab: CNBC-Mitarbeiter kommen ins Café, um eine Kleinigkeit zu essen, halten dann aber überrascht inne, wenn sie mich in ihrer hübschen Cafeteria sehen, ganz in Schwarz gekleidet, angestrahlt von einem Meer aus Lichtern wie der Anführer schauriger Aliens in einem Science-Fiction-Film. Betrübt durch die Entdeckung, dass der Speisesaal in eine riesige glühende Bühne verwandelt wurde, starren sie mich einen langen Augenblick zornig an, bevor sie umkehren, um nach Alternativen zu suchen. Sie blicken mich mit der gleichen Verachtung an, die man dem Idioten entgegenbringt, das einem lächelnd den Parkplatz vor der Nase wegschnappt. Ich möchte ihnen sagen, dass das nicht meine Schuld ist. Ich möchte mit den Fingern auf das Filmteam zeigen, damit sie den Ärger mit mir teilen, doch es gibt kein Entkommen. Ich bin für den Rest des Tages das Ziel ihres Hasses. Allein am Set stehend, umlagert von einem ganzen Team, muss es so erscheinen, als würde ich mich für den Mittelpunkt des Universums halten, was aber von der Wahrheit Lichtjahre entfernt ist, wenn man die ganzen Peinlichkeiten bedenkt, die mir durch den Kopf gehen.

Ich bin bei CNBC, um eine fünfstündige Fernsehserie mit dem Titel *The Business of Innovation* (Abbildung 7-1) aufzunehmen. Für einen Freien wie mich ist das wie ein Sechser im Lotto, also tue ich alles in meiner Macht Stehende, um es nicht zu vermasseln. Doch in diesen Momenten des ersten Drehtags, angezogen wie ein Steve-Jobs-Doppelgänger (auf Wunsch von CNBC), fühle ich 10% Adrenalin, 20% Versagensangst und 70% völlige Panik. Es gibt zu viele Ungereimtheiten, um bei Verstand zu bleiben. Erstens habe ich keinerlei Vorstellung davon, was gerade vorgeht, obwohl ich im Mittelpunkt der Aufmerksamkeit stehe. Es fühlt sich an, als wäre man bei einer Kannibalenfamilie zum Abendessen eingeladen. Zweitens bin ich der Star der Show, habe aber keinerlei Kontrolle und zu viele Menschen, die mir sagen, was ich zu tun habe. Drittens bin ich von allem fasziniert und möchte Hunderte Fragen stellen, was ich aber nicht kann, weil ich von Hunderten Filmprofis umgeben bin, die nur wenig Verständnis für meine Neugier aufbringen. Selbst wenn ich narzisstisch veranlagt wäre und mich gerne in Filmen sehen würde (was nicht der Fall ist), geriete ich in Panik bei dem mir stets gegenwärtigen Gedanken, einen großen und unwiderruflichen Fehler zu machen – schließlich sind alle Schnitzer für alle Zeit auf YouTube zu finden. Wenn Sie alle meine Patzer (einschließlich der Aufnahme mit der offenen Hose) online stellen würden, würde ich mehr Berühmtheit erlangen als mit allen anderen Dingen, die ich getan habe.

Die gute Nachricht für mich ist, dass ich nur einer von fünf Experten für die Serie bin und mich jederzeit hinter den anderen verstecken kann. Wir sind ein recht illustres Team: Vijay Vaitheeswaran schreibt für den *Economist*, Keith Yamashita betreibt eine eigene Innovationsberatung, Ranjay Gulati lehrt an der Harvard University, und Suzy Welch schreibt für die *Business Week*. Durch die Show führt die CNBC-Starmoderatorin Maria Bartiromo (die einzige Frau in der Geschichte, der Joey Ramone ein Lied gewidmet hat). Darüber hinaus ist jede einstündige Sendung vollgepackt mit namhaften CEOs, Politikern, Risikokapitalgebern und Lichtgestalten, darunter Jack Welch (früherer CEO von General Electric), Howard Schultz (CEO von Starbucks), Marc Ecko (Modezar) und Muhammad Yunus (Nobelpreisträger 2006). Diese beeindru-

Abbildung 7-1: Filmmaterial der B-Rolle von The Business of Innovation. Beachten Sie den Stuhl im Hintergrund, in dem niemals jemand gesessen hat.

ckende Liste wird vervollständigt durch die CEOs von Zappos, Kodak, LG, Xerox, FedEx und Sirius Radio sowie die Vorstände von Harley-Davidson, Timberland, Procter & Gamble usw. Doch noch beeindruckender als diese Liste prominenter Gäste ist ein überraschender Punkt: Sie hatten genauso viel Angst vor dem Fernsehauftritt wie ich.

Trotz ihres Gefolgs, Ruhms, Erfolgs und ihrer Medienpräsenz waren nahezu alle ebenso desorientiert durch das Fernsehen wie ich. Natürlich spricht darüber niemand. Das ist wie bei vielen Beerdigungen – die meisten sind gelangweilt, doch keiner möchte es als Erster zugeben. Dennoch sah ich ihre zittrigen Hände, hörte ihre nervösen Fragen und saß mit diesen sehr berühmten Leuten in vielen langen, unangenehmen und angespannten Momenten der Stille zusammen. Es kam regelmäßig zu Koffein- und Zuckermissbrauch, und der grüne Raum[1] enthielt ein ganzes Arsenal dieser Dinge. Die Produzenten wissen, dass vielen Menschen die Nerven flattern, wenn sie vor der Kamera stehen, und ihre Stimmen nur noch ein Flüstern herausbringen, und das galt auch für einige dieser Vorstände. Also setzen die Produzenten lieber auf einen

---

[1] Keiner weiß, warum man sie *grüne Räume* nennt, und keiner, den ich kenne, war grün. Üblicherweise haben sie den Charme eines Wartezimmers beim Zahnarzt: voller nervöser Menschen, die nicht hier sein wollen. Das einzig Positive ist, dass es hier etwas zu essen gibt.

koffeinberauschten Faustkampf mit einem Komoderator statt auf betuliches Genuschel und sanftes Achselzucken.

Um ihre Ängste zu beschwichtigen, reisen viele Vorstände mit engen Mitarbeitern, Medienberatern oder PR-Leitern herum. Diese Typen folgen ihren Kunden auf Schritt und Tritt, führen Diskussionen, billigen Entscheidungen und flüstern ihnen Ratschläge zu. Doch es scheint nicht zu helfen. Anscheinend machen sich die Manager mit den PR-Leuten mehr Sorgen. Herb Kelleher (Gründer von Southwest Airlines) und Jack Welch kamen allein und waren die freundlichsten und lustigsten Menschen, mit denen ich in der Show geredet habe.

Das eigentliche K.-o.-Kriterium, das kein PR-Fuzzi oder Lakai kompensieren kann, ist das Warten. Viele Leute können sich selbst in die richtige Stimmung bringen, um im Fernsehen gut dazustehen, doch es gibt so viele Gründe für Verzögerungen, dass es schwer ist, diese Stimmung herzustellen, wenn man sie braucht. Sie sind bereit, sie sind aufgeputscht und dann, hoppla, aus irgendeinem Grund muss man wieder zehn Minuten warten. Es ist ein schwerer Schock für die CEOs und andere hohe Tiere, lernen zu müssen, dass ihre Zeit für den Sender nicht so wertvoll ist wie für ihre Unternehmen. Sie sind gezwungen, früh zu erscheinen, herumzusitzen und länger als nötig zu warten, nur um der Produktion der Sendung dienlich zu sein.

Wenige verstehen wirklich, dass die Welt des Fernsehens im Raum-Zeit-Kontinuum ihren eigenen Platz einnimmt – jede Sekunde ist hier wichtiger als beim Rest der arbeitenden Welt. Trotz der Macht des Webs steht beim Fernsehen bei jeder Sekunde einer Sendung das meiste Geld auf dem Spiel. Ein typisches Beispiel: Nur aufgrund meines Bestsellers *The Myths of Innovation* flog mich CNBC quer durchs Land, um mich als Experten für eine Sendung zu interviewen. Das Interview dauerte genau 33 Minuten. Nach einer zehnstündigen Reise nach New York verbrachte ich also weniger als eine Stunde mit dem eigentlichen Interview für die Fernsehsendung. Sie übernahmen alle Kosten für mich und meinen Aufenthalt während der Dreharbeiten, doch es war immer klar, dass ich für sie arbeite und nicht umgekehrt. Für die echten Stargäste der Sendung, die mit einem Gefolge oder einer Privatinsel, muss es recht verwirrend gewesen sein, ihre vollgestopften Terminpläne umzustellen, quer durchs Land zu fliegen, den ganzen Abend im abendlichen

Stoßverkehr zu stehen, um zu CNBC zu kommen, und dann stundenlang in einem Studio zu sitzen, um genau 4 Minuten und 30 Sekunden interviewt zu werden (von denen vielleicht die Hälfte in der fertig geschnittenen Folge gesendet wird) – möglicherweise die demütigendste Erfahrung, die sie je haben machen müssen. Alle hatten wahrscheinlich den gleichen ungläubigen Blick, wenn man ihnen am Set sagte:»Das wäre geschafft. Gute Arbeit!« Und das just in dem Moment, in dem sie gerade warm geworden waren. Sie erwarteten die gleiche Behandlung wie in ihrem normalen Leben, vergaßen dabei aber, dass sie in der Fernsehwelt nur ein kleines Rädchen in der Maschinerie waren.

Zurück zur Produktion der Sendung. Die Lichtwand, vor der ich in Abbildung 7-1 stehe, ist für Aufnahmen für die sogenannte B-Rolle. Als ich fragte, was die B-Rolle sei, wurde ich darüber aufgeklärt, dass sie alles umfasst, was nicht auf der A-Rolle ist. Anfängerfragen ernten bissige Antworten. Sarkasmus und eine saloppe Umgangssprache herrschen in der stressigen Welt des Fernsehens vor. Fernsehleute erscheinen aufgeweckt und optimistisch, aber auch übernervös und ungeduldig. Nichts geht ihnen schnell genug. Ich habe später erfahren, dass die A-Rolle das Haupt-Filmmaterial der Sendung enthält, während die B-Rolle die Intros, den Abspann und das restliche sekundäre Bildmaterial umfasst. Wenn Sie fernsehen, umfasst die B-Rolle alles, was im Abspann oder zwischen der Werbung erscheint, also die Teile des Bildmaterials, an die man nie einen Gedanken verschwendet. Man vergisst leicht, dass jede Sekunde im Fernsehen produziert werden muss. Wenn man Dr. House (in der gleichnamigen Sendung) im Fernsehen sieht, selbst wenn es sich nur um einen Werbetrailer für die Sendung handelt, bedeutet das, dass eine Crew Stunden damit verbracht hat, das Licht einzurichten. Hört man ihn sprechen, hat ein Toningenieur Stunden damit verbracht, Mikrofone aufzustellen und den Ton zu mischen. Für jeden gesendeten Bruchteil einer Sekunde war im Hintergrund eine teure Mannschaft nötig. Jede Entscheidung kostet Geld und wird aus bestimmten Gründen getroffen. Und wenn alles richtig gemacht wird, werden Sie niemals darüber nachdenken.

Haben Sie jemals eine Kneipe gesehen, die so hell erleuchtet ist wie die in *Cheers*? Oder ein Krankenhaus, in dem es so heiter zugeht wie bei *Scrubs*? Wir wissen, dass Fernsehen nicht real ist, doch wenn es richtig gemacht ist, erzeugt diese ständig fehlende Realität eine eigene eindringliche Welt. Selbst bei Sachthemen wie *The Business of Innovation* oder *The Daily Show with Jon Stewart* ist das, was Sie sehen, niemals das, was während der Aufnahmen geschieht. Es gibt einen Schnitt. Es gibt eine Tonmischung. Kameralinsen verändern das Aussehen der Leute. Es gibt Hunderte bewusster Entscheidungen, die aus bestimmten Gründen getroffen werden, was erklärt, warum die B-Rolle in der Cafeteria aufgenommen wurde und nicht im Studio. Sie soll sich von der A-Rolle unterscheiden, und mit Licht, Utensilien und Effekten für 200.000 Dollar sieht die Cafeteria plötzlich aus wie ein Konferenzraum aus *Raumschiff Enterprise*. Sie hätten niemals erraten, wo wir diese Aufnahmen gemacht haben, wenn ich es Ihnen nicht erzählt hätte, selbst wenn Sie bei CNBC arbeiten. Der Zuschauer wird nie erfahren, wie albern ich mir vorkam, als ich dort in der Cafeteria stand, wie viele Aufnahmen nötig waren, bis ich alles richtig hinbekam, oder wie lächerlich die ganze Sache während der Dreharbeiten wirkte. Und auch als ich mir die B-Rolle selbst ansah, konnte ich nur schwer die Verbindung zwischen dem herstellen, was ich erlebt hatte, und dem, was im Fernsehen gezeigt wurde.

Wir schauspielern die ganze Zeit

Die große Lehre aus dieser Fernsehgeschichte ist einfach: Wir schauspielern die ganze Zeit. Jedes Mal wenn Sie den Mund aufmachen und erwarten, dass Ihnen jemand zuhört, verhalten Sie sich anders, als würden Sie allein sein. Das ist nicht betrügerisch, sondern durchaus redlich. Wir sind soziale Kreaturen und verhalten uns unterschiedlich, um uns verschiedenen sozialen Situationen anzupassen. Nehmen Sie beispielsweise eine lustige Geschichte oder einen Ihnen bekannten Witz.[2] Stellen Sie sich nun vor, Sie würden ihn zu drei verschiedenen Gelegenheiten erzählen:

1. Ihrem besten Freund, gemütlich auf der Couch sitzend.

2. Fünf Freunden bei einem Abendessen in einem Restaurant.

3. 20 Kollegen in einem Sitzungssaal.

---

[2] Zur Not können Sie diesen hier nehmen: »Wie viele Zen-Meister sind nötig, um eine defekte Glühbirne auszutauschen? Antwort: Keiner. Der Zen-Meister hat das Bedürfnis, die Birne auszutauschen, überwunden.«

In allen drei Fällen schauspielern Sie, um einen Effekt zu erzielen, nämlich um die Zuhörer zum Lachen zu bringen. Jede Situation ist anders, sodass sich auch die Art und Weise ändern wird, in der Sie den Witz erzählen. Das Gleiche gilt, wenn Sie Ihren Mund zum Reden öffnen. Sie haben immer ein Ziel, sei es einen Gedanken auszudrücken, eine Frage zu stellen oder eine Beobachtung zum Besten zu geben. Um dieses Ziel zu erreichen, schauspielern Sie in gewissem Sinn. Und je größer das Publikum, desto mehr müssen Sie schauspielern. Ihre Stimme muss lauter sein, Ihre Gesten dramatischer und Ihr Tempo höher. Das gilt ganz besonders für das Fernsehen. Weil Sie auf einem kleinen Fernseher in jemandes Wohnzimmer oder im Browserfenster seines Computers erscheinen könnten, müssen Sie groß aufspielen, um sich vor dieser Distanz zu schützen.

Nachdem ich nun die meisten Formen des öffentlichen Redens praktiziert habe, weiß ich, dass Fernsehen, Radiointerviews, You-Tube-Videos, Theatervorführungen, Podcasts und Reden nur unterschiedliche Formen einer Darbietung sind. Einige sind intensiver als andere, wie etwa Auftritte im Fernsehen, oder verlangen (wie etwa Theateraufführungen) mehr Übung und Proben, doch die grundlegenden Regeln sind die gleichen. Die meisten Leute behaupten, sie hätten Angst, etwas vor Publikum darzubieten, doch das ist Blödsinn. Wenn Sie nicht gerade auf einer einsamen Insel leben und sich die Lebensmittel mit der Post kommen lassen, haben Sie immer ein Publikum, sobald Sie Ihren Mund öffnen. Solange Sie sich über eine Stunde mit Ihrer Mutter am Telefon unterhalten können oder sich die ganze Nacht mit Ihrem Freund streiten, ist Ihnen in groben Zügen klar, was man zur Kommunikation benötigt. Und Sie wissen bereits, wie man etwas darbietet. Sie wissen, wie man Ärger, Angst, Leidenschaft, Freude oder Verwirrung ausdrückt. Sie wissen, wie man dramatisch wirkt, die Aufmerksamkeit auf sich zieht und (das Wichtigste) wie man seine Gedanken in Worte fasst und in entsprechende Handlungen. Es geht nur darum, den für die jeweilige Umgebung richtigen Ton zu treffen.[3]

---

[3] Ein Trick besteht darin, sich anzusehen, welche Erfahrungen die Leute auf der anderen Seite des verwendeten Mediums machen. Wenn Sie zum Beispiel per Videokonferenz präsentieren, sollten Sie sich als Beobachter eine andere Präsentation ansehen. Sie haben dann ein Gefühl dafür, wie das Ganze wirkt. Bei der Aufzeichnung der zweiten Folge zeigte man uns einen Teil der ersten Folge, und das war unglaublich hilfreich, um mein weiteres Auftreten zu korrigieren.

Oprah, Conan O'Brien und Katie Couric wissen, wie man in eine Kamera spricht, als würde man mit einem Freund reden. Es ist ihre Fähigkeit, diese fremde Welt des Fernsehens normal – ja sogar behaglich – erscheinen zu lassen, die erklärt, warum die Zuschauer sie so gern sehen. Howard Stern redet mit seinem Publikum, als würde er mit seinen Kumpeln ein paar Bier trinken, dafür lieben oder auch hassen die Leute ihn. Erfolg entsteht häufig aus der Fähigkeit, das genutzte Medium einfach und oftmals weniger formal erscheinen zu lassen. Es geht um die Kunst, das Unnatürliche natürlich wirken zu lassen.

Nur wenige Menschen betrachten Fernsehen und Radio als öffentliches Reden, was recht seltsam ist, wenn man sich die Sache genauer ansieht. Per definitionem bedeutet eine Fernseh- oder Radioausstrahlung, dass man von wesentlich mehr Leuten gesehen bzw. gehört wird als normalweise. Das erste Mal war ich 1997 in einer kleinen Fernsehsendung im Kabelfernsehen bei CNET TV zu sehen. Mein Auftritt dauerte genau 180 Sekunden. Er war miserabel, peinlich und paralysierend. Ich hatte keinerlei Training und nur wenig Medienerfahrung. Wie auch immer das Erlebnis war, es fühlte sich definitiv nicht nach Reden an, da ich die meiste Zeit nuschelte und versuchte, das Zittern meiner Hände zu unterdrücken. Ich erinnere mich, wie sonderbar ich mich mit Make-up fühlte (beim Fernsehen trägt jeder Make-up), und wie absurd es war, ein halbes Dutzend greller Lampen auf mein Gesicht gerichtet zu sehen. Ich weiß noch, dass ich mich fragte, wie man von mir erwarten kann, dass ich etwas zu sehen geschweige denn etwas zu sagen in der Lage bin?

Im Fernsehen oder Radio, wo einen Millionen von Menschen sehen und/oder hören, muss man in einem Studio in Abwesenheit eines Publikums reden. Anstelle einer Menschenmenge gibt es einen Kreis aus Lichtern und Produktionsmitarbeitern. Anstelle interessierter, freundlicher Gesichter gibt es kalte, leblose Kameras und große, glänzende Mikrofone. Wenn Sie sich die Abendnachrichten anschauen, sehen Sie Brian Williams oder Katie Couric hinter einem schicken Tisch auf einer interessant aussehenden Bühne mit einem schönen Hintergrund. Alles ist scharf, stilvoll, neu und sorgfältig zusammengestellt. Doch alles, was für die Kameras nicht sichtbar ist, also ein Großteil des Raums, in dem Katie oder Brian sitzt, sieht aus wie der Maschinenraum einen Schlachtschiffs.

Überall sieht man schmale schwarze Wände, frei liegende Leitungen, Elektronik und Utensilien. Die schicken Grafiken im Rücken der Moderatoren und die Ticker im unteren Bereich des Bildschirms existieren im Studio nicht. An diesen Stellen ist Platz für die digitalen Einfügungen reserviert. Im Studio hasten vor Katie, oder in meinem Fall Maria Bartiromo, Techniker herum und sprechen im Flüsterton. Es gibt Orte, die man nicht betreten, und lange Zeitabschnitte, in denen man kein Geräusch machen darf. Es gibt keine Fenster. Es gibt keine Pflanzen. Die ganze Umgebung ist weder gemütlich noch freundlich. Einfach ausgedrückt, ist ein TV-Studio eine teure Maschinerie zur Herstellung von Fernsehsendungen. Alles arbeitet zum Wohl des mythischen Publikums, doch dieses Publikum ist nicht da. TV-Studios sind abgeplattete, unangenehme, unfreundliche Umgebungen, die eher an Fabrikhallen oder Forschungslaboratorien erinnern denn an behagliche, einladende, nette Orte. Obwohl alle Produktionsmitarbeiter freundlich, nett und aufmerksam waren, konnten sie das unbarmherzige Tempo des Produktionsprozesses nicht aufhalten. Beim Set für *The Business of Innovation* gab es die zusätzliche Herausforderung, dass nahezu alles virtuell war mit Ausnahme der Bühne und der Couch. Die Aufnahmen wurden vor einem Blue Screen gemacht, und der ganze Rest wurde später digital hinzugefügt (siehe die Vorher-/Nachher-Bilder in den Abbildungen 7-2 und 7-3). Sieht die Couch in Ihren Augen bequem aus?

Es ist wahr, dass viele Bühnen und Auditorien ebenfalls nicht besonders schön sind, doch im Gegensatz zum Fernsehstudio kann ich immer sehen oder hören, was vorgeht – wer zuhört und wer gelangweilt ist. Meine Sinne arbeiten für mich. Und wenn ich etwas vollkommen Dummes oder Unangemessenes sage, etwa den Faden verliere oder mich freue, in Boston zu sein, während ich in Wahrheit in New York bin, erlebe ich sofort hautnah die Reaktionen der Zuhörer, auch wenn es ihr Wunsch ist, mir an die Gurgel zu gehen. Ich habe immer die Chance, darauf zu reagieren, wie das Publikum auf mich reagiert. Doch in den meisten TV-Studios gibt es keine Reaktion des Publikums. Das bedeutet, dass Sie genau das sagen können, worauf das Publikum gehofft hat, vielleicht das Geheimnis sofortigen Gewichtsverlusts oder wie man die Weltherrschaft erringt (oder, wenn Sie ein Weichei sind, den Weltfrieden), doch Sie erhalten keine direkte Reaktion. Andererseits heißt das aber auch, dass Sie lügen können, zu wenig oder zu viel

Abbildung 7-2: Am Set von »The Business of Innovation«.

Abbildung 7-3: Der gleiche Set, wie er gesendet wurde. Der in der Mitte mit dem weißen Hemd bin ich.

reden können, ein Idiot oder brillant sein können und doch nur sehr wenig Gefühl dafür haben, was Sie gerade sind.

Ich habe aus Video- und Liveaufzeichnungen (egal ob fürs Fernsehen oder für das Web) ohne Publikum gelernt, dass ein leerer Raum weitaus schlimmer ist als ein schwieriger Raum. Aus diesem Grund gibt es bei einige Sendungen Zuschauer. Man möchte den Gästen die Unterstützung und Energie nicht vorenthalten, die ihnen richtige Menschen geben. Doch in den meisten Fernsehstudios gibt es keine Zuschauer. Wenn Sie sich also jemals darüber wundern, warum die Leute im Fernsehen so falsch, steif, irritiert oder unnatürlich wirken, liegt das zum Teil daran, dass es keine natürliche Feedback-Schleife für ihr Verhalten gibt. Bei vielen Informationssendungen sind per Satellit zugeschaltete sprechende Köpfe die einzige Gesellschaft, Menschen, die Tausende Kilometer weit weg in ähnlich isolierten Umgebungen sitzen.

Einmal war ich bei MSNBC via Satellit aus Seattle zugeschaltet, mein erster Auftritt als sprechender Kopf. Wenn jemand in den Nachrichten interviewt wird und dabei auf dem Bildschirm in einem kleinen virtuellen Fenster erscheint, spricht er in Wirklichkeit aus einem kleinen Studio in der Nähe seines Aufenthaltsorts (Abbildung 7-4). Um das den Zuschauern zu verdeutlichen, erscheint die Silhouette der jeweiligen Stadt im Hintergrund. Man bekommt nie mit, wie diese Studios wirklich aussehen, was zum Teil daran liegt, das sie nicht einmal interessant sind (darum die Silhouette im Hintergrund). Aus einem solchen Studio heraus reden zu müssen, ist schlimmer als die Herausforderungen eines großen Studios, weil man nicht einmal die Leute sieht, mit denen man reden soll. Man sitzt einfach in einem kleinen Raum mit dem Charme einer Toilette, eine Kamera auf das Gesicht gerichtet.[4] Wenn für die Sendung nicht etwas mehr als für einen Liveauftritt bezahlt wird, bekommt man noch nicht mal die Aufnahme zu sehen. Man bekommt nur einen Knopf ins Ohr, über den ein Mitarbeiter (den man nie zu Gesicht bekommt) hauptsächlich mitteilt, dass man warten soll, während man blind in die Lichter starrt. Ich habe die Erfahrung gemacht, dass es eine besondere Form des Unbehagens gibt, wenn man allein in einem Raum wartet, gleichzeitig aber weiß, dass man jeden Augenblick im ganzen Land ausgestrahlt wird.

Das Geheimnis, zu einem nicht vorhandenen Publikum zu sprechen, besteht darin, das Studio und die Kameras zu vergessen (Abbildung 7-5). Ziehen Sie sich in Gedanken an einen Ort

---

4   Häufig sind die Betreiber dieser Studios nett und freundlich, was auch bei den Fisher Pathways-Studios in Seattle der Fall war, in denen dieses Foto aufgenommen wurde. Sie beantworteten meine vielen Fragen und taten ihr Bestes, um mich vorzubereiten, doch sie haben Besseres zu tun, als Babysitter für die Gäste einer weit entfernten Fernsehsendung zu spielen.

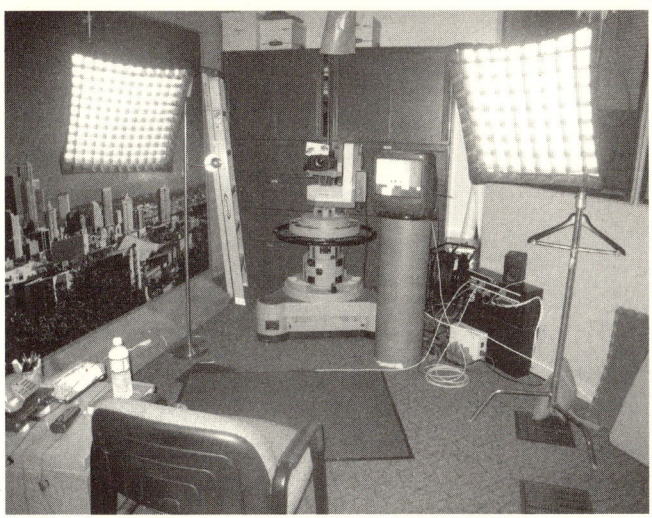

Abbildung 7-4: Was man als sprechender Kopf sieht.

zurück, an dem Sie live zu einer freundlichen und interessierten Gruppe gesprochen haben, und übernehmen Sie das Verhalten und den Enthusiasmus. Sprechen Sie so, als würde Ihnen das gleiche Publikum zuhören, und Sie sind auf der sicheren Seite. Gute Moderatoren helfen Ihnen dabei, indem sie Ihnen Energie und Unterstützung zukommen lassen oder sogar eine oder zwei einfache Fragen stellen. Wenn alles schiefgeht, nutzen die meisten Darsteller eine bestimmte Geisteshaltung, die ihnen hilft, die Sache durchzustehen. Genau wie bei öffentlichen Reden hat meine Filmerfahrung bei CNBC mich gelehrt, dass ich einfach den verängstigten Teil meines Gehirns ausschalten und darüber lachen muss, wie bizarr alles war. Ich habe ein Ticket gelöst, um in die Sendung zu kommen, und ich sollte so viel wie möglich aus dieser Fahrt herausholen.

In dem Monat, in dem ich zwischen Seattle und New York hin- und herflog, um die Folgen aufzunehmen (insgesamt fünf Mal), habe ich die meisten Herausforderungen des Fernsehens gemeistert. Ich hatte eine großartige Zeit. Ich meine, wie hätte es auch anders sein können? Ich fühlte mich genau wie Charlie in *Charlie und die Schokoladenfabrik*, außer dass mir meine goldene Eintrittskarte zeigte, wie man Fernsehen macht, nicht Süßigkeiten. Ich lernte erstaunliche Menschen kennen, die in einer ganz anderen Liga spielen, und ich interviewte sie und debattierte mit ihnen auf

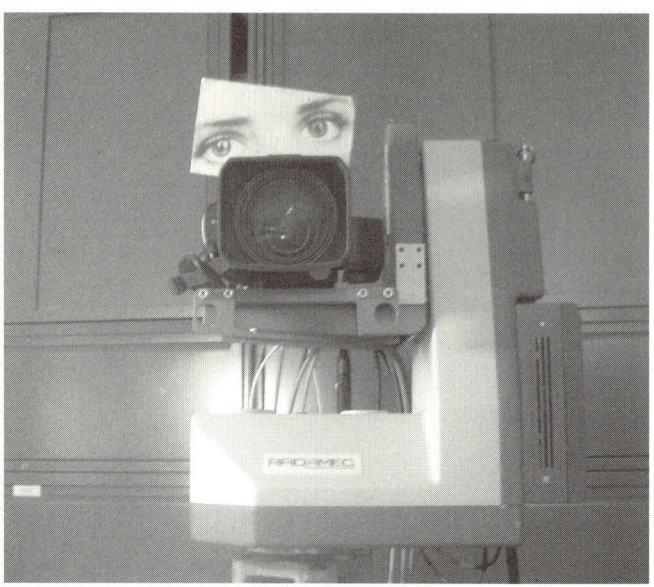

Abbildung 7-5: *So unheimlich es aussieht, es hilft. Etwas anderes anschauen zu können als das Terminator-ähnliche Glimmen der Kameralinse, hilft einem dabei, sich etwas wohler zu fühlen.*

Augenhöhe. Doch was das Wichtigste war: Mir wurde durch die Mitarbeit an den fünf Folgen der Fernsehserie die Möglichkeit gegeben, mich mit jeder einstündigen Folge zu verbessern. Eine Möglichkeit, die nur wenige beim Fernsehen jemals erhalten. Heute bin ich überzeugt, dass ich mitschwimmen kann, egal was passiert – im Fernsehen oder woanders.

Schon früh erkannte ich die Chancen, die sich einem durch Fern-sehauftritte abseits von *America's Most Wanted* oder der Talk-show von *Jerry Springer* bieten. Sie sind eine Ehre, selbst wenn ich einiges vermasselt hätte. Die meisten Leute haben niemals die Möglichkeit, so weithin sichtbare Fehler zu machen. Und direkt vor jeder Aufnahme erinnerte ich mich daran zurück, als ich das letzte Mal ferngesehen habe: durch die Kanäle zappend, durch ver-schiedene Sendungen springend, ein paar Biere trinkend und das meiste aussortierend. Ich erinnerte mich selbst an die Tatsache, dass, ganz egal wie viele Millionen Menschen auch zusehen, die meisten sich nicht allzu sehr dafür interessieren, wie schlau oder dumm ich mich anhöre. Ich bin nur einer von Hunderten anderer Menschen, die zur gleichen Zeit im Fernsehen zu sehen sind. Was mir unglaublich peinlich ist, wird von ihnen sofort vergessen oder nicht einmal bemerkt. Und wenn das, was ich sage, die Leute lang-weilt, wechseln sie den Sender. Also was soll's? Das Leben geht weiter, und den Großteil der Menschheit kümmert es nicht.

Teleprompter (und auswendig lernen) sind böse

Es gab ein Hindernis, das ich niemals überwand. Ich habe den Fluch eines jeden Redners kennengelernt, und das ist nicht der Zwischenrufer oder der schwere Raum. Es ist der Teleprompter. Bevor ich bei *The Business of Innovation* war, hatte ich noch keine Teleprompter in natura gesehen. Ich hatte von ihnen gehört. Ich hatte eine vage Vorstellung davon, wozu sie gut sind. Doch die große Überraschung war, dass sie in die Kameras integriert sind. Wenn Sie direkt in die Kamera schauen, was Sie für solche Dinge wie die B-Rolle tun müssen, sehen Sie, wie die Worte, die Sie sagen sollen, wie im Vorspann von *Star Wars* vor Ihnen nach oben wan-dern. In meinem Fall waren meine Zeilen einige kurze Reklame-sätze für die Serie. Alberne Dinge wie »Innovation wird die Zukunft verändern« oder »Durchbrüche sind wichtiger als jemals zuvor«. Vage, aufgeblähte Bemerkungen, die nichts zu bedeuten haben, wenn man länger als fünf Sekunden über sie nachdenkt. Die Art von Dingen, über die ich mich bei anderen lustig mache, wenn sie darüber reden oder in ihren Büchern darüber schreiben. Die Produzenten ließen uns die Einführung redigieren, doch am ersten Tag war dazu keine Zeit, und wir mussten vorlesen, was man für uns vorbereitet hatte.

Ich dachte, ich könnte um diese Zeilen herum improvisieren, und war sicher, dass ich den von den Produzenten gewünschten Effekt erreichen könnte (prägnant und provokativ war das Ziel), doch in einer nicht so abgedroschenen Form. Kein Problem. Ich kann gut improvisieren ... dachte ich zumindest.

Als ich am ersten Tag ganz in Schwarz gekleidet in der CNBC-Cafeteria stand, in die Lichter und Kameras starrte mit dem Druck, jeden um mich herum zufriedenstellen zu müssen (um dann so schnell wie möglich vom Set verschwinden zu können), sah ich in die Kamera ... und versagte völlig. Statt kreativ und ori-ginell zu sein, las ich einfach nur den Text vom Teleprompter ab. Ich wollte das wirklich nicht – es klang noch dümmer, als ich es mir vorgestellt hatte. Doch ich konnte nicht damit aufhören. Wäh-rend der Aufnahmen für die B-Rolle hatte ich die Chance, fünf

Sätze zu sagen, einen für jede Folge. Und weil man mir mehrere
Takes gönnte, versuchte ich gegen Ende der Aufnahmen, als ich
mich sicherer fühlte, etwas anderes zu sagen als das, was der Teleprompter diktierte. Ich übte es schnell in meinem Kopf ein, um es
auswendig zu lernen. Ich nutzte die gesamte mir zur Verfügung
stehende Konzentration und hatte die verbesserte Version meines
Texts im Kopf. Und als der Regisseur »Action!« schrie, schaute
ich in die Kamera und sagte zu meiner Überraschung genau das,
was auf dem Teleprompter stand. Ich hätte ebenso gut hirnampu-
tiert sein können.Sie hätten auch den Text eines Kinderbuchs kom-
plett in das Ding einspeisen können, und ich hätte jedes einzelne
Wort vorgelesen. Abbildung 7-6 zeigt meinen Blick auf den Set.

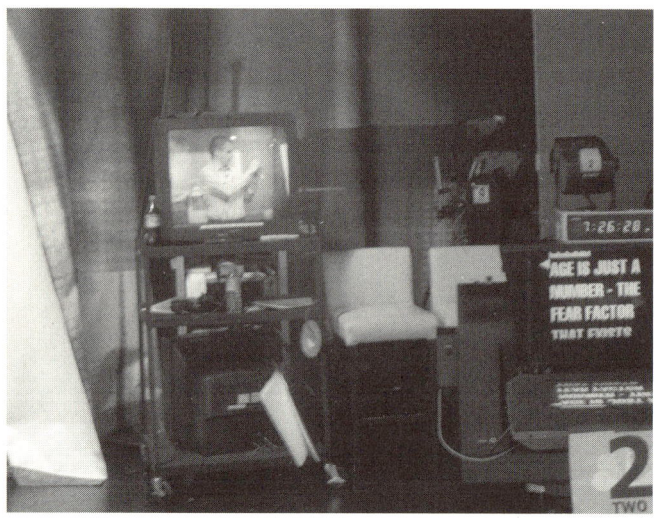

*Abbildung 7-6: Rechts sehen Sie Kamera 2. Der Teleprompter zeigt meine
Einführung. Links sehen Sie den Monitor mit dem, was Kamera 2 sieht,
in diesem Fall also mich, der dieses Foto schießt.*

Teleprompter werden bei vielen Fernsehsendungen verwendet, einschließlich der Nachrichtensendungen. Ich denke, dass ist mit ein
Grund dafür, dass sich viele Nachrichtensprecher gleich anhören
und mit dieser entkörperlichten, distanzierten, roboterhaften
Stimme sprechen. Mit einem Teleprompter vor dem Gesicht ist es
schwer, zu improvisieren, eine Pause zu machen oder gar natürlich zu klingen. Wenn ich den Text selbst geschrieben hätte oder
die Produzenten besser kennen würde, würde ich möglicherweise
die Dinge etwas anders sehen. Doch es war der Teil des Sprechens

im Fernsehen, der mir im Weg stand. Ich hoffe, dass ich irgendwann eine weitere Chance erhalte, diese Sache zu meistern. Wenn ich jetzt fernsehe und in die Augen der Leute blicke, die in die Kamera sprechen, kann ich nur an die vorbeiwandernden Worte denken, die vorgelesen werden, als wären es die eigenen.

KAPITEL 8

Was die anderen sagen

Im Jahr 2006 war ich in Sydney und hielt das, was ich mir unter einem Killervortrag vorstelle. Das Publikum lachte über meine Witze, genoss meine Geschichten, und meine Punkte trafen ins Schwarze. Es hätte nicht besser laufen können, und ich schwebte auf Wolke sieben. Ich hüpfte von der Bühne, und Cory, einer der Organisatoren, meinte enthusiastisch:»Du warst fantastisch! Total super!« Ich zuckte mit den Achseln, als wäre ich zu cool, um ein Kompliment anzunehmen. Mich im Glanz meines eigenen Egos sonnend, stand ich zufrieden mit Cory zusammen und sah mir den nächsten Redner an. Es stellte sich heraus dass er schlecht war. Er war langweilig, unklar, seine Punkte waren ein einziges Durcheinander, und das Publikum wirkte, als würde es jeden Augenblick gehen. Ich fühlte mit Cory – ich weiß, wie heikel es ist, mit Sprechern reden zu müssen, nachdem sie gepatzt haben. Als der Redner fertig war und die Bühne verließ, wurde er von Cory genauso empfangen wie ich. Ich wollte nicht hinsehen, doch ich musste. Das ist wie ein Autounfall in Zeitlupe. Und dann hörte ich Cory sagen:»Du warst fantastisch! Total super!« Wortwörtlich der gleiche Spruch, den er für mich parat hatte. Den Gesetzen der Physik dieses Universums gemäß konnte er unmöglich die gleiche Punktzahl erhalten haben wie ich. Vielleicht habe ich eine 5 verdient und er eine 1, doch kein funktionsfähiges Gehirn würde uns gleich bewerten. In diesem Moment habe ich gelernt, dass die Dinge, die jemand sagt, etwas anderes bedeuten als das, was er denkt. In diesem Fall bedeutete»total super« nicht, dass ich super war. Das war nur eine Aufmunterung nach dem Vortrag, den Cory jedem Redner zurief, unabhängig von seiner Leistung.[1] Hätte ich wissen wollen, wie gut ich wirklich war, hätte ich mich woanders erkundigen müssen.

Woher weiß man, wie gut man in dem ist, was man tut? Wahrscheinlich vom Chef oder vielleicht von den Kollegen. Doch ich habe keinen Chef – kein Darsteller hat einen. Es ist einfacher, herauszufinden, wie populär man ist, aber das sagt nichts darüber aus, wie gut man ist. Und da die Leute ihre eigenen Vorlieben haben, ist das, was für eine Person gut ist, nicht unbedingt gut für eine andere Person. Vor allem sind viele Menschen schlecht darin,

---

[1] Fairerweise muss man sagen, dass der Augenblick, in dem jemand von der Bühne kommt, nicht dazu geeignet ist, ihm etwas zu sagen, weil er üblicherweise noch zu abgelenkt ist, um zu hören, was man sagt.

ein Feedback zu geben. Wir konzentrieren uns häufig auf Äußerlichkeiten (»Hast du das Hemd gesehen?«), oder unsere eigenen Meinungen geraten durch die Gefühle anderer ins Wanken. Hier und da beschwert sich jemand, wenn ich ein paarmal fluche, auch wenn es angemessen ist und in der Natur der Dinge liegt. Darüber hinaus sind Rückmeldungen subjektiv, d.h., das »Du warst großartig« des einen ist das »Du warst so lala« des anderen. Ich hatte einen Chef, der, wenn man ihm den Entwurf für etwas zeigte, sagte »Nun, er ist nicht furchtbar.« Für ihn war das ein Lob. Hätte ich ihm die Pläne des 2009er-iPhones im Jahr 1995 präsentiert, hätte er gesagt: »Völliger Mist ist es nicht.« Er verglich alles mit einem Ideal, das so groß war, dass nichts daran heranreichen konnte. Da ich mehrere Jahre mit ihm arbeitete, lernte ich, seine Äußerungen zu interpretieren und die tatsächliche Bedeutung seiner bissigen Bemerkungen herauszuhören. (Ich bin sicher, dass Sie das bei bestimmten Menschen auch so machen.) Doch als Redner sind Korrekturen schwierig. Rückmeldungen aus dem Publikum sind eine spontane Sache – entweder Sie können sich einen Reim darauf machen oder eben nicht.

Nach einem einstündigen Vortrag am MIT, während ich in einem Kreis interessierter Leute stand, die mir Fragen stellten, bahnte sich ein Student seinen Weg nach vorne. Er schob mir sein Laptop ins Gesicht und zeigte mit seiner freien Hand auf all die Dinge, die seiner Meinung nach falsch waren. Klar, es war aufregend für ihn, mir Feedback zu geben. Er lächelte, war engagiert und voller Leidenschaft. War es gut, dass mein Vortrag so viel Interesse hervorgerufen hat, oder war es schlecht, dass er so viele Dinge gefunden hat, die seiner Meinung nach falsch waren? Die kurze Antwort lautet: Ich glaube, dass man mit Aufmerksamkeit in jedweder Form einen gewissen Wert geschaffen hat. Doch diesen Wert zu bestimmen, ist nicht so einfach.

Bücher zu schreiben, Vorträge zu halten oder irgendetwas von Interesse zu machen, bringt Sie immer in eine Position, in der Sie regelmäßig kontroverse Rückmeldungen erhalten. Der eine sagt, Sie sollen lauter sprechen, der andere möchte es leiser. Und manchmal hat das Feedback überhaupt nichts mit Ihrer Arbeit zu tun – Sie sind nur ein einfaches Ziel für die Gehässigkeit, die sich bei jemandem aufgebaut hat. Sie sind einfach der Erstbeste, den die Leute beurteilen können, nachdem sie tagelang selbst grausam abgeurteilt wurden. Sie brauchen ein Ventil, und da kommen Sie gerade recht, insbesondere wenn es nur um Feedback geht, bei dem sie anonym bleiben können. Doch die meisten Leute liefern einem widersprüchliche Botschaften. Es gab Menschen, die den von mir gehaltenen Workshop hervorragend fanden und mir dann eine Frage stellten, die ich schon siebenmal beantwortet hatte. Ich beendete Vorträge in völliger Stille, nur um in den Bewertungen die höchste Punktzahl zu erzielen. Und ich erhielt viel Applaus, auch wenn danach fast keiner mit mir reden wollte. Rückmeldungen zum eigenen Leben oder zu öffentlichen Reden sind verwirrend. Es gibt keine Wertungsrichter wie bei den Olympischen Spielen, keine Wertungsliste und keinen Meisterschaftspokal. Sie müssen selbst wissen, welches Feedback wichtig ist, und, noch wichtiger, Sie müssen unterscheiden können zwischen Ihrem Gefühl für Ihre Leistung und dem, was das Publikum zu fühlen scheint.

Doch bevor wir das auseinanderdividieren, sollten Sie eine wichtige Tatsache kennen, die sich am besten anhand der folgenden Situation verdeutlichen lässt.

Stellen Sie sich vor, Sie sitzen in einem Vortrag über die Zukunft der menschlichen Rasse. Diesen Vortrag hält Professor Moxley, Herr und Meister der »Zukunft der menschlichen Rasse«-Forschungen an der Großkotz-Universität. Und leider stellt sich heraus, dass Dr. Moxley furchtbar ist. Er ist der totale Langweiler. Das Publikum interessiert ihn nicht. Er ist von sich selbst eingenommen, sucht keinen Augenkontakt, spricht mit endlosen Pausen und vielen Hmms und Ähs und liest alles von seinen langweiligen Folien ab. Er trägt eine Robe mit Leopardenmuster, die seit Wochen nicht mehr gewaschen wurde, und er geht sogar so weit, sich sehr lange fünf Minuten über die Gesundheitsprobleme seines Pudels Poochie auszulassen. Es ist vielleicht der schlechteste Vortrag, dem Sie in Ihrem Leben beigewohnt haben. Der Vortrag endet, und mit beachtlicher Geschwindigkeit eilen Sie zur Tür.

Plötzlich fällt Ihnen ein, dass Sie Ihre Jacke auf dem Stuhl haben liegen lassen; Sie kehren um, um sie zu holen. Als Sie sich umdrehen, steht der gefürchtete Dr. Moxley direkt vor Ihnen. Mit einem breiten Lächeln legt er Ihnen die Hand auf die Schulter und fragt:»Nun, was denken Sie?« Sie wissen genau, was Sie sagen wollen. Doch sagen Sie es auch?

Wenn Sie so sind wie die meisten, werden Sie nicht ehrlich sein. Ich wäre es jedenfalls nicht. Ehrlich zu sein, beschwört lange Diskussionen oder verletzte Gefühle herauf, und beides möchte man vermeiden. Ich möchte einfach gehen, und um das schnellstmöglich zu erreichen, muss ich die Sache schönreden. Vielleicht versteckt man sich hinter Allgemeinplätzen wie »es war interessant« oder »es war gut«. Die Chancen stehen gut, wenn Sie dabei bestätigend mit dem Kopf nicken und lächeln in der Hoffnung, entkommen zu können. Wenn Sie mit einem Darsteller nach der Darbietung sprechen, sagen die meisten Leute nette, einfache, positive Dinge.

Demzufolge laufen Tausende schlechter Redner herum, die glauben, ihre Sache ordentlich zu machen. Die Feedback-Schleife für Redner ist unterbrochen, und man hat ihnen einfach nie gesagt (in freundlichen, aber deutlichen und klaren Worten), dass sie nicht gut sind, geschweige denn, wie sie sich verbessern könnten. Wie die Sänger in den frühen Runden von *Deutschland sucht den Superstar*, die einfach nicht glauben können, dass sie nicht die nächste Whitney Houston oder der nächste Xavier Naidoo sind, leben viele Menschen in einer Blase des Leugnens. Sie haben genug freundliche Komplimente gehört, um die schmerzliche Wahrheit einfach zu ignorieren, die ab und zu mal durchscheint. Sie könnten sogar zurückschlagen, was es noch unwahrscheinlicher macht, das sie zukünftig kritisiert werden. Wenn man bedenkt, wie gern wir reden, so versagen wir völlig, wenn es darum geht, ehrlich zu anderen zu sein und offen und unvoreingenommen anderen zuzuhören, wenn sie ehrlich mit uns sind.

Ein Grund dafür, dass wir nicht ganz ehrlich sind, ist, dass wir nicht unhöflich sein wollen. Ich denke, Sie hätten am Ende von Dr. Moxleys fiktivem Vortrag ebenfalls applaudiert. Warum? Egal wie schlecht jemand ist, wir respektieren ihn für seine Bereitschaft, es zu versuchen, mit einer Runde Applaus. Das ist eine nette Geste, und wenn Sie jemanden sehen, der nicht applaudiert, halten Sie ihn für einen Schnösel, ganz egal wie gut oder schlecht der Redner war. Wie schlecht muss ein Vortrag sein, um überhaupt keinen Applaus zu erhalten? Ich habe noch nie erlebt, dass so etwas passiert. Und da viele Menschen Applaus als Beweis für gute Leistung sehen, sind sie immer mit sich zufrieden. Sie gehen von der Bühne, fragen den Freund: »Wie war ich?«, er sagt: »Du warst gut«, und sie machen weiter.

Doch selbst wenn Sie jemanden finden, der Ihnen ehrlich die Meinung sagt, und wenn Sie sorgfältig hinhören, ist die Herausforderung noch nicht vorbei. Wie sich zeigt, lassen wir uns alle zu leicht täuschen.

Die hinterhältige Vorlesung des Dr. Fox

1973 stellten Forscher der University of Southern California die Hypothese auf, dass die Beurteilung der Professoren durch die Studenten auf Nonsens basierte. Um diese Hypothese zu beweisen, entwickelten sie ein Experiment.[2] Sie warben einen Schauspieler an, der »vornehm aussah und autoritär klang«, um eine Vorlesung zu halten. Sie gaben ihm einen fiktiven, aber beeindruckenden Lebenslauf und wiesen ihn an, sich zu wiederholen, widersprüchliche Aussagen zu machen und unsinnige Literaturhinweise zu geben. Er sollte charismatisch und unterhaltsam sein, aber bewusst keine realen Inhalte vermitteln, sondern nicht existierende Bücher und Forschungsberichte zitieren. Der Schauspieler (aka Dr. Fox) hielt eine einstündige Vorlesung, gefolgt von einer halbstündigen Diskussion mit Fragen und Antworten, genau so, wie das bei den meisten Universitätsvorlesungen der Fall ist. Danach wurden die elf Teilnehmer, bei denen es sich nicht nur um Studenten handelte, sondern um Profis in diesem Bereich, nach ihrer Meinung gefragt. Die nachfolgende Tabelle führt die Ergebnisse auf.

FRAGE	ZUSTIMMUNG IN PROZENT
Ist er auf dem Offensichtlichen herumgeritten?	50
Wirkte er interessiert?	100
Verwendete er ausreichend Beispiele?	90
War seine Präsentation gut organisiert?	90
Regte er Ihr Denken an?	100
Vermittelte er seinen Stoff in interessanter Form?	90
Haben Sie eine seiner Veröffentlichungen gelesen?	0

---

2 Naftulin, Donald H., John E. Ware, Jr. und Frank A. Donnelly, »The Doctor Fox Lecture: A Paradigm of Educational Seduction«, *Journal of Medical Education*, Vol. 48 (1973): 630–635.

Die Daten dieser Studie sind spärlich, da es nur elf Teilnehmer gab, und sie wurde aus verschiedenen Gründen kritisiert.[3] Dennoch kaufe ich ihr die Schlussfolgerungen ab. Erstens sind die Bewertungen sehr gut. Jeder Redner wäre stolz auf solche Zahlen. Und da die Fragen denen ähneln, die auch bei Konferenzen verwendet werden, scheint hier etwas richtig schiefgegangen zu sein. Wie kann ein Schauspieler so einfach Leute hintergehen, die Profis auf diesem Gebiet sind?

Die einfache Schlussfolgerung lautet, dass die Leute Blödsinn nur schwer erkennen, was wahrscheinlich stimmt.[4] Die interessantere Antwort ist, dass man bei öffentlichen Reden nur so tun müsse, als wüsste man, was man tut, um gut dazustehen. Ich halte das für falsch. Dieser Schauspieler hat sich sehr wahrscheinlich sehr viel intensiver vorbereitet, als es die meisten Redner tun würden. Die Tatsache, dass er sich glaubwürdig präsentierte, war kein Zufall – er hat es einstudiert und geübt, um so rüberzukommen. Ich glaube, es hätte den Schauspieler weniger Zeit gekostet, eine richtige Vorlesung vorzubereiten. Wenn überhaupt, ist dieses Experiment ein Argument dafür, sich Mühe zu geben, um eine gute, ordentliche Arbeit abzuliefern.

Diese Forschungsarbeit deutet auch an, dass die Menschen etwas anderes von Vorträgen erwarten, als sie zu erwarten vorgeben oder was die Organisatoren sich wünschen. Die Autoren der Studie heben Folgendes hervor:

Effektivität zu lehren, ist schwierig zu untersuchen, weil viele Variablen berücksichtigt werden müssen. Zu den offensichtlichen zählen Erziehung, sozialer Hintergrund, Wissensstand, Erfahrung und die Persönlichkeit des Lehrenden. Man sollte meinen, dass ein Lehrender mit der richtigen Kombination dieser und anderer Variablen effektiv wäre. Dennoch reicht eine solche Kombination möglicherweise für nicht viel mehr als die Fähigkeit des Lehrenden, seine Studenten zufriedenzustellen, aber nicht notwendigerweise, um sie auszubilden.

---

3 Grundlegende Kritikpunkte der Studie sind: Die Gruppe ist zu klein, das Video der Vorlesung ist nicht zu finden, und die Fragen sind nicht umfassend. Allerdings wurde die Studie erfolgreich wiederholt und wird von anderen Forschern in diesem Bereich generell unterstützt. Siehe *What's the Use of Lectures?*, Donald A. Bligh (Jossey-Bass), Seite 202.

4 Eines meiner populärsten Essays überhaupt ist »How to detect bullshit«: *http://www.scottberkun.com/essays/53-how-to-detect-bullshit/.*

Was ich diesem Zitat entnehme, ist, dass die Leute nur sehr wenig von den meisten Lehrern erwarten. Wenn sie einer Vorlesung zuhören, sind die meisten damit zufrieden, wenn sie unterhalten werden (unterhalten zu werden, ist weit mehr, als viele von den meisten Vorlesungen erwarten). Lernen, ob als Kind oder als Erwachsener, ist meist furchtbar langweilig, was jeden Lacher zu einem Geschenk macht.sympathische und interessante Lehrer sind ebenfalls rar und recht angenehm, auch wenn man das traditionell indirekt mit ihrer Fähigkeit verbindet, einem etwas beibringen zu können. So oder so kann ein Redner seine Zuhörer ohne allzu viel Substanz zufriedenstellen, solange er unterhaltend und interessant bleibt. Werfen Sie einen guten Komiker mitten in eine langweilige akademische Konferenz, und ich wette, dass er trotz seines mangelnden Wissens um das Thema bei der Beurteilung weit über dem Durchschnitt liegen wird.

Aus der Erfahrung, es auch mal nicht geschafft zu haben, weiß ich, wie schwierig es ist, ein Publikum für eine Stunde zu unterhalten und sein Interesse aufrechtzuerhalten. Jeder, der das kann, verdient Respekt. Doch diese Leistung ist nicht vergleichbar damit, jemandem etwas beizubringen oder eine inspirierende Geschichte zu erzählen. Die besten Lehrer nutzen die Unterhaltung als Möglichkeit, Wissen zu vermitteln, und nicht einfach dazu, ihre Studenten zum Lachen zu bringen.

Was man sonst noch von Dr. Fox lernen kann:

- **Glaubwürdigkeit kommt vom Veranstalter.** Wenn der Veranstalter sagt,»dies ist ein Experte für X«, glauben die Leute das. Man ist bereit, diese Glaubwürdigkeit vorauszusetzen, je nachdem, wie und von wem der Redner eingeführt wird. Hätte Dr. Fox die gleiche Vorlesung an einer beliebigen Straßenecke gehalten, ohne die Bestätigung durch eine wichtige Konferenz oder ein respektiertes Mitglied einer Gemeinschaft, hätte man ihn ignoriert. Das Dr.-Fox-Experiment zeigt eher, wie wir Glaubwürdigkeit einschätzen, und nicht so sehr, wie wir Unterricht beurteilen.

- **Der Schein zählt.** Dr. Fox spielte seine Rolle sehr gut, und als Redner müssen Sie es ihm nachtun. Erscheinung, Umgangsformen, Haltung, Aussehen und Gesinnung zählen. Jedes Publikum erwartet bestimmte Äußerlichkeiten, und wenn Sie ihnen diese bieten, wird der Rest Ihrer Arbeit einfacher. So glaubwürdig Sie auch sein mögen, das Publikum beurteilt auch die lokalen Aspekte oberflächlicher Signale der Glaubwürdigkeit (d.h., Sie sollten keinen Anzug tragen, wenn Sie bei einem Softwareunternehmen im Silicon Valley präsentieren, und auf Ihr Lieblingsgewand in Tiger-Optik verzichten, wenn Sie vor CEOs New Yorker Banken sprechen).

- **Begeisterung zählt.** Sobald Sie den Mund aufmachen, kontrollieren Sie die Energie, die Sie dem Publikum geben. Alles andere kann schiefgehen, doch ich bin immer begeistert bei der Arbeit, damit mir keiner vorwerfen kann, ich hätte nicht alles gegeben. Je mehr ich mich zu kümmern scheine, desto mehr werden sich auch die Leute im Publikum kümmern. Ein Faktor, den das Dr.-Fox-Experiment nahelegt, ist, dass es immer hilft, wenn man ausreichend Energie investiert. Indem man sich intensiv und begeistert mit seinem Thema auseinandersetzt, ist man mehr wert als ein langweiliger, leidenschaftsloser Redner, der zehnmal mehr weiß als Sie. Sie können die Aufmerksamkeit des Publikums wahrscheinlich besser aufrechterhalten, und dadurch wird alles möglich.

Warum die meisten Redner-Beurteilungen nutzlos sind

Die meisten Organisatoren machen sich nicht die Mühe, Feedback von den Teilnehmern zu sammeln, und diejenigen, die es tun, machen sich nicht die Mühe, die Beurteilungen an die Redner weiterzugeben. Das ist eine Schande, weil es nur angemessen und fair ist, das Feedback mit den Rednern zu teilen, die ja letztendlich eingeladen wurden, um zu reden. Technisch gesehen, arbeitet der Redner also für die Organisatoren. Doch beschäftigt, wie sie eben sind, leiten die Organisatoren die gesammelten Daten nicht an die Redner weiter. Sie laden die guten Redner wieder ein und überlassen die anderen sich selbst.

Aber einige geben auch Feedback, und Abbildung 8-1 zeigt einen typischen Bewertungsbogen für einen Redner bei einem Event. Dies sind echte Daten einer echten Veranstaltung, und der Redner war ich.

Auf den ersten Blick sieht das gut aus. Offensichtlich waren 58 der 129 Leute »eher zufrieden«. Das klingt nicht so schlecht. Ich habe von 38 weiteren Teilnehmern sogar ein »sehr zufrieden« erhalten.

Vortrag	sehr unzufrieden	eher unzufrieden	neutral	eher zufrieden	sehr zufrieden	Antworten insgesamt
Making Things Happen	1	3	29	58	38	129

Abbildung 8-1: Die Beurteilung einer meiner letzten Reden.

Doch die »neutrale« Bewertung von 29 Teilnehmern ist wertlos. Mir wäre es lieber gewesen, sie wären zu einer Entscheidung gezwungen worden – wenn sie sich nicht sicher sind, wo sie stehen, betrachte ich sie als unzufrieden. Oder vielleicht sind sie weggenickt. Das wären wirklich faszinierende Daten: Wie viele Leute sind während des Vortrags eingeschlafen? (Diese Statistik würde ich gern für alle Vorträge sehen, insbesondere an Universitäten.)

Doch die wertvollste Information ist, wie meine Beurteilung im Vergleich zu den anderen Rednern aussieht. Ohne diese Information ist dieses Feedback nutzlos. Vielleicht sind meine Beurteilungen die schlechtesten in der Vortragsgeschichte dieser Organisation. Oder vielleicht sind sie die besten. Ich kann es nicht wissen. Und was ist mit dem Typ, der sehr unzufrieden war? Ist er wichtig? Vielleicht ist er der Leiter dieser Abteilung, und seine Meinung ist wichtiger als die der anderen. Oder ist er, wie mein früherer Chef, mit allem und jedem unzufrieden? Vielleicht hat er noch etwas anderes als »sehr unzufrieden« angekreuzt. Möglicherweise hat er sich aber auch im Raum geirrt und gedacht, ich würde über sein Lieblingsthema sprechen, das ich dann zu seiner Enttäuschung überhaupt nicht erwähnt habe. Mit dieser Beurteilung tappe ich weiter im Dunkeln.

Eine weitaus nützlichere Information wäre gewesen, was ich den unzufriedenen Teilnehmern zufolge hätte besser machen können und was ich nach Meinung der zufriedenen Zuhörer auf keinen Fall hätte weglassen dürfen. Selbst wenn alle 129 sagen würden, dass ich unter aller Sau war, und sie mich einstimmig von allen zukünftigen Reden verbannt hätten, wüsste ich immer noch nicht, warum sie unzufrieden waren. Ich müsste immer noch raten, welche Änderungen notwendig wären, um es das nächste mal besser zu machen.

Und natürlich waren 500 Leute im Raum, was dachten die anderen 371 über meine Rede? Ich werde es nie erfahren. Wenn nur eine Minderheit der Teilnehmer die Beurteilungsbogen ausfüllt, repräsentieren die Antworten üblicherweise lediglich die

Spitze und den Boden der Feedback-Kurve. Diejenigen, die Sie leidenschaftlich lieben oder hassen, sind am besten vertreten, weil sie entsprechend motiviert sind. Die gemäßigte Mehrheit ist am wenigsten präsent. Da Beurteilungen schwarze Löcher sind – niemand ist darüber informiert, wer genau sie liest und wie sie die Zukunft beeinflussen –, gibt es für die meisten Leute kaum einen Grund, sorgfältig darüber nachzudenken, was sie sagen.[5]

Ohne eine kluge, geduldige Auswertung der Daten kann es leicht zu Fehlinterpretationen darüber kommen, was sie bedeuten und was der Redner hätte besser machen können. Meist sind die Fragen der Beurteilung falsch gestaltet und werden fehlinterpretiert, ganz egal, wer da seine Meinung abgibt.

Hier einige Rückmeldungen, die ein Redner wirklich braucht:

• Wie war meine Präsentation im Vergleich zu den anderen?
• Welche Änderung hätte meine Präsentation am meisten verbessert?
• Welche Fragen blieben, die ich hätte beantworten sollen?
• Welche Hürden verhinderten, dass Sie das bekamen, was sie wollten?

Egal ob einem Redner im Nachhinein Daten zur Verfügung gestellt werden, es steht Ihnen natürlich frei, die Leute im Publikum einfach zu fragen, wenn Sie später mit ihnen zusammenstehen. Wenn Ihnen jemand ein freundliches »gute Arbeit« entgegenschmettert, sagen Sie: »Danke, doch was hätte ich besser machen können?« Zwingen Sie sie, über Freundlichkeiten hinauszugehen und für einen Moment nachzudenken. Geben Sie ihnen Ihre Visitenkarte, um sie zu ermutigen, die Diskussion fortzusetzen. Stellen Sie dem Gastgeber nach dem Event die obigen Fragen und sehen Sie sich die zur Verfügung gestellten Daten an. Selbst wenn er keine Daten von den Teilnehmern besitzt, kann er seine eigenen Ansichten wiedergeben, was ebenso wertvoll sein kann.

---

5 Ich habe über Jahre hinweg Trainings bei Microsoft gehalten und versprochen, jede Beurteilung persönlich zu lesen. Wenn man nicht weiß, wer das Feedback liest, warum sollte man dann fünf oder zehn Minuten darauf verschwenden? Man macht es nicht. Vielleicht landen die Beurteilungen direkt im Papierkorb, wer weiß das schon? Wenn Sie jemanden nicht greifbar und sichtbar machen, ermuntern Sie die Menschen dazu, die Beurteilungen nicht ernst zu nehmen oder bissig anzugehen, falls sie sie überhaupt ausfüllen.

Der Redner muss zum Publikum passen

Was wäre 1942 passiert, wenn ich Mussolini gebucht hätte, um eine Rede in London zu halten? Mussolini war ein leidenschaftlicher, möglicherweise exzellenter Redner. Doch wie hätten Ihrer Meinung nach die Beurteilungsbögen ausgesehen? Statt Mussolini zu beurteilen, hätten die Beurteilungsbögen gezeigt, dass der Organisator den falschen Redner für das Publikum ausgesucht hatte. Redner müssen zwangsläufig untergehen, wenn sie vor Leuten reden, die sie hassen, oder über ein Thema, das die Leute nicht interessiert. Einmal sprach ich an der Cooper Union, einer weltberühmten Elite-Universität in New York City, an der alle zugelassenen Studenten ein Stipendium erhalten. Ich war auf einer Tour, um für eines meiner Bücher zu werben. Die von mir vorbereitete Rede behandelte all die Dinge, die bei Projekten schiefgehen können, und wie man als kluger Projektleiter damit umgeht. Es war guter Stoff, und ich hatte ihn schon mehrfach erfolgreich präsentiert. Doch als ich ankam, musste ich erkennen, dass mein Publikum nur aus Frischlingen bestand: 18- und 19-Jährige ohne jegliche Erfahrung in der Erwachsenenwelt. Es war Oktober, d.h., sie hatten die Highschool gerade mal vor fünf Monaten verlassen. Ich wusste sofort, Minuten vor der Rede, dass ich Mussolini in London war. Solange mir nicht etwas Drastisches einfiel, würde sie mich ignorieren oder dazwischenrufen, als wäre ich ein langweiliger, weltfremder Manager-Loser-Typ – genau wie ich mich mit 19 verhalten hätte, wenn ich an einem Vortrag über das Leben in der Wirtschaft hätte teilnehmen müssen.

Ein kluger Redner muss seinen Gastgeber fragen:»Welche Wirkung soll ich auf das Publikum haben?«, und ein guter Gastgeber wird sorgfältig über die Antwort nachdenken. Und selbst wenn nicht, kann der Redner es recht gut herausfinden, indem er dem Publikum so weit auf den Zahn fühlt, dass er weiß, was es sich von dem Vortrag erhofft. Wenn man Leute bittet, irgendwo eine Rede zu halten, sagen sie meistens Ja, ohne zu wissen, warum sie gefragt wurden oder was sie erreichen sollen.

Während meiner Rede an der Cooper Union tat ich mein Bestes, um mich an meine Vorstellung von der Erwachsenenwelt als 18-Jähriger zu erinnern. Also schob ich meine Folien beiseite, begann mit einer persönlichen Geschichte über meine Arbeit bei Microsoft und witzelte darüber, wie ich einmal Bill Gates in einem Aufzug traf (ich grüßte, und er ignorierte mich), was mir einige leise Lacher einbrachte. Ich erntete ein wenig Respekt und ließ das Ganze zu einem Frage-und-Antwort-Spiel werden, das die ganze Stunde dauerte. Ich war froh, es hinter mir zu haben. Hätte ich dem Gastgeber im Vorfeld einige Fragen gestellt, hätte ich mich von Anfang an richtig vorbereiten können.

Manchmal ist eine bewusste Fehlbesetzung das Ziel. Der Gastgeber möchte eine herausfordernde Präsentation, die die Leute (um sie zu reizen) über Meinungen informiert, die sie nicht hören wollen. Das ist in Ordnung, solange zumindest der Gastgeber und der Redner sich einig sind und dies in den Beurteilungsbogen berücksichtigt wird. Zufriedenheit bedeutet etwas ganz anderes, wenn das Ziel die Provokation ist.

Das macht die eigentliche Herausforderung bei der Beurteilung von Rednern deutlich. Jeder, der einen einlädt, um vor einem Publikum zu sprechen, muss sich über Folgendes im Klaren sein:

1. Was er (der Organisator) vom Redner erwartet.

2. Was das Publikum vom Redner erwartet.

3. Was der Redner in dieser Hinsicht leisten kann.

Passen diese drei Dinge nicht richtig zusammen, ist die Beurteilung immer ein Problem (z.B. Mussolini in London). Passen sie zusammen, sollten die Beurteilungsfragen allgemein bekannt sein. Jeder – der Redner, das Publikum und der Organisator – sollte wissen, wie der Redner beurteilt wird. Dann weiß der Redner Bescheid und kann, genau wie Dr. Fox, alles Nötige tun, um bei den Beurteilungen gut abzuschneiden. Nur selten hat das Publikum bei den Beurteilungen etwas zu sagen, doch es sollte die Organisatoren bei der Formulierung der Fragen unterstützen.

Bessere Fragen für die Teilnehmer sind:

*   Haben wir Ihre Zeit gut genutzt?
*   Würden Sie anderen diesen Vortrag empfehlen?
*   Erwägen Sie, als Ergebnis dieses Vortrags, etwas anders zu handhaben?
*   Wissen Sie, was Sie als Nächstes tun müssen, um mehr zu erfahren?
*   Wurden Sie inspiriert oder motiviert?[6]

---

6 Das ist vielleicht wichtiger, als wie viel sie gelernt haben.

- Wie sympathisch fanden Sie den Redner?
- Wie überzeugend fanden Sie den Stoff des Redners?

Die beiden letzten Punkte lösen das Dr.-Fox-Dilemma, indem sie die Frage, wie sympathisch ein Redner war, von der Frage trennt, wie viel Substanz sein Vortrag hatte. Und wenn Sie den Wert eines Redners wirklich wissen wollen, fragen Sie die Teilnehmer eine Woche oder einen Monat später noch mal. Ein Vortrag, der fünf Minuten nach seinem Ende besonders gut oder besonders langweilig war, kann zu einem späteren Zeitpunkt für die Leute einen ganz anderen Wert haben. Besteht das Ziel darin, das Verhalten der Zuhörer auf lange Sicht zu verändern, müssen Sie sich die langfristigen Auswirkungen ansehen.

Direktes Feedback

So behutsam wir damit sind, andere Leute zu kritisieren, so erschreckt sind wir, wenn man uns selbst kritisiert. Dennoch ist es heute recht einfach, sich ein Feedback zu seinen Reden zu verschaffen. Tatsächlich können Sie sofort Folgendes tun:

1. Schnappen Sie sich eine Videokamera.

2. Öffnen Sie die Notizen oder Folien einer Ihnen bekannten Rede (zur Not tut's auch die Gettysburg-Rede).

3. Zeichnen Sie Ihren Vortrag auf.

Fünf Minuten reichen völlig aus. Stellen Sie sich vor, dass Ihnen gegenüber ein Publikum sitzt, mit dem Sie Augenkontakt halten sollten, und legen Sie los. Setzen Sie sich dann hin, vielleicht mit Ihrem alkoholischen Lieblingsgetränk, und sehen Sie es sich an. Obwohl das so einfach ist, sind die meisten Leute, auch diejenigen, für die öffentliches Reden wichtig ist und die sich darin verbessern wollen, nicht bereit, sich das anzutun. Es ist ihnen zu unheimlich. Darauf sage ich, dass sie Heuchler sind. Wenn sie zu ängstlich sind, sich selbst reden zu sehen, wie können sie dann vom Publikum erwarten, dass es sie sieht? Es gilt eine goldene Regel: Erwarten Sie nicht, dass sich die Leute etwas anhören, was Sie selbst nicht gesehen haben. Machen Sie es einfach. Wenn man es sich nicht ansehen kann, seien Sie stolz darauf, dass Sie eine miese Rede nur sich selbst zugemutet haben und nicht einem unschuldigen Publikum. Sie können das Video löschen, eine verschwendete Stunde im Leben der Leute hingegen nicht.

Wir alle hassen den Klang unserer eigenen Stimme. Wir hinterfragen die Form unserer Nase und unserer Haare auf einer Weise, wie es andere niemals tun würden. Davon abgesehen lassen sich solche Gegebenheiten nur schwer ändern, während die anderen Dinge – wie zufrieden Sie erscheinen, wie deutlich Ihre Punkte sind, Schwächen in Körpersprache und Stil – sich deutlich einfacher verbessern lassen.

Wenn Sie nicht mögen, was Sie sehen, machen Sie es kürzer. Nehmen Sie 30 Sekunden – kurzes Material in der Länge eines Werbespots – und üben Sie, bis Sie es können. Fügen Sie dann weiteres Material hinzu. Fühlt sich etwas permanent dumm an, nehmen Sie es heraus. Sie werden stetig besser werden, wenn Sie etwas üben, auch wenn Sie es nicht immer merken.

Ich sehe mir nicht jedes Video meiner Reden an, doch wenn sich etwas während einer Rede nicht richtig anfühlt oder wenn etwas richtig gut läuft, schaue ich es mir noch mal an. Erhalte ich Feedback von einem Organisator, das nur schwer zu interpretieren ist, vergleiche ich es mit dem Video. Ich möchte immer mein persönliches Gefühl mit dem des Publikums vergleichen. Profisportler sehen sich Filme ihrer Wettkämpfe an, um zu sehen, was tatsächlich passiert ist (Fred tat nichts für die Verteidigung), und nicht, wovon sie glauben, dass es passiert sei (Fred beschuldigt den Rest des Teams, nicht verteidigt zu haben).[7] Bei so intensiven Aktivitäten wie Sport (oder Reden) passieren zu viele Dinge, als dass man sie bewusst erleben kann, während sie passieren. Nutzen Sie die Technik, um sich selbst zu zeigen, was Sie tatsächlich getan haben. Wenn Sie sich selbst nicht kritisieren können, machen Sie das Video und geben es einem Freund, von dem Sie wissen, dass er Ihnen ein ehrliches und konstruktives Feedback gibt. Denken Sie daran, dass eine Webcam ein Werkzeug ist, das Rhetoriker und Redner im Verlauf der Geschichte nur zu gern gehabt hätten. Sie ist einfach, schnell, billig und privat. Sie erhalten direktes Feedback von Leuten nah und fern. Es ist so einfach wie niemals zuvor, die Erfahrung zu machen, wie es ist, in Ihrem eigenen Publikum zu sitzen.

---

7 »Es gibt nur einen Weg, ganz oben zu bleiben: wenn man es sich auf Filmen ansieht. Nur dann sehen Spieler und Trainer, was schiefgegangen ist. Man kann einem bei Aufzeichnungen nichts weismachen, und manchmal muss man es sich ein paarmal ansehen, bevor es durchdringt.« – Chuck Daly, früherer Cheftrainer der Detroit Pistons. Frei übersetzt aus Ron Hoffs *I Can See You Naked* (Andrews McMeel Publishing), in dem er einen ähnlichen Rat erteilt.

KAPITEL 9

Die Kupplung ist
dein Freund

Nachdem ich mich jahrelang mit Lerntheorie (der Wissenschaft davon, wie wir lernen) beschäftigt habe, kann ich Ihnen Folgendes verraten: Das meiste, was Sie über das Lernen wissen müssen, können Sie anhand einer Geschichte lernen, die mir 1989 wiederfuhr, als ich beinahe drei Menschen getötet hätte.

Zu der langen Liste sehr dummer Dinge, die man in seinem Leben niemals tun sollte, gehört Folgendes: links abbiegen über eine dreispurige Straße bei Gegenverkehr zur Hauptverkehrszeit in New York während der Fahrprüfung im alten Auto Ihrer Großmutter, während man plötzlich erkennt, dass man links abbiegen bei Gegenverkehr noch nie geübt hat. Und 1989 tat ich das mit vorhersehbar katastrophalen Folgen. Meine Fahrprüfung dauerte noch nicht einmal eine Minute, als ich links abbiegen sollte, hinter dem Wagen vor mir wartete und dann einen sehr klugen Schachzug tat: Ich machte die Aktionen des Wagens vor mir nach. Doch der Ford Mustang flog mehrere Sekunden schneller über die Kreuzung, als das der alte Honda Civic meiner Großmutter hinbekam. Während er dem Gegenverkehr entschlüpfte und die Straße entlangdonnerte, endete ich direkt im Weg eines 18-rädrigen Mack-Trucks.

Ich erinnere mich an den überraschten Ausdruck auf dem Gesicht des Truckers, während er auf die Bremse trat. Er war nicht böse – dazu hatte er keine Zeit. Vielmehr ließ ihn sein Selbsterhaltungstrieb jeden einzelnen Zentimeter des Bremspedals nutzen, um herauszufinden, wie effektiv die Bremsen denn nun waren. Im gleichen Augenblick ließ Herr Dinko, der dürre Fahrprüfer auf dem Beifahrersitz, einen Schrei los. Es war ein mädchenhafter Schrei, eine Mischung aus Schock, Angst und hilfloser Empörung über den Truck, der da direkt auf ihn zusteuerte. Das Notizbrett, auf das er vor einigen Sekunden noch starrte, flog über das Armaturenbrett, während er etwas schrie, was ich nicht verstand. Obwohl ich der Grund für das Chaos war, blieb ich erstaunlich gelassen. Schließlich hatte ich das noch nie zuvor getan. Vielleicht ist links abzubiegen in den Gegenverkehr immer so.

Der Truck kam, nachdem er auf die Kreuzung zuschlitterte und einen Teil seiner Ladung auf der Straße verteilte, einige Meter vor meiner rechten Stoßstange zum Stehen. Die Stoßstange eines Wagens, der vollständig in seiner Spur stand. Die Kreuzung war blockiert, und der Verkehr kam in beiden Richtungen zum

Erliegen. Schnell ging das Gezeter los, und die Finger zeigten hauptsächlich auf den Trucker, der, wie alle guten New Yorker, zurückbellte. Ich fuhr davon, mir nicht ganz bewusst, wie nah ich daran war, drei Leute bei einem Frontalzusammenstoß zu töten. Ich war so verwirrt, dass ich nicht verstand, warum der Fahrprüfer nach nur 90 Sekunden wieder zurück wollte. Links, rechts, links, brüllte er. Erst auf dem Parkplatz, als Herr Dinko fluchend aus dem Wagen floh, erkannte ich, dass ich die Fahrprüfung nicht bestanden hatte. Bevor ich die Prüfung wiederholen konnte, lebte ich wochenlang in Schande zwischen Familie und Freunden, die ihre Prüfung alle beim ersten Mal bestanden hatten.

Irgendwie schaffte ich es beim zweiten Mal. Und als ich nach Hause kam, froh, alles hinter mir zu haben, nahm mich mein älterer Bruder beiseite und sagte:»Du wirst lernen, wie man mit Gangschaltung fährt«, worauf ich voller Überzeugung antwortete: »Auf gar keinen Fall.« Ich war nicht dumm. Das Letzte, was ich wollte, war, noch irgendetwas zu lernen, was mit dem Autofahren zu tun hatte. *Der Versuch, etwas zu lernen, eröffnet die Möglichkeit zu scheitern.* Und ich war erst kürzlich einer echten Katastrophe entgangen. Studenten tragen immer ein größeres Risiko als ihre Lehrer, was das seltsame Verhalten einiger Studenten erklärt. Sie haben Angst, zu scheitern oder vor der Klasse kritisiert und vorgeführt zu werden, also lehnen sie den Lehrer zuerst einmal ab. Und ironischerweise haben die Lehrer Angst davor, von ihren Studenten ignoriert zu werden, was ihr häufig totalitäres und unsinniges Verhalten erklärt. Und da ich Freunde wie auch andere Erwachsene kannte, die das Fahren mit Gangschaltung nicht auf die Reihe bekamen, wollte ich keinen weiteren Fehlschlag riskieren.

Doch er bestand darauf. Er sagte, ich solle ihm vertrauen. Wir gingen die Straße entlang zu seinem funkelnden 84er-Honda Prelude, dem coolsten Auto im gesamten Freundeskreis. Dieser Prelude war sein Leben. Er schob mich in den Fahrersitz und den Schlüssel ins Zündschloss. Und was tat ich? Ich griff nach der Tür, um abzuhauen. Es ist eine Sache, den alten Wagen deiner Großmutter zu zerstören, aber den Wagen deines älteren Bruders zu Schrott zu fahren, bedeutet, dass er dich für den Rest deines Lebens windelweich schlägt. Ich suchte nach Entschuldigungen – ich bin zu beschäftigt (Lüge), ich bin müde (Lüge), meine Füße schmerzen von der Prüfung (schlechte Lüge) –, doch bevor mir etwas Gutes einfiel, sagte er diese unbezahlbaren Worte:»Die Kupplung ist dein Freund.«[1]

Wie konnte die Kupplung mein Freund sein? Die Kupplung war der Grund dafür, dass die Jugendlichen, die mit Gangschaltung fahren lernen wollten, auf dem Schulparkplatz herumzockelten und ihre Autos abwürgten, während sich die Zuschauer kaputtlachten. Die Kupplung war etwas Böses, etwas, wovor man Angst haben musste. Dass die Kupplung mein Freund sein sollte, ergab keinen Sinn. Was kam als Nächstes? Herr Dinko ist mein Freund? Die Hochschulzulassung ist mein Freund?»Wovon zur Hölle redest du?«, fragte ich, und er antwortete:»Vertrau mir, die Kupplung ist dein Freund. Sie ist da, um dir zu helfen. Wenn du in der Klemme steckst, drückst du das Pedal ganz durch, und alles ist gut. Wenn man das weiß, ist es nicht schwer, mit Gangschaltung zu fahren.« Ich schaute ihm tief in die Augen. War das ein Trick? Doch mein Bruder würde das nicht tun, nicht mit seinem Auto. Nicht mit mir auf dem Fahrersitz seines Autos. Ich sagte zu mir selbst:»Okay, vielleicht ist die Kupplung mein Freund. Schauen wir mal, was passiert.«

Innerhalb eines Abends konnte ich mit Gangschaltung fahren. Ich konnte sogar problemlos bei Gegenverkehr links abbiegen. Ich war der erste Jugendliche, den ich kannte, der das konnte. Und ich habe es so sehr schätzen gelernt, dass ich bis heute mit Gangschaltung fahre.

Welche Magie hat mein Bruder entfacht, die mein Fahrlehrer nicht kannte? Bevor wir das klären können, müssen wir herausfinden, warum es nahezu unmöglich ist, jemandem etwas beizubringen, und warum das, was er erreicht hat, so selten ist.

Warum zu unterrichten nahezu unmöglich ist

Ich bin in Bezug auf Unterricht sehr skeptisch, obwohl ich damit meinen Lebensunterhalt bestreite. Wie viele schlechte Lehrer standen in Ihrem Leben den guten gegenüber? Würden Sie sagen, dass das Verhältnis von gut zu schlecht bei 1 zu 5 lag? 1 zu 10? Selbst bei obiger Geschichte habe ich drei Monate lang einen pro-

---

[1] Obwohl das Fahren mit Gangschaltung hierzulande zum Standard gehört und nicht wie in den USA die Ausnahme bildet, fanden wir das Beispiel anschaulich (Anm. d. Ü.).

fessionellen Fahrlehrer erduldet (und meinen Vater) und war doch nicht auf die Fahrprüfung vorbereitet. Oder vielleicht habe ich es nur nicht geschnallt. So oder so schlagen die meisten Unterrichtsversuche fehl. Geben Sie die Schuld den Lehrern oder den Schülern ... oder auch beiden, doch die meisten Versuche, jemandem etwas beizubringen, sind für beide Seiten unbefriedigend.

Ich habe in vielen Formaten gelehrt. Semesterlange Universitätsvorlesungen, ganztägige Seminare, halbtägige Workshops, Einführungskurse, Vorträge, Mitarbeitertraining »on the job«, sogar Vorträge in Kneipen in angetrunkenem Zustand, und ich kann sagen, dass die Wahrscheinlichkeit, dass man etwas lernt, in allen Fällen sehr gering ist.Zu jeder Zeit in jeder Lernumgebung, in der eine Person etwas »lehrt« und eine Reihe von Leuten »lernt«, würde ich darauf wetten, dass 5% schlafen und 25% an Sex denken. Weitere 30% tagträumen von etwas völlig anderem. Von den restlichen 40% sind einige im falschen Raum, und die anderen sind durch SMS oder E-Mails abgelenkt.[2] Und wie viele von dem kleinen Prozentsatz derjenigen, die wirklich aufmerksam sind, verstehen, was der Lehrer sagt? Wie viele werden sich am nächsten Tag noch daran erinnern? Und wie viele von denen werden je versuchen, das Gelernte in ihr Leben zu integrieren?

Alle erfolgreichen Lehrer müssen die folgenden vier wichtigen Fragen berücksichtigten:

- Wie viele verstehen etwas?
- Wie viele werden sich später erinnern?
- Wie viele werden versuchen, das Gelernte im richtigen Leben anzuwenden?
- Wie viele werden damit Erfolg haben?

Wenn Sie versuchen, jemandem etwas beizubringen, sei es in Vorträgen, Kursen oder auch einem Buch, ist das das schwierigste und frustrierendste Sache, die ein Mensch mit anderen Menschen machen kann. Sehen Sie sich keine Filme wie *Der Club der toten Dichter* mit Robin Williams an. Filme wie dieser zeigen nicht das Elend und die Langeweile, die in den Klassenräumen vorherrscht,

---

2 Glücklicherweise wechseln die Personen, die abgelenkt sind, mit der Zeit. Wenn Sie also annehmen, dass 30% der Leute abgelenkt sind, dann sind es nicht immer dieselben. Die Aufmerksamkeit im Raum ändert sich ständig.

in denen stumpfsinnige, uninspirierte Lehrer einen geisttötenden Tag nach dem anderen an unaufmerksamen Schülern scheitern. Sie zeigen auch nicht die ganzen schlechten Erfahrungen, die die Lehrer ertragen müssen und gegen die sie gekämpft haben, um die (halb fiktiven) brillanten Lehrer zu werden, die in den Filmen dargestellt werden. Haben Sie sich jemals gefragt, warum so viele Schullehrer so müde, so fies, so ausgebrannt wirken? Sie waren nicht immer so. Jemandem Jahr für Jahr etwas beibringen zu wollen und dabei zusehen zu müssen, wie viele dem Unterricht nicht folgen können, zehrt an ihren Seelen und kann durch die Liebe nicht aufgefangen werden, die sie zum Lehramt brachte. Die meisten Schullehrer bekommen nicht mal die Chance zu einem Burn-out: 50% der Schullehrer in den Vereinigten Staaten halten nicht länger als fünf Jahre durch.[3] In den Vereinigten Staaten werden die meisten Lehrer zu schlecht bezahlt, um so viel zu leisten.

Wie man jedem alles beibringen kann

Doch es gibt auch gute Neuigkeiten: Wenn es funktioniert, ist die Lehrtätigkeit die dankbarste Erfahrung, die es gibt. Zu sehen, wie eine von Ihnen vermittelte Idee verstanden und erfolgreich angewandt wird, ist mit nichts anderem zu vergleichen. Selbst wenn man weiß, dass man nur 5 von 100 Leuten erreicht hat, ist es die Enttäuschung wert, die anderen 95 nicht erreicht zu haben. Wären Sie an diesem Tag nicht erschienen, hätten Sie nicht einmal diese fünf erreicht. Und möglicherweise hätte Ihre Vertretung nur drei Studenten etwas beibringen können oder auch keinem. Manchmal sind 5 von 100 mehr als der Durchschnitt. Abgesehen davon gibt es keine Alternativen zu den Herausforderungen des Unterrichts – wenn Sie Ideen und Wissen vermitteln wollen, ist er die einzige Möglichkeit.

Und trotz meiner Skepsis und meines Wissens um deprimierende Statistiken glaube ich doch, dass jeder jedem etwas beibringen kann. Ich meine das in einem ganz bestimmten Sinn. Wenn man zwei engagierte, halbwegs intelligente Menschen nimmt, von denen der eine etwas lehren und der andere etwas lernen will, kann etwas Großartiges geschehen. Denken Sie an Meister und Lehrling, Mentor und Schützling. Beim Unterricht gewinnen die kleinen

---

[3] *http://retainingteachers.com/*

Größen. Der Erfolg dieser Eins-zu-eins-Methode hat sich im Verlauf der Geschichte immer wieder bestätigt. Viele sogenannte Wunderkinder wurden von einem Elternteil oder einem Freund der Familie unterrichtet (Einstein, Picasso und Mozart sind gute Beispiele). Ja, sie hatten alle ein erstaunliches Talent, doch sie wurden dennoch privat von Menschen unterrichtet, die in ihr Lernen investiert haben. Unterricht bedeutet Intimität des Geistes, und das erreicht man nicht, wenn man mit vielen Leuten arbeiten muss. Einfache Mathematik belegt das. Wenn ich 5.000 Menschen unterrichte, weiß ich nicht viel über sie. Es gibt unterschiedliche Lernarten, und wenn ich zu einem Publikum aus 5.000 Menschen rede, muss ich all diese Unterschiede auf den Durchschnitt reduzieren. Ich kann verallgemeinern und gute Vermutungen anstellen, doch ich verteile meine Energie auf die ganze Gruppe. Einige Dozenten sind sehr gut darin, solche Vermutungen anzustellen, und ihre Konzepte bleiben bei einer großen Zahl von Leuten hängen. Diese wenigen Glücklichen würden gute Entertainer oder Komiker abgeben. Doch bei den meisten kommt erst bei kleineren Gruppen – 100, 50, 5 oder optimalerweise nur bei einem einzelnen Studenten – die eigentliche Stärke des Lehrers zum Vorschein. Sie können Gruppen von 5.000 Leuten informieren. Sie können sie unterhalten. Sie können ihnen neue Denkarten oder Ideen anbieten, doch Sie können sie nichts lehren oder ihnen persönliche Erfahrungen bieten. Mein Bruder hätte mir nicht beibringen können, wie man mit Gangschaltung fährt, wenn er noch 4.999 andere Personen hätte unterrichten müssen. Es wäre ihm unmöglich gewesen, gleichzeitig auf dem Beifahrersitz all dieser Leute zu sitzen und ihnen zuzusehen, was sie gerade machen, ganz zu schweigen von der Aufmerksamkeit, die jeder von uns braucht, um etwas Neues zu lernen.

Bei einer kleinen Gruppe kann ein guter Lehrer jeden Studierenden beobachten und herausfinden, was er weiß, was ihn interessiert und wovor er sich fürchtet. Basierend auf diesem Wissen, kann der Lehrer Korrekturen vornehmen, um die Wahrscheinlichkeit zu erhöhen, dass seine Studierenden die vier oben beschriebenen Hürden nehmen. Eine kleine Lernruppe macht es für den Lehrer einfacher, ein aktiver, verantwortungsvoller (Kurs-)Leiter zu sein. Ein großes Publikum zu unterrichten, verlangt vom Lehrer üblicherweise das Abspulen einer starren, vordefinierten Gruppe von Unterrichtseinheiten, ganz egal wie viel die Studierenden verstehen. Dozenten fragen gern:»Gibt es irgendwelche Fragen?«vor einem Meer aus 100 Gesichtern, als ob sich diejenigen, die sich verloren vorkommen, vor den anderen (die es scheinbar verstanden haben) zum Affen machen würden. Dies ist kein Forum für tief gehende Eins-zu-eins-Dialoge, die immer notwendig sind, wenn etwas gelernt werden soll.

Mein Bruder tat drei Dinge, die jeder tun muss, der einem etwas beibringen will, und es ist keine Überraschung, dass das in einer kleinen Gruppe einfacher geht:

1. Gestalten Sie das Lernen aktiv und interessant.

2. Beginnen Sie mit einer Einsicht, die die Studierenden interessiert.

3. Reagieren Sie darauf, wie die Studierenden auf die ersten beiden Punkte reagieren.

Die schlechte Nachricht lautet: Diese Regeln anzuwenden, verlangt immer Zeit. Die gute Nachricht ist: Alle Zeit, die Sie investieren, zahlt sich aus.

Aktiv und interessant

Dieses alte Zitat taucht häufig auf, und es ist gut:

Ich höre und vergesse. Ich sehe und behalte. Ich handle und verstehe.

Es wird Konfuzius zugeschrieben, doch wie bei vielen berühmten Zitaten wurde es so oft von anderen berühmten Leuten benutzt – etwa Benjamin Franklin und Jean Piaget –, dass man es ihnen zuschreibt. Aber obwohl diese Weisheit Tausende von Jahren alt ist und von so vielen brillanten Menschen enthusiastisch unterstützt wird, nutzen nur wenige Redner sie. Der Grund: So schwierig es ist, eine Gruppe zu unterrichten, es ist noch viel schwieriger, ihr etwas zu tun zu geben.

Die besten Forschungsergebnisse zum Thema Lernen empfehlen einen Wechsel vom lehrerzentrierten hin zu einem umgebungszentrierten Modell. Die meisten Dozenten konzentrieren sich auf ihre Lehrpläne: Was muss im Unterricht enthalten sein, welche Bücher oder Software wird genutzt, und wo im Raum muss er stehen? Der Dozent ist der Mittelpunkt des Universums. Im Gegensatz dazu konzentrieren sich die besten Dozenten auf die Bedürfnisse ihrer Studenten. Sie bemühen sich, eine Umgebung zu schaffen, die alle von den Studenten benötigten Bausteine – emotionale Zuversicht, physikalische Behaglichkeit und intellektuelle Neugierde – zur gleichen Zeit bereitstellt. Der Dozent muss beiseite treten, statt den Star zu spielen. Er ist der Vermittler, der den Studenten hilft, Erfahrungen zu sammeln. Er kann das durch Übungen, Spiele und Aufgaben erreichen, bei denen er eine unterstützende Rolle spielt, nicht die Hauptrolle.

Wie es Donald A. Bligh in seinem Buch *What's the Use of Lectures?* (Jossey-Bass) empfiehlt:

> *Wenn Sie jemandem eine Verhaltensweise beibringen wollen, muss dieser sie zu irgendeinem Zeitpunkt üben. Wenn Sie Leichtathleten für einen 100-Meter-Lauf trainieren, müssen diese irgendwann die 100 Meter laufen ... Sie mögen glauben, dieses Prinzip sei offensichtlich. Und das ist es für normale Menschen auch. Doch es ist weit davon entfernt, auch immer berücksichtigt zu werden.*

Für diejenigen, die Jahre damit verbracht haben, gute öffentliche Redner zu werden, ist dies das genaue Gegenteil dessen, was ihr hart erarbeiteter Glauben verlangt. Sie haben darum gekämpft, im Mittelpunkt der Aufmerksamkeit zu stehen, und sind stolz auf die verschiedenen Fähigkeiten, die sie zu diesem Zweck erworben haben. Das erklärt, warum viele Professoren und Gurus, die hervorragende Dozenten sind, gleichzeitig schlechte Lehrer sind. Wenn ihre »Studenten« den Raum verlassen, wissen sie nicht, wie sie das im Vortrag Gehörte anwenden sollen. Und aufgrund der Brillanz des Dozenten suchen die Studenten die Schuld bei sich und geben auf.

Alle Lösungen für dieses Problem beginnen damit, dass sich der Lehrer damit anfreunden muss, andere Dinge zu tun als zu dozieren. Eine Möglichkeit wäre die Entwicklung bestimmter Übungen für die Studenten, damit diese bestimmte Fähigkeiten trainieren können. Dann kann man sie in kleinere Gruppen aufteilen, um sie zusammenarbeiten und die in den Vorlesungen erläuterten Konzepte auf reale Probleme anwenden zu lassen.[4]

---

[4] Es gibt unendlich viele nützliche Bücher über das Erstellen von Übungen. Das Problem ist, dass solche Übungen von der Stange bei Studenten genau so ankommen, nämlich lehrbuchartig. Daher ist es wichtig, Übungen anzupassen, damit sie maßgeschneidert sind auf die Bedürfnisse der Studenten und auf die Lernziele des Kurses. Probieren Sie deshalb Übungen unbedingt im Freundeskreis aus, bevor Sie Ihre Studierenden damit konfrontieren.

Mein Bruder tat vom ersten Moment an das Richtige: Er schob mich auf den Fahrersitz. Was auch immer als Nächstes geschähe, geschähe durch mich (unter seiner Führung). Man schläft nicht ein, wenn man eigene Erfahrungen macht.

Selbst bei großen Menschenansammlungen gibt es Wege, den Leuten die Möglichkeit zu geben, sich mitzuteilen, wenn sie nicht mehr mitkommen. In Ken Bains ausgezeichnetem Buch *What the Best College Teachers Do* (Harvard University Press),erzählt er die Geschichte von Professor Donald Saari, einem Mathematiker der University of California, der das WGAD-Prinzip (»Who Gives A Damn?«, zu Deutsch etwa »Wen kümmert das?«) nutzt. Am ersten Tag des Semesters informiert Professor Saari die Studenten darüber, dass sie diese Frage zu jedem beliebigen Zeitpunkt stellen können und dass er sein Bestes tun wird, um zu erläutern, wie das gerade erläuterte Thema (wie obskur es auch immer sein mag) in diese Vorlesung passt. Wenn das Ziel darin besteht, das Interesse der Lernenden zu erhalten, muss man ihnen auch die Möglichkeit geben, kundzutun, wenn sie nicht mehr folgen können und kurz davor stehen, abzuschalten. Ein Redner, der etwas vermitteln möchte, sollte solche Fragen nicht als Fehlschlag werten, sondern als Gelegenheit. Sie erhalten die direkte Information, dass Ihnen zumindest eine Person nicht folgen kann, und wenn das bei einer der Fall ist, gilt das sehr wahrscheinlich noch für andere. Wenn Sie wirklich Feedback suchen, um Ihren Stoff zu verbessern, suchen Sie diese Person nach dem Kurs auf und recherchieren Sie: Hätte es einen anderen Weg gegeben, ihn zu erreichen? Sie haben nichts zu verlieren, wenn Sie dem Studenten die einfache Frage stellen: »Wie hätte ich den Unterricht für Sie besser gestalten können?«

Eine Taktik besteht darin, die Köpfe des Publikums in Bewegung zu halten, selbst wenn es ihre Körper nicht sind. Unsere Gehirne besitzen *Spiegelneuronen*, und obwohl wir nicht genau wissen, wie sie funktionieren, reagieren sie, wenn wir Leute Dinge machen sehen, die wir selbst genau so machen würden. Das ist der Grund dafür, dass einige Männer, die sich den Superbowl im Fernsehen ansehen, die Tackles und Catches nachmachen, während sie auf der Couch sitzen. Oder dass sich Menschen ängstlich ducken, wenn der Typ mit der Hockeymaske hinter dem Vorhang hervorspringt. Sieht man sich ein Footballspiel (oder einen Axtmörder) an, feuern diese Neuronen genau so, wie es der Fall wäre, wenn man selbst Football spielte (oder von einem Axtmörder massakriert würde). Das war für die Wissenschaftler eine schockierende Entdeckung, die bei unseren aktivitätshungrigen Gehirnen durchaus einen Sinn ergibt. Selbst bei Inaktivität – wenn wir uns beispielsweise in der letzten Reihe eines Vorlesungsraums herumlümmeln – sind unsere Gehirne so gierig auf Aktivität, dass sie auf die richtigen Anreize reagieren. Von guten Geschichtenerzählern behauptet man, dass sie ihr Publikum fesseln oder bezaubern. Vielleicht sind Spiegelneuronen ein Teil dessen, was da vor sich geht.[5] Wenn Sie gute und passende Geschichten finden, die Sie erzählen oder in kurzen Filmen zeigen, lassen Sie die Gehirne der Leute aktiv feuern, selbst wenn sie nur still im Publikum sitzen.

Beginnen Sie mit einer interessanten Einsicht

In *What the Best College Teachers Do* schreibt Ken Bain (frei übersetzt):

> *Dozenten haben behauptet, dass Studenten nicht lernen können, zu denken, zu analysieren, Schlussfolgerungen zu ziehen und Urteile abzugeben, solange sie die grundlegenden Fakten ihres Fachs nicht »kennen«. Menschen mit dieser Denkweise neigen dazu, sich auf die Bereitstellung von Informationen zu konzentrieren und alle anderen Unterrichtsaktivitäten auszuschließen. Sie erwarten nur selten eigene Schlussfolgerungen von ihren Studenten (die angeblich kommen, nachdem sie »den Stoff gelernt haben«). Bei ihren Prüfungen geht es diesen Professoren häufig nur um das Abfragen oder um einfaches Wiedererkennen von Informationen (z.B. bei einem Multiple-Choice-Test).*

Hätte ich, statt das Fahren mit Gangschaltung von meinem Bruder zu lernen, hätte mir der Fahrlehrer beigebracht, wie Übersetzungen funktionieren, die Geschichte der Übersetzungen vermittelt, warum es fünf Gänge gibt, welche Namen sie haben, er hätte jeden Teil des Armaturenbretts erläutert und so weiter, und so weiter. Was wir in der Schule lernen, stammt häufig von einer akademischen und theoretischen Sicht auf die Welt. Lehrer und Akademiker neigen dazu, Dinge zu studieren, und ermutigen naturgemäß ihre Studenten ebenfalls dazu. Das gilt auch für Dinge, die man besser lernt, wenn man sie *tut*, statt sie zu studieren.

---

[5] Wissenschaftler arbeiten noch daran, doch eine gute Zusammenfassung finden Sie unter *http://www.pbs.org/wgbh/nova/sciencenow/3204/01.html.*

Sich auf Fakten und Wissen zu konzentrieren, macht es dem Lehrer einfacher, die Kontrolle zu behalten und im Mittelpunkt zu bleiben. In der Realität steht Ihre Fähigkeit, etwas tun zu können, nur in einer beschränkten Beziehung zu der Menge an Wissen, über das Sie verfügen. Nur weil ein Lehrer die Namen all dieser Dinge kennt, heißt das noch lange nicht, dass das irgendeinen Wert für den Studenten hat, oder für das Fach, das er erlernen möchte. Wäre ich in die Fahrschule gegangen, hätte es Wochen gedauert, bevor ich in einem Auto gesessen hätte, und Monate, bevor ich in einer Prüfung hätte beweisen können, dass ich weiß, was ich tun muss. Stattdessen packte mich mein Bruder von der ersten Minute an auf den Fahrersitz und brachte es mir von dort aus bei.

An den Satz »Die Kupplung ist dein Freund« werde ich mich ein Leben lang erinnern. Ich sage ihn mir selbst vor, wenn ich schreibe, wenn ich einen Workshop plane und sogar bevor ich die Bühne betrete, um einen großen Vortrag zu halten. Er erinnert mich daran, dass es immer eine Möglichkeit gibt – wenn ich denn so ein Experte bin, wie ich glaube –, den Weg zu einem Thema oder in ein Fach für jedermann zu ebnen. Kann ich diesen Weg nicht finden, verstehe ich von meinem Fach nicht so viel, wie mein Ego glaubt.

Erkenntnisse zu finden und zu vereinfachen, verlangt Demut, ein Attribut, das man Experten und öffentlichen Rednern nur selten attestiert. Denken Sie an Ihr hart erarbeitetes Wissen, doch erinnern Sie sich gleichzeitig daran, wie Sie sich als völliger Anfänger gefühlt haben. Diese Balance herzustellen, gelingt nur selten, doch eben sie macht einen guten Lehrer aus. Wie sich herausgestellt hat, lernte mein Bruder das Fahren mit Gangschaltung auf die schwierige, althergebrachte Weise. Statt dieses Elend an mich weiterzugeben, statt sein eigenes Leid als eine Art Ritus, den alle Fahrer durchmachen müssen, auf mich abzuwälzen, entschied er sich dafür, sein Leid zu meinem Spaß zu machen. Jemanden zu unterrichten, ist ein barmherziger Akt. Es verwandelt Verwirrung in Klarheit und Schlechtes in Gutes. Wenn der Unterricht gut gemacht ist, und die Einsichten nicht nur zum Lehrer, sondern auch zu den Schülern gelangen, sollte man Spaß daran haben, was da passiert. Es ist erstaunlich, wie selten Lernerfahrungen in vielen Systemen auch wirklich angenehm sind.

Reagieren Sie auf die Reaktion der Studenten

Was hätte mein Bruder machen sollen, wenn ich, als er mich ins Auto verfrachtet hatte, aus vollem Hals angefangen hätte zu schreien? Hätte er sich wie die meisten Redner verhalten, hätte er seinen Vortrag einfach fortgesetzt und mein Problem nicht gesehen. Man schläft bei Vorträgen ein oder starrt ins Leere, doch die Redner machen immer weiter. Sie können immer weitermachen, weil Vorträge für das Publikum eine passive Erfahrung sind.

Doch wenn Sie meinem Rat folgen und den Lernprozess für Ihre Studenten aktiv gestalten, werden diese in irgendeiner Form reagieren. Und genau hier fängt die eigentliche Arbeit an. Was tun, wenn der vermeintlich brillante Einblick sie langweilt oder wenn sie die geplante Übung nicht verstehen? Die Herausforderung für Sie besteht darin, Ihre Studenten zu beobachten und auf sie zu reagieren, damit Sie mit Ihrem Vortrag die Bedürfnisse Ihrer Studenten treffen.

Selbst bei Vorträgen ändern diese Konzepte Ihre Handlungsweise, während Sie da vorne im Raum stehen. Sie sollten Ihre Vorträge so aufbauen, dass Sie sich an verschiedenen Stellen der Präsentation die folgenden Fragen stellen können:

• Kennen sie diese Tatsache oder diesen Stoff bereits?

• Muss ich diesen Punkt auf andere Weise erläutern?

• Sind sie mit Informationen vollgestopft und brauchen eine Pause oder einen Lacher?

• Sind sie unterfordert und brauchen eine Herausforderung?

Und selbst wenn Sie diese Fragestellungen nicht einbauen können, hindert Sie niemand daran, Ihr Publikum einige Tage nach dem Vortrag Folgendes zu fragen (sei es durch den Veranstalter oder mithilfe eines Anmeldeformulars, über das Sie E-Mail-Adressen sammeln):

• Gibt es irgendwelche neuen Fragen, nachdem Sie nun wieder an der Arbeit sind?

• Haben Sie irgendetwas von dem verwendet, was gesagt wurde? Was ist dann passiert?

• Gibt es nun, da sie wieder zurück im Leben/Job sind, ein Thema, das hätte angesprochen werden sollen?

- Können Sie Wege empfehlen, die gemachte Erfahrung aktiver, fesselnder oder interessanter zu gestalten?

Wenn Sie diesem Rat folgen, werden Sie feststellen, dass es unmöglich ist, gut zu unterrichten, ohne dabei selbst etwas zu lernen. Gute Lehrer reden nicht nur, sondern hören auch zu, verbessern ihren Stoff basierend auf dem Gehörten und prüfen, ob das die erhofften positiven Effekte hat. Ein gelangweilter Lehrer ist bloß jemand, der vergessen hat, einen Weg zu finden, um von seinen Studenten zu lernen, und sei es auch nur die Tatsache, dass er bei ihnen als Lehrer versagt hat.

KAPITEL 10

Bekenntnisse

Wenn Sie wissen wollen, wie gut ein Redner wirklich ist, sehen Sie sich den gleichen Vortrag zweimal an. Ich habe Redner und Komiker studiert, und es ist klar, dass sie die gleichen Dinge hunderte Male wiederholen, um die richtige Routine hinzubekommen. Wenn Sie die Geheimnisse eines Künstlers entschlüsseln wollen, sehen Sie sich seine Show zweimal an. Dann werden Sie sehen, wie viel von dem, was improvisiert erscheint, auch wirklich improvisiert ist. Wollen Sie wissen, ob mein »spontaner« Witz etwas Besonderes war oder lediglich Teil der üblichen Routine? Sie können nur sicher sein, wenn Sie mich zweimal sehen.

Ich habe diese Frage schon mal gehört. Wenn ich meinen Stoff beherrsche, habe ich bereits im Vorfeld an Ihre Frage gedacht oder sie schon mal gestellt bekommen. Das Problem besteht darin, dass ich nicht alle Fragen beantworten kann, die mein Stoff möglicherweise aufwirft. Das wäre aus Gründen langweilig, die weiter oben in diesem Buch bereits beschrieben wurden. Nachdem ich einen Vortrag drei- oder viermal gehalten habe, kenne ich 70% der Fragen, die ich zu diesem Thema jemals hören werde. Doch alle Fragen sind gute Fragen. Dass ich sie schon einmal gehört habe, bedeutet nicht, dass ich eine gute Antwort darauf geben kann, d.h., ich lerne, egal wie oft ich den Vortrag schon gehalten habe.

Ich habe Probleme damit, Augenkontakt mit Freunden aufzunehmen. Ich fühle mich wohl dabei, wenn ich vor Menschenmengen rede, aber wenn ich während des Vortrags Freunde entdecke, möchte mein Gehirn mit ihnen herumalbern. Doch mein Instinkt sagt mir, dass das ein wenig maßlos wäre. Ich liebe es, wenn Freunde an meinen Vorträgen teilnehmen, doch ein Teil von mir ist wie gelähmt, wenn ich sie sehe. Ich weiß nicht genau, warum. Sie werden annehmen, ich hätte das für mich geklärt, doch das ist nicht der Fall.

Die meiste Zeit über wissen Sie bereits, was Sie wissen müssen. Manchmal wissen die Zuhörer bei meinen Vorträgen vieles von dem, was ich weiß. In diesen Fällen liegt mein Wert darin, sie an eine alte Idee zu erinnern oder diese in einen neuen Kontext zu bringen. Ich weiß, dass ich keine neuen Ideen benötige, um einen Wert zu haben. Häufig liegt ein Wert darin, schon einmal Gesagtes in einer anderen Form noch einmal zu sagen oder es von jemandem sagen zu lassen, der Wahrheiten aussprechen kann, die Insider nicht sagen dürfen. Eine Botschaft von einem Außenstehenden zu hören, hat oft mehr Gewicht als von einer Gruppe interner Experten. Doch ich kann das nicht zugeben. Wenn ich erwähne, dass ich bewusst Dinge sage, die Sie schon mal gehört haben, weil Sie sie noch einmal hören müssen, wäre das herablassend. Dennoch weiß ich, dass gut vorgetragene alte Ideen eine überraschende Macht haben in einer Welt, in der jedermann vom Neuen besessen ist.

Veränderungen kann es nur geben, wenn jemand etwas anders macht. Das kann ein Vortrag nicht leisten. Oft werde ich gebucht, um inspirierend zu wirken und den Leuten Geschichten darüber zu erzählen, wie großartig Innovationen sind. Das Problem mit der Inspiration besteht darin, dass man sie nur schwer mitnehmen kann. Was sich im Vorlesungssaal aufregend anhört, könnte heikel werden, wenn Sie vor Ihrem Chef stehen. Jemand muss den Vortrag verlassen, in den Alltag zurückkehren und das Risiko auf sich nehmen, Dinge anders anzupacken als er es gelernt hat. Kein Redner kann sicher sein, dass das passiert. Manchmal muss ich vor einer Menge predigen, während diejenigen, die am ehesten zuhören sollten, gar nicht da sind. Das ist lustig, aber für mich ein unlösbares Problem, da ich mir mein Publikum nur selten aussuchen kann.

Ob ich gut bin oder nicht, ich werde immer gleich bezahlt. Die meisten Rednerverträge beinhalten keine Leistungsklauseln. Egal ob ich schlecht bin oder überraschend gut, ich werde immer gleich bezahlt. Ich mag das nicht. Ich würde lieber weniger bekommen, wenn ich schlecht, und mehr, wenn ich gut bin. Wie die Dinge stehen, gibt es nur wenig Leistungsanreize bei Konferenzen. Es sollte (basierend auf dem Publikums-Feedback) Preise für den besten Redner geben, und schlechten Rednern sollten Coachings angeboten werden. Die einzige mir bekannte Konferenz, die Redner nach Leistung bezahlt, ist die User Interface Conference der UIE.[1]

Ganztägige Seminare sind für Lehrer und Studierende eine Qual. Mehrere ernstzunehmende Studien behaupten, dass ganztägige Seminare von 9 bis 17 Uhr mit viel Inhalt und kurzen Pausen eine schlechte Lernumgebung darstellen. Dennoch, die Leute sind daran gewöhnt, also ist das auch so. Es gibt keine Forschungsergebnisse, die belegen, dass Sie in acht Stunden kontinuierlichen

---

[1] http://www.uie.com

Lernens mehr lernen als in sechs. Tatsächlich gibt es Beweise für das Gegenteil.[2] Masse ist nicht gleich Klasse, doch wir sind darauf trainiert, Masse einzukaufen. Solange die Seminare nicht hochgradig interaktiv sind, häufig Pausen eingelegt werden und sie um reale Probleme herum aufgebaut sind, wird nicht besonders viel hängen bleiben. Seminare von 9 bis 17 Uhr sind ermüdend. Nach einem guten Unterricht sollte man sich angeregt fühlen. Drei 90-minütige Sitzungen oder vier 60-minütige Sitzungen, mit vielen Pausen, ist meine bevorzugte Form eines ganztägigen Seminars.

Ich bin introvertiert. Zwar liebe ich es, mich mit interessanten, freundlichen Leuten zu unterhalten, doch ich bin auch mit mir allein extrem glücklich. Ich denke, dass Menschen, die bei ihrer Arbeit im Mittelpunkt des Interesses stehen – wie Komiker, Lehrer und Dozenten –, abseits der Bühne ruhiger sind als der Durchschnitt. Sie verbrauchen, genau wie ich, einen Großteil ihrer sozialen Energie während der Arbeit. Wenn Sie eine interessante Meinung vertreten, oft lachen und eine gute Flasche Wein mitbringen, würde ich gern mit Ihnen reden. Doch ich bin auch ausgesprochen zufrieden mit einem guten Buch und einer schönen Aussicht.

Ich sehe alles, was Sie machen. Ich merke es, wenn Sie auf Ihr Laptop schauen. Ich merke es, wenn Sie mit Ihrem Handy spielen. Ich kann Ihnen sagen, wo Sie die ganze Zeit hinsehen. In einem guten Raum mit erhöhten Sitzreihen weiß ich immer, wie viele Augenpaare auf mir ruhen. Ich will nicht, dass Sie das wissen. Ich habe gern Feedback darüber, wie ich mich schlage. Doch ich kann Ihnen sagen, wer zuhört, wer sich Tagträumen hingibt, wer versteht, was ich sage, und wer mich für einen Trottel hält. Ich kann häufig sogar vorhersagen, wer mir die erste Frage stellen wird, wer gern mit mir reden würde, aber zu schüchtern ist, und wer wünscht, niemals erschienen zu sein.

Ganz egal wie sehr Sie dieses Buch hassen oder mögen, Sie sind wahrscheinlich kein guter öffentlicher Redner. Das Marketing für dieses Buch verspricht sicherlich, dass Sie ein besserer Redner werden, wenn Sie es lesen. Ich glaube, dass das stimmt, allerdings nur unter einer Bedingung: Sie üben (und ich weiß, dass das die meisten von Ihnen nicht tun werden). Die meisten Menschen sind faul. Ich bin faul. Ich gehe davon aus, dass Sie auch faul sind. Es

---

2 *What's the Use of Lectures?*, Donald A. Bligh (Jossey-Bass)

wird immer einen Mangel an öffentlichen Rednern geben, ganz egal wie viele großartige Bücher es zu diesem Thema gibt. Es geht um die Kunst der Darbietung und Darbietung bedeutet Übung – und das ist einer der Gründe, warum ich keine Angst davor hatte, dieses Buch zu schreiben.

Manchmal doziere ich generalstabsmäßig. Es ist ein Vorteil, wenn man etwas weiß, was das Publikum nicht weiß, solange mich dieser Vorteil – wie albern er auch sein mag – zum Lachen bringt. Vielleicht brauche ich eine Therapie, doch ich finde, das kleine Dinge wie diese das Leben lebenswert machen. Und ich lache, also funktioniert es. Wenn keine Unterwäsche zu tragen Sie nicht zum Lachen bringt, dann tun Sie's auch nicht. Doch suchen Sie sich etwas, das Sie immer zum Lachen bringt. Was immer ich tun muss, um Spaß zu haben, gereicht zum Vorteil der Masse, selbst wenn diese nicht weiß, warum ich Spaß habe. Sogar wenn mein privater Witz auf ihre Kosten geht, profitiert sie davon.

Ich beantworte lieber eine Stunde lang Fragen, statt einen Vortrag zu halten. Das steht im Gegensatz zu vielen anderen Rednern, die ich kenne. Ich bevorzuge eine Fragestunde, weil sie direkt ist. Alles kann passieren. Ich kann nicht einfach mit der nächsten Folie weitermachen, sondern muss reagieren und denken. Wenn ich es mit einer lebendigen Menge zu tun habe oder einfach nur mit einer Menge, die gewillt ist schwierige Fragen zu stellen, ist das immer eine gute Erfahrung. Ich hasse einfache Fragestunden, nicht nur weil sie mich langweilen, sondern auch das Publikum. Gute Fragestunden sind unvergesslich, spannend und beinhalten viele Elemente, auf die die Leute hoffen, wenn sie zu Live-Events gehen. Doch ein Großteil der Menschen erwarten eine Show. Sie fühlen sich betrogen, wenn es nur eine Fragestunde gibt. Es ist also immer ein Kompromiss, um sowohl diejenigen zufriedenzustellen, die passiv einen Vortrag hören wollen, als auch die zu befriedigen, die eingebunden werden und eine große, aufregende Konversation daraus machen wollen.

Ich bin einer der schlechtesten Studenten der Welt. Ich hasse Vorträge. Es ist sehr schwer für mich, still zu sitzen und jemandem zuzuhören, der einen Vortrag hält. Wenn ich einen guten Redner sehe, gehe ich lieber und lese sein Blog oder kaufe sein Buch, statt herumzusitzen und mir seine ganze Rede anzuhören. Ich ziehe es vor, ihn auf einen Kaffee einzuladen oder E-Mails mit ihm auszutauschen, weil dann die Kommunikation in beide Richtungen läuft. Wenn ich das nicht kann, gehe ich lieber raus und unterhalte mich mit jemand anderem, sitze draußen im Grünen und schaue den Wolken zu oder mache einen Spaziergang, alles aktive Dinge, bei denen mein Geist reagieren oder sich frei bewegen kann. Ich finde die Ironie dahinter sehr unterhaltsam: Ich bin ein öffentlicher Redner, der sich öffentliche Reden nicht gern anhört.

Aufmerksam zu sein, macht die Dinge interessant. Falls ich ein Geheimnis habe, warum ich unterhaltsam bin, dann ist es die Tatsache, dass ich mich mit Improvisationstheater beschäftigt habe. Dort habe ich gelernt, hinzusehen und zuzuhören. Humor und Einsicht kommen mit der Aufmerksamkeit, nicht durch besondere Talente. Nachdem ich mich mit Improvisationstheater beschäftigt hatte, verbesserten sich meine Redefähigkeiten dramatisch, und meine Einstellung zum Leben änderte sich. Ich kann jedem nur wärmstens ans Herz legen, einen Improvisationstheaterkurs zu besuchen.

Verbindungen herzustellen, ist alles. Ich will nicht moralisieren, doch Freunde der Weisheit teilen eine Verpflichtung. E.M. Forster schrieb:»Verbindet Euch! ... Verbindet Prosa und Leidenschaft und beide werden erhoben, und man wird menschliche Liebe auf ihrer Höhe sehen.« Ideen zu lieben bedeutet, das Herstellen von Verbindungen zu lieben. Darum ist es so einfach, Menschen zu hassen, die einen mit Wissen überhäufen, mit Fakten einschüchtern, Bedeutungen verfälschen und sich die Beispiele entsprechend herauspicken. Sie arbeiten gegen den Fortschritt.»Verbindet Euch!« ist ein großartiger Rat. Wenn Sie nicht wissen, was Sie mit Ihren Worten verbinden, sind Sie egoistischer als Sie glauben.

Der einfachste Weg, interessant zu sein, ist, ehrlich zu sein. Wir sagen nur selten, was wir wirklich fühlen, obwohl es genau das ist, was sich das Publikum am meisten wünscht. Wenn Sie eine Wahrheit aussprechen können, die die meisten Leute nicht auszusprechen wagen, sind Sie ein Held. Wenn Sie ehrlich sind, werden die Leute Sie interessant finden und weiter zuhören, auch wenn sie nicht Ihrer Meinung sind. Verbindungen zu Leuten herzustellen, beginnt damit, sie für Ihre Ideen zu interessieren oder Interesse an ihren Ideen zu zeigen. Beides geht umso schneller, je ehrlicher jedermann ist. Das Feedback, das die meisten Redner brauchen, lautet:»Sei ehrlicher!« Hören Sie mit dem Getue auf und verstecken Sie sich nicht, sondern sagen Sie einfach die Wahrheit.

Wenn Sie Ideen lieben, sind Reden und Schreiben natürliche Konsequenzen. Sie kennen die großen Denker der Geschichte, weil diese entweder gesprochen oder geschrieben haben. Oder jemand sprach oder schrieb über ihr Wirken mit oder ohne ihr Einverständnis. Ich hoffe irgendwann ein großer Denker zu sein, und ich weiß, dass Reden und Schreiben den Weg dorthin ebnen. Ideen auszudrücken, ist häufig die einzige Möglichkeit, vollständig zu verstehen, was Ideen sind, und zu wissen, was Sie wirklich denken. Sich auszudrücken, ermöglicht es Ihnen, aus der Kritik anderer zu lernen, und ich stehe gern wie ein Depp da, wenn ich im Gegenzug etwas lerne, das ich anderenfalls nicht gelernt hätte. Ich bin fasziniert von Ideen aller Art, aus völlig verschiedenen Themengebieten, und ich hoffe, über alle reden und schreiben zu können. Ich bin sehr dankbar, meinen Lebensunterhalt als Ideenschieber bestreiten zu können. Und ich hoffe, dies für den Rest meines Lebens tun zu können.

Hinter den Kulissen

Die kleinen Tricks der Profis

Wenn Sie Ihren Lebensunterhalt mit komplizierten Dingen verdienen, machen Kleinigkeiten den großen Unterschied aus. Jeden sicheren Vorteil, der sich mir bietet, nutze ich auch. Über die Jahre habe ich welche entdeckt, die jedem helfen, egal wie häufig man spricht. Bei einigen sind Sie auf die Hilfe des Veranstaltungsorts angewiesen, doch bei den meisten müssen Sie nur frühzeitig ankommen und etwas Zeit haben.

Der »Vertrauensmonitor«

Um eine Verbindung mit dem Publikum herzustellen, brauche ich so viel Augenkontakt wie möglich. Doch das ist eine Herausforderung, wenn meine Folien hinter mir auf die Wand projiziert werden. Um sicher zu sein, dass das Publikum das Richtige sieht, muss ich mich normalerweise umdrehen und an die Wand sehen, oder ich muss hinter dem Rednerpult stehen bleiben, was mich in meiner Bewegungsfreiheit und der Interaktion mit der Menge behindert. Die Lösung ist die Verwendung eines sogenannten *Vertrauensmonitors* (confidence monitor). Dieser steht direkt vor der Bühne und zeigt mir, was an der Wand zu sehen ist, was einen unglaublichen Vorteil bedeutet (siehe Abbildung A-1). Erstens muss ich mich nicht umdrehen, um meine eigenen Folien zu sehen, sodass ich den Anfängerfehler vermeiden kann, dem Publikum den Rücken zuzudrehen. Zweitens kann ich mein peripheres Sehen nutzen, um zu überprüfen, ob der Folienwechsel sauber geklappt hat, ohne direkt auf die Wand sehen zu müssen. Mit einer Fernbedienung kann ich nahezu überall auf der Bühne stehen und, mitten im Satz, die Folie wechseln.

Abbildung A-1: Ein Vertrauensmonitor dort, wo ihn die Menge nicht sieht.

PowerPoint und Keynote besitzen Präsentationsmodi, in denen auf dem Monitor nicht nur die aktuelle Folie, sondern auch eine kleinere Version der nächsten Folie oder sogar alle vorbereiteten Folien erscheinen.

Die Countdown-Uhr

Es ist sehr schwer, die Zeit nachzuhalten, während man spricht. Es passieren zu viele Dinge gleichzeitig, als dass man während des Vortrags auf die Uhr achten und die verbleibende Zeit berechnen könnte. Aus diesem Grund wird bei großen Events häufig eine Countdown-Uhr neben dem Vertrauensmonitor platziert. Einige dieser Uhren besitzen sogar drei Lampen – in Rot, Gelb und Grün –, um anzuzeigen, wie viel Zeit übrig ist. Grün leuchtet zu Beginn, Gelb bei einer oder fünf verbleibenden Minuten und Rot, wenn die Zeit vorbei ist. Sie brauchen hierzu keine tolle Technik. Gute Veranstalter halten Tafeln mit »10 Minuten«, »5 Minuten« und »Komm zum Schluß!« hoch. Natürlich können sich Redner darum auch selbst kümmern, wenn sie die richtige Fernbedienung besitzen.

Die Fernbedienung

Gelegentlich werden Sie einen Redner sehen, dem der Wert einer Fernbedienung völlig unbekannt ist und der zwischen der Bühnenmitte und dem Rednerpult immer hin- und herläuft, nur um die Folien zu wechseln.das wird »Todeskreis der Folie« genannt, der Kreis, den der Redner bei jedem Folienwechsel zieht. Ich war so ein Typ. Ich hasste Fernbedienungen, weil ich dachte, dass nur aufgeblasene Verkäufertypen sie nutzen. Doch mit den Jahren erkannte ich, dass die Arbeit ohne Fernbedienung einfach nur dumm war. Ohne sie musste ich jedes Mal die Maus oder die Tastatur finden, wenn etwas mit meinen Folien geschehen sollte, und während dieser Zeit wanderte mein Hauptaugenmerk vom Publikum zur Ausrüstung. Immer wenn ich mich auf die Ausrüstung konzentriere und nicht auf meine Botschaft, mache ich einen Fehler. Bei 20 oder 30 Folien kann dieser zusätzliche Aufwand und das Klicken der Maus (das ein idiotisches und unerwünschtes Hintergrundgeräusch erzeugt) die ganze Stimmung zerstören, an der ich so hart gearbeitet habe.

Mit der Fernbedienung in der Hand besitze ich völlige Freiheit. Ich kann zu jeder Zeit tun, was ich will – über die Bühne schlendern, ins Publikum steigen, hinter dem Rednerpult stehen oder einige Punkte von der letzten Reihe aus erläutern. (Allerdings sollte man das mit der Technik abklären, da Funkmikrofone Rückkopplungen erzeugen können, wenn man die Bühne verlässt.) Selbst wenn Sie solche Dinge nicht tun, weiß Ihr Hirn, dass Sie es könnten, und muss sich um eine Einschränkung weniger kümmern. Fernbedienungen kosten etwa 20 bis 40 Dollar. Warum sich nicht eine gönnen?

Das beste Modell, das ich kenne, ist der von Guy Kawasaki empfohlene Logitech Cordless Presenter (Abbildung A-2). Der einzige Nachteil ist, dass es so groß ist, dass es sogar in meinen großen Händen nicht zu verstecken ist, doch alles andere ist super. Sie besitzt einen eingebauten Timer, der beizeiten vibriert, um Sie wissen zu lassen, wenn Ihnen die Zeit davonläuft.

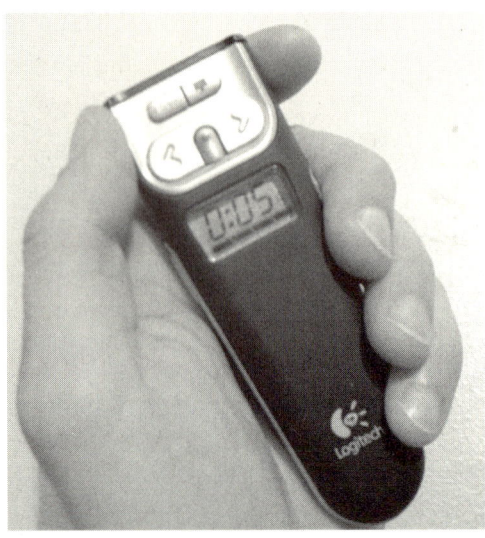

Abbildung A-2: Der Cadillac unter den Fernbedienungen: Der Logitech Cordless Presenter.

Verschenken Sie Dinge, um die erste Reihe zu füllen

Die erste Reihe bei Vorträgen ähnelt dem Bermuda-Dreieck. Niemand möchte dort sitzen aus Angst, unglaublich gelangweilt zu werden oder nicht flüchten zu können. Doch wie in Kapitel 4 erklärt, will ich eine dichte Menge, und sie soll da am dichtesten sein, wo ich stehe, nämlich nahe der Bühne. Eine volle erste Reihe ist also von Vorteil für mich. Ich bringe häufig Bücher mit, die ich bei Fragestunden verschenke, doch wenn die erste Reihe leer ist, biete ich jedem ein Buch an, der bereit ist, sich in die erste Reihe zu setzen. Das funktioniert immer, amüsiert diejenigen, die zu faul sind, sich zu bewegen, und lässt das Publikum für mich weit weniger furchterregend erscheinen. (Die härtesten, gruseligsten Typen werden harmlos, wenn sie Geschenken hinterherlaufen.) Je mehr Gedanken ich mir um eine Rede mache, desto wahrscheinlicher wird es, dass ich Bücher mitbringe (Abbildung A-3 zeigt mich mit einem Stapel meiner Bücher). Wenn Sie kein eigenes Buch besitzen, können Sie gute Bücher zum Thema kaufen und diese verschenken (100 Euro sind gut investiert, wenn sie ihre Nerven entspannen und die Menge auflockern). Der Effekt ist der gleiche. Verschenken Sie keinen Schund und keinen Schrott. Wenn Sie billiges Zeug anbieten, das niemand will, bleibt die erste Reihe leer, und Sie bleiben auf einem Haufen von Plunder sitzen, den Sie nicht einmal verschenken können.

Abbildung A-3: Verschenken Sie schöne Dinge, um die erste Reihe zu füllen. Platzieren Sie sie auffällig, um die Neugierde darauf zu wecken, was Sie damit wohl anstellen werden.

Verstecken Sie Ihr Mikrofon (und tragen Sie ein Hemd)

Bei den meisten Veranstaltungen werden Funkmikrofone genutzt, d.h., Sie müssen sich ein Knopflochmikro ans Hemd stecken. Ich bin kein Freund schicker Kleidung bei Vorträgen (es gibt bessere Möglichkeiten, sich den Respekt des Publikums zu erwerben), doch Hemden bieten die beste und zuverlässigste Möglichkeit, diese Mikrofone zu befestigen. Bei einem Sweat- oder T-Shirt sticht das Mikro hervor und ist leicht zu erkennen. Das Ziel drahtloser Mikrofone ist, so unauffällig wie möglich zu sein.

Zu diesem Zweck sollten Sie das Mikrofonkabel immer unter dem Hemd tragen und nicht außen herumhängen lassen. Hierfür gibt es zwei Gründe. Zum einen sieht es nicht schön aus und lenkt ab. Zum anderen schreit das Kabel nach Ärger, wenn Sie, so wie ich, auch mit den Händen reden. Ich bin schon mal, während ich einen Punkt erläuterte, im Kabel hängen geblieben. Das Mikrofon flog darauf durch den Raum und machte dabei laute, furchtbare und unangenehme Geräusche. Sie sehen den Unterschied in Abbildung A-4.

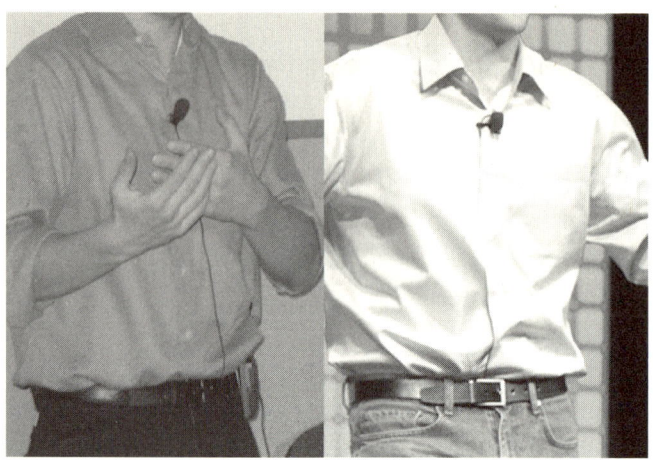

Abbildung A-4: Verstauen Sie das Mikrofonkabel unter Ihrem Hemd. Der Trick besteht darin, das Kabel vom Sender zu lösen, es unter dem Hemd durchzuziehen und es dann wieder anzuschließen.

Wir brauchen keine blöden Namensschilder

Wenn Sie auf der Bühne stehen, können Sie davon ausgehen, dass Sie kein Namensschild brauchen. Ihre Zuhörer wissen, wer Sie sind. Sie sind der mit dem Mikrofon. Ein Namensschild lenkt ab, und Sie können daran ebenso hängen bleiben wie am Mikrofonkabel. Gute Veranstalter haben das im Auge und erinnern die Redner daran, es abzunehmen, bevor sie auf die Bühne gehen.

Arbeiten Sie für die Kamera

Heutzutage werden viele Vorträge auf Video aufgezeichnet, d.h., es ist durchaus möglich, dass das eigentliche Publikum nicht die Menge vor Ihnen ist, sondern die Leute, die sich die Sache in den folgenden Monaten oder Jahren im Internet ansehen. Wesentlich mehr Menschen, als an der TED-Konferenz in Kalifornien teilnehmen, sehen sich die Reden über das Internet an. Wenn Sie klug sind, werden Sie den Kameramann gut behandeln. Kameraleute können alle möglichen Dinge machen, damit Sie dumm aussehen oder sich dumm anhören, also bringen Sie sie auf Ihre Seite. Fragen Sie nach ihren Namen, bitten Sie um Rat und behandeln Sie sie wie Menschen und nicht wie Sklaven. Wenn Sie sich vorbereiten, sollten Sie Ihren Stoff und Ihre Folien mit dem Webpublikum im Kopf erarbeiten. Sie wollen nicht nur die hinterste Sitzreihe im Saal erreichen, sondern auch die Leute, die sich das Ganze in einem kleinen Fenster auf dem Computerbildschirm ansehen. Wenn man sich etwas online ansieht, hat man häufig keine Vorstellung davon, wie gut die Sache live war (die schlechte Luft und das schwierige Publikum gehen auf Video verloren, d.h., man kann live sehr schlecht dastehen, online aber umso besser aussehen). Als Stephen Colbert beim Presse-Dinner des früheren amerikanischen Präsidenten sprach, war das eine Katastrophe (das Publikum ist bekanntermaßen schwierig). Der Raum hasste ihn. Doch die Rede war im Web ein riesiger Erfolg.

Rednerpult kontra Podium

Es ist nur eine kleine Wortklauberei unter Theaterleuten, doch Sie stehen auf dem Podium. Und Sie stehen hinter dem Rednerpult. Wenn Sie Ihre Rednerfreunde nerven wollen, weisen Sie jedes Mal darauf hin, dass sie eigentlich Rednerpult meinen, wenn sie Podium sagen (Abbildung A-5).

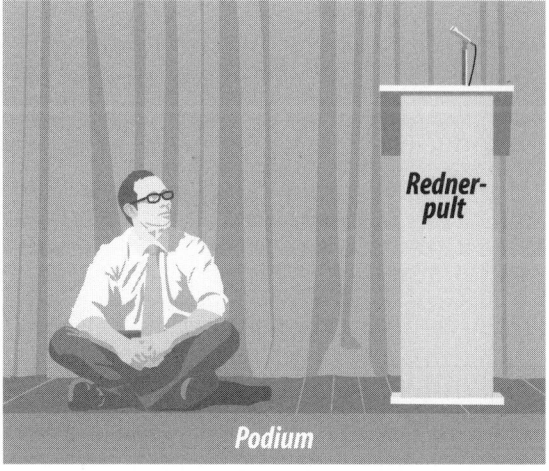

Abbildung A-5: Stehen Sie nicht hinter dem Podium. Sie würden dort sehr albern aussehen.

Wie man argumentiert

Als ich letztes Jahr von Norwegen nach Hause flog, hatte ich einen Zwischenstopp am Dulles International Airport in Washington, D. C. Ich musste mehrere Stunden totschlagen, hatte den Jetlag in den Knochen und saß an dem einzig bequemen Ort, den ich finden konnte: einer Bank neben dem Kundendienstschalter der United Airlines. Ich konnte die Unterhaltungen zwischen den zornigen Fluggästen und den umlagerten Servicemitarbeitern nicht überhören. Zuerst war ich von der ständigen Streiterei genervt, doch schon bald fand ich die Dialoge faszinierend. Alle zwei Minuten spielte sich ein anderes Drama ab – geknickte Passagiere verlangten Dinge, die sie nicht hatten, aber gern haben wollten: Upgrades, bessere Sitzplätze, Rückerstattungen oder Essensgutscheine. Manchmal wollten sie einfach nur nach Hause, nachdem sie viele Stunden auf dem Flughafen festgesessen hatten. Nachdem ich die Sache eine Weile beobachtet hatte, erkannte ich drei Hauptargumente darin, was die Leute vortrugen:

1. United Airlines ist im Unrecht.

2. Ich bin etwas Besonderes und verdiene einen Sitzplatz.

3. Ich bin sauer, und du solltest mich beruhigen.

Hätte Aristoteles mit mir in Dulles festgesessen, hätte er (nachdem er sich darüber gewundert hätte, warum sonst niemand eine Toga trägt) die Liste ebenfalls ausgemacht. Diese drei Ansätze entsprechen dem, was er vor über 2.000 Jahren für das Argumentieren beschrieb. In jenen Tagen nannte man das *Rhetorik*: die Fähigkeit, für jede Situation die möglichen Mittel zu erkennen, die einem zur Verfügung stehen, um jemanden zu überzeugen. Heutzutage kennen die meisten Menschen nur die eingeschränkteste Form dieses Begriffs: die rhetorische Frage (eine Frage, die man nur der Wirkung halber stellt: »Glauben Sie wirklich, dass ich den ganzen Tag im Flughafen Dulles festsitzen will?«). Doch es stellt sich heraus, dass die Griechen alle Taktiken beschrieben haben, die heute von Rechtsanwälten, Marktschreiern, Sonntagspredigern und so gut wie jeder anderen Person verwendet werden, die anderen gegenüber argumentieren müssen. In rhetorische Begriffe übersetzt, geht es im obigen Beispiel um die drei Überzeugungsmittel der Rede:

1. *Logos*

2. *Ethos*

3. *Pathos*

Mit dieser Liste im Kopf haben Sie grundlegende, über lange Zeit getestete Werkzeuge für die Argumentation an der Hand. Jedes Gespräch, das Sie führen, jede Geschichte, die Sie erzählen, und jede Frage, die Sie stellen, nutzt eines dieser drei Elemente, häufig sogar mehrere gleichzeitig. Gute Präsentationen richten ihre Ansätze danach aus, was für ein bestimmtes Publikum am besten funktioniert. Leider konnte an diesem Tag in Dulles kein Passagier sein Anliegen durchsetzen. Alle wurden weggeschickt. Manchmal kann man nicht gewinnen, ganz egal wie gut die Taktik ist (für das Protokoll möchte ich erwähnen, dass es einen Bestechungsversuch gab, eine junge Frau in Tränen ausbrach und ein Kerl mit der Statur eines Preisboxers frustriert seinen Rucksack auf den Boden knallte). Genau wie man an manchen Tagen bei einem bestimmten Publikum seine besten Argumente vorbringen kann, ohne dass jemand sie einem abkauft.

Doch wenn ein Argument in einem Vortrag funktioniert, kommen alle Prinzipien der Rhetorik zum Tragen. Ich lernte Rhetorik, als ich in unserem Haus in Queens aufwuchs. Wir nannten es nicht Rhetorik, sondern Abendessen. An den meisten Abenden, während wir unser Essen zu uns nahmen, diskutieren wir über den Kalten Krieg, die Yankees, die Bedeutung verschiedener Wörter und den sichersten Ort der Welt während eines Atomkriegs. Und wenn es nichts mehr gab, worüber wir diskutieren konnten, diskutieren wir über verschiedene Möglichkeiten zu argumentieren. Mein Vater argumentierte so sehr, dass er nur selten zugab, falsch zu liegen. Er nutzte dabei verschiedene rhetorische Taktiken, um sich selbst zu schützen, und provozierte damit lange Debatten bis tief in die Nacht hinein. Das trieb meine Familie in den Wahnsinn, gewährte mir aber überraschende Einsichten in die praktische Rhetorik.

Viele bekannte Phrasen der modernen Werbung sind einfach nur Anwendungen der einen oder anderen Form von Rhetorik. Das berühmte »doch Moment, das ist noch nicht alles«, das man aus der Werbung kennt, wird *dirimens copulatio* genannt, was sich mit »trennende Vereinigung« übersetzen lässt.[1] Tricks wie »Bist du wirklich so blöd?«, bei dem man den Schwerpunkt vom eigentlichen Argument weg zum Adressaten des Ausspruchs verlegt, wird *ad hominem* (zum Menschlichen) genannt. Es handelt sich um einen Trick, da selbst dumme Menschen hier und da mal klug argumentieren können (was umgekehrt natürlich auch gilt).

Öffentliche Redner missbrauchen die Rhetorik leider in einem fort. Es ist schwer, sie aufzuhalten. Da das Publikum eher zum Zuhören neigt und nur selten so dreist sind, einen Vortrag zu unterbrechen, will es (wenn es vorbei ist) lieber nach Hause gehen, als etwas zu hinterfragen, was vor 20 Minuten gesagt wurde. Redner können bewusst verfälschen, in die Irre führen oder schlicht lügen, ohne dass das Publikum sie aufhalten würde – und das gilt selbst für diejenigen, die mehr vom Thema oder von der Rhetorik verstehen als der Redner. Viele in Präsentationen vorgebrachte Argumente werden nicht untermauert, sind irreführend oder regelrecht an den Haaren herbeigezogen. Das ist eine traurige Sache. Bewertungsbogen auszufüllen und in E-Mails das Gesagte noch einmal zu hinterfragen, ist so ziemlich das Einzige, was Sie tun können.

Der nützlichste Vorrat rhetorischer Taktiken, den ich kenne, ist *Thank You for Arguing* von Jay Heinrichs (Three Rivers Press). Und die beste Einführung in die Rhetorik, die noch kein Buch über das Reden bieten konnte, liefert der Film *Animal House (Ich glaub, mich tritt ein Pferd)* von John Landis. Darin gibt es zwei Reden, die sich alle ansehen sollten, die vor Publikum sprechen wollen. In der ersten gelingt es Otter, seine Zuhörer davon zu überzeugen, dass es unamerikanisch wäre, seine Freunde und ihn

---

[1] *A Handlist of Rhetorical Terms*, Richard A. Lanham (University of California Press), Seite 56.

aus dem College auszuschließen, und in der zweiten überzeugen Bluto und Otter ihre Burschenschaft, dass sie genau die Richtigen sind, um eine wirklich unnütze und dumme Sache zu erledigen.[2]

Abgesehen von diesen Empfehlungen ist die Rhetorik ein viel zu großes Thema, um sie hier vollständig behandeln zu können. Stattdessen folgen hier einige wesentlich einfachere Taktiken für Ihre Argumentation. Beginnen wir mit der Betonung.

Zuerst müssen Sie, und es ist wichtig das Sie das sofort tun, den folgenden Satz laut aussprechen:

Fischers Fritz fischt frische Fische, frische Fische fischt Fischers Fritz.

Ich vermute, dass Sie, wie jeder andere auch, damit zu kämpfen hatten. Genau darum ging es, weil es die nächste Übung vereinfacht. Nun sagen Sie den folgenden sinnigen, versfreien Satz laut auf:

Ich glaube, dass alle Menschen das Recht haben zu lachen.

Wenn Sie ihn mit Ihrer normalen Sprechstimme aufgesagt und wir dabei festgehalten hätten, wie Sie die einzelnen Wörter betont haben, würde das so aussehen wie in Abbildung B-1, eine gerade Linie gleichmäßig betonter Worte.

Abbildung B-1: Wäre dies ein EKG, müssten wir das Leichenschauhaus anrufen.

So sprechen Vortragende häufig, wenn sie nervös sind – alles ist flach und monoton. Selbst wenn sie laut sprechen, ist jedes Wort gleich

---

2 Sie finden beide Reden online unter *http://bit.ly/ahouse-otter* und *http://bit.ly/ ahouse-blutto*. Um den größten Nutzen daraus zu ziehen, lesen Sie zuerst *Thank You for Arguing* und notieren sich jedes rhetorische Mittel, das in beiden Reden gebraucht und missbraucht wird.

laut. Sie könnten über das überraschende Ende eines Films reden oder über die Enthüllung des Coca-Cola-Geheimrezepts, doch durch die Art zu sagen, was sie zu sagen haben, überträgt sich ihre natürliche Energie nicht.

Nun wiederholen Sie den Satz noch einmal, betonen dabei aber das fett gedruckte Wort. Sprechen Sie das fett gedruckte Wort doppelt so laut und doppelt so lang aus wie die anderen:

*Ich glaube, dass **alle** Menschen das Recht haben zu lachen.*

Unser Diagramm sieht dann so aus wie in Abbildung B-2.

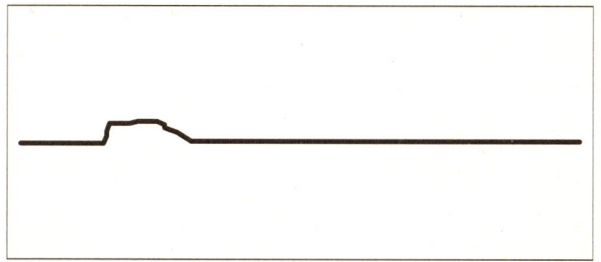

Abbildung B-2: *Wäre dies ein EKG, bestünde noch Hoffnung.*

Sie legen Energie in den Satz, und diese Energie erzeugt eine neue Form der Bedeutung. Sie können das von Ihnen vorgetragene Argument ändern, indem Sie einfach das Wort ändern, das Sie betonen. Versuchen Sie, die folgenden Sätze aufzusagen, und betonen Sie dabei erneut die fett gedruckten Wörter,[3] indem Sie sie doppelt so laut und doppelt so lang aussprechen:

- **Ich** glaube, dass alle Menschen das Recht haben zu lachen.
- Ich **glaube**, dass alle Menschen das Recht haben zu lachen.
- Ich glaube, **dass** alle Menschen das Recht haben zu lachen.
- Ich glaube, dass **alle** Menschen das Recht haben zu lachen.
- Ich glaube, dass alle **Menschen** das Recht haben zu lachen.
- Ich glaube, dass alle Menschen **das** Recht haben zu lachen.
- Ich glaube, dass alle Menschen das **Recht** haben zu lachen.
- Ich glaube, dass alle Menschen das Recht **haben** zu lachen.
- Ich glaube, dass alle Menschen das Recht haben **zu** lachen.
- Ich glaube, dass alle Menschen das Recht haben zu **lachen**.

---

[3] Diese Übung basiert auf einer Übung aus *Lend Me Your Ears*, Max Atkinson (Oxford University Press), Seite 58.

Viele Redner verstecken die Betonung. Oder sie sind schluderig und gehen so unachtsam mit ihr um wie Teenager mit der schmutzigen Wäsche in ihrem Zimmer. Sie wollen damit punkten, dass sie Energie in ihre Sprache stecken, doch man fragt sich, warum sie es tun, wenn sie es tun. Es ist zwar besser als monotones Reden, aber nicht wirklich. Das Ziel besteht darin, die Betonung zu nutzen, um jedes Argument so klar wie möglich zu machen.

Sie können jedem großen Redner zuhören und jeden Satz einfach anhand der Betonung aufteilen. Er wird verschiedene Betonungen nutzen, etwa Wörter wiederholen, Pausen einlegen, mit den Händen gestikulieren oder sogar flüstern. Ein guter Redner liefert einem ein ganzes System an Informationen, die viele Zuhörer gar nicht wahrnehmen. Sie sind nicht in den Folien zu finden, auch nicht im Denken, sondern in der durchdachten Aussprache jedes gesagten Satzes. Gute Redner nutzen eine ganze Reihe von Methoden zur Betonung, die man auch einfach erkennt, wenn man darauf achtet. Und diese verbessern an ihren Präsentationen auch alles andere.

Doch wie im richtigen Leben wirkt der übertriebene Einsatz rednerischer Mittel gestelzt. Öffentliche Redner hatten vor 150 Jahren weder Mikrofone noch Videokameras. Sie mussten mit so viel Nachdruck arbeiten, damit das Publikum sie auch sehen und hören konnten Doch heute wirkt jeder, wenn er zu weit geht, wie ein Scharlatan. So als würde er schauspielern statt vorzutragen. (Priester sind berüchtigt für einen Redestil, der im Zeitalter des Mikrofons nicht mehr notwendig erscheint). Zu dramatisch zu sein, untergräbt meistens die Bemühung, einen Kontakt zum Publikum herzustellen.

Stille verleiht Nachdruck

Die meisten Menschen sagen »hmm« und »ähh« während sie reden. Diese werden als *Fülllaute* bezeichnet, und wir nutzen sie hauptsächlich, um uns unseren Platz in einer Unterhaltung zu sichern. Sie lassen die Leute, mit denen Sie sich unterhalten, wissen, dass Sie noch nicht fertig sind. Während einer Präsentation ist das nicht notwendig, da Sie der Einzige mit einem Mikrofon sind, und doch sprechen wir sie aus, hauptsächlich deshalb, weil wir Angst vor der Stille haben. In einem Raum voller Menschen zu stehen und absolut nichts zu tun, ist ein sehr seltsames Gefühl. Und die einfache, bequeme und natürliche Möglich-

keit, dieses Gefühl zu vermeiden, besteht darin, keine Stille ein-
kehren zu lassen – man füllt den leeren Raum einfach mit einem
»Hmmm«. Das ist schlecht. Nichts schwächt Ihre Kraft in einem
Raum so sehr wie das Fehlen von Stille.

Stille schafft eine energetische Grundstimmung im Raum. Ist ein
Raum still, schenken Ihre Zuhörer Ihnen manchmal mehr Aufmerksamkeit, als wenn Sie reden (eine Tatsache, die viele nicht
erkennen, weil sie so hart daran arbeiten, keine Stille aufkommen
zu lassen). Wenn Sie den Raum ständig mit Tönen füllen, haben
die Ohren und Köpfe des Publikums niemals eine Pause. Sagen Sie
etwas Interessantes oder Wichtiges, eben Sie dem Publikum einige
Augenblicke zwischen den Sätzen und Argumenten, um sie zu ver-
dauen. Außerdem machen sich viele Leute Notizen, und sei es nur
im Kopf, und dazu brauchen sie ein wenig Zeit. Das Auffüllen des
Raums mit Hmmms verwährt ihren Gehirnen diese Möglichkeit.
Wenn Sie sich Stand-up-Comedians ansehen, werden Sie erkennen,
dass sie 20 bis 30% am Mikrofon mit Stille verbringen, oft nur
um das Publikum lachen und das zuletzt Gesagte wirken zu lassen
oder für eine künstlerische Pause, die den nächsten Witz einleitet.

Der technische Begriff für das, was passiert, wenn einem Publikum
zu viele Informationen vorgesetzt werden – und sei es nur in Form
von Fülllauten –, ist *Interferenz*. Wenn Argument A noch bei den
Zuschauern herumschwirrt und Sie ihnen Argument B an den
Kopf werfen, werden sie unweigerlich einen Teil von Argument A
vergessen. Und wenn sie dann versuchen, das durchzudenken, was
Sie gerade zu Argument B gesagt haben, während Sie mit einem
»Hmmmm« vorgeben, noch etwas sagen zu wollen, erkennen sie
nicht, dass Argument B abgehandelt ist und sie ihre Notizen
machen können.

Donald A. Bligh gibt in *What's the Use of Lectures?* den folgenden Rat:[4]

> *Stille zwischen den Ausführungen des Lehrers ist ein sehr wich-*
> *tiger Teil einer Vorlesung. Stille bietet Zeit zur Vertiefung und*
> *zum Denken. Ihr Timing verlangt die Kunstfertigkeit eines*
> *Schauspielers. Stille ist nach rhetorischen Fragen nützlich, oder*
> *wenn ein Problem dargelegt wurde. Vorausgesetzt, dass die Auf-*
> *merksamkeit erhalten bleibt, muss sie im dritten Viertel des Vor-*

---

[4] (Jossey-Bass), Seite 32.

trags länger sein, wo die Interferenz am größten ist. Interferenz
ist wahrscheinlich der Hauptgrund dafür, dass Inhalte vergessen
werden, besonders wenn der Vortrag zu schnell abläuft.

Damit aufzuhören, »Hmm« zu sagen, kann man lernen. Sie brauchen dazu nur eines: Übung. Leute, die, ohne »Hmm« zu sagen,
reden, wurden nicht so geboren. Sie haben es bestimmt getan und
daran gearbeitet, dieses Verhalten abzulegen. Wenn Sie sich nicht
sicher sind, ob Sie es tun, ist es sehr wahrscheinlich der Fall. Und
Sie sind in guter Gesellschaft. Vielen Politikern, Berühmtheiten
und Managern kann man wegen ihrer nervenden Fülllaute nur
schwer folgen. Sie haben ein überschaubares Problem, das zu
beheben eine einfache und sichere Möglichkeit darstellt, Ihre Präsentationen zu verbessern.

Was tun, wenn Ihre Rede nicht rund ist?

Wenn Sie feststellen, dass eine Rede, die Sie gerade vorbereiten (oder bereits gehalten haben), nicht ganz rund ist, hilft Ihnen dieses Kapitel weiter.

Während einige Bücher über öffentliches Reden eine lange Checkliste mit kleinen Dingen aufführen, finden Sie hier meine kurze Liste mit großen Dingen. Wenn ich eine Präsentation für schlecht halte, liegt das an einem oder an mehreren der nachfolgend aufgeführten Gründe.

Warum Ihre Rede schlecht sein kann

Sie halten sie zum ersten Mal

Niemand möchte eine Hirnoperation von einem Neuling durchführen lassen. Wenn Sie nach vorne gehen, müssen Sie sicherstellen, dass Sie sich nicht wie jemand verhalten, der noch nie da vorne gestanden hat, selbst wenn das der Wahrheit entspricht. Leute, die verwirrt vor ihren eigenen Laptops stehen, nicht wissen, wie die Fernbedienung funktioniert, oder die mit dem Rücken zum Publikum stehen und ihre eigenen Folien betrachten, erwecken den Eindruck, dies zum ersten Mal zu tun. Niemand möchte das Gefühl haben, das Versuchskaninchen zu sein, es sei denn, Ihr Herumexperimentieren macht irgendwie Spaß (was wahrscheinlich nicht der Fall ist).

Lösung: Üben Sie, bis es sich gut anfühlt. Alles, was in Ihrer Rede vorkommt, muss geübt werden. Wenn Sie ein neues Laptop, eine neue Fernbedienung oder Präsentationssoftware erhalten haben, müssen Sie rechtzeitig Probeläufe mit ihnen durchführen. Führen Sie einen Probelauf in einem Hörsaal durch, um sich an den Raum zu gewöhnen. Und arbeiten Sie hart an den Übergängen zwischen Folien und Punkten, weil man sich hier am ehesten verliert. Achten Sie beim Üben darauf, die Dinge zu eliminieren, die es so aussehen lassen, als hätten Sie die Rede noch nie gehalten (siehe Kapitel 2).

Sie sind eine Schildkröte auf Crack

Schildkröten sind langsam. Schildkröten auf Crack sind immer noch langsam, aber auch unberechenbar. Sie wanken, halten an und bewegen sich nicht mehr auf geradem Weg. Einer Schildkröte auf Crack folgen zu müssen, ist extrem frustrierend. Wenn das Tempo Ihrer Präsentation unklar ist oder wenn Sie nicht sicher sind, in welche Richtung Sie sich bewegen, sind Sie eine Schildkröte auf Crack.

Lösung: Finden Sie einen Rhythmus, dem das Publikum folgen kann. Verwenden Sie ein wohldefiniertes, einfaches, gleichmäßiges Tempo. Teilen Sie Ihre Zeit entsprechend der Anzahl Ihrer Kernpunkte auf und widmen Sie jedem die gleiche Zeit. Sie können jeden Punkt in einzelne Argumente aufteilen, die ebenfalls einem klaren, einfachen Rhythmus folgen sollten. Top-Ten-Listen und häufig gestellte Fragen sind einfach zu nutzende Formate, weil sie einen natürlichen Rhythmus für die Präsentation liefern (siehe Kapitel 6). Niemand gibt Ihnen Zeitvorgaben, d.h., wenn ein Punkt länger dauert als der andere, ist das in Ordnung. Stellen Sie nur sicher, dass Ihr Tempo und Ihr Rhythmus auch für das Publikum einen Sinn ergeben und nicht nur für Sie.

Sie pflegen eine elaborierte Expression

Wir lieben es, wenn wir einen clevereren Eindruck machen. Wir lieben es, die tollsten uns bekannten Wörter zu verwenden und die schnörkeligsten, kryptischsten Fachbegriffe und Akronyme zu nutzen. Auf diese Weise fühlen wir uns überlegen. Und wenn man mit einem intelligenten Publikum konfrontiert wird (was bei vielen Professoren und Experten natürlich der Fall ist), scheint Überlegenheit die beste Verteidigung zu sein. Das Problem besteht darin, dass sich niemand gern wie ein Idiot vorkommt. Für jede klare, direkte Aussage gibt es 10 Millionen schlechte, fragwürdige Alternativen. Wenn Sie sich für eine dieser 10 Millionen entscheiden (ganz egal wie stolz Sie auf die hochgestochenen Worte sind), laden Sie das Publikum zum Tagträumen ein. Bei Ihrem Vortrag geht es nun um Ihre Angst, klare Aussagen zu machen, und nicht mehr um eine positive Erfahrung für das Publikum. Das Publikum sollte nicht die harte Arbeit erledigen müssen, das sollten Sie tun. Sie sind da, um etwas zu teilen, um zu überzeugen oder um etwas zu vermitteln, und das bedeutet, dass Sie ihre Verteidigung aufgeben, klar denken und sich auf einer Ebene bewegen müssen, die sich das Publikum wünscht.

Lösung: Verdeutlichen Sie Ihre Kernpunkte. Finden Sie einfache, klare Möglichkeiten, um Ihre Kernpunkte deutlich zu machen. Wenn Sie Quantenphysiker sind oder zwölf Doktortitel besitzen, können Ihre Argumente und die Details sehr komplex sein. Doch sind Sie sicher, dass jeder im Publikum ebenfalls 12 Doktortitel vorweisen kann? Wissen Sie, warum sie im Publikum sitzen und was sie zu lernen hoffen? Wenn Sie dem Publikum zuliebe sprechen, sollte jeder Punkt von den meisten im Raum verstanden werden. Sie müssen mit Ihren Kernaussagen nicht übereinstimmen, und sie können die Feinheiten übersehen, doch nur wenige sollten von den von Ihnen vorgebrachten Punkte verwirrt werden oder sich fragen, warum Sie sie überhaupt anbringen (siehe Kapitel 5). Stephen Hawking versuchte jüngst, in *A Brief History of Time* (Bantam) alles zu erklären, auch wenn nur wenige Sterbliche über Kapitel 2 hinausgekommen sind. Wenn er es für wichtig hält, kleineren Geistern etwas zu erklären, dann sollten Sie das auch.

Sie machen Sex langweilig

Die meisten von uns mögen Sex sehr. Das ist eine natürliche Tatsache, weil wir von einer Vielzahl von Menschen abstammen, die Sex haben mussten, damit es uns überhaupt geben konnte. Er ist der interessanteste und erfreulichste Primärinstinkt, den wir haben. Dennoch kann ein Vortrag über Sex langweilig sein. Jeder kann ein Thema ersticken, indem er mit einer monotonen Stimme spricht, desinteressiert dreinschaut, uninspirierte Beispiele ver-

wendet und sich so verhält, als würde es ihn nicht besonders kümmern, was er da gerade sagt. Wenn Sie von Ihrer Botschaft nicht
angeregt sind und eine entsprechende Energie ausstrahlen, können
Sie das auch nicht vom Publikum erwarten.

**Lösung: Wählen Sie von Anfang an einen interessanten Blick-
winkel.** Wenn Sie sich für ein Thema und eine Position entscheiden, wählen Sie einen interessanten Zugriff. Beziehen Sie Stellung. Geben Sie Ihrer Position im Veranstaltungstitel Ausdruck
und führen Sie sie im Vortrag aus. Selbst wenn das Thema nur Sie
selbst interessiert, wird Ihnen das Publikum einfach aufgrund Ihres
Enthusiasmus folgen (siehe Kapitel 6).

Sie arbeiten mit langweiligen Folien

Folien sind gefährlich. Es gibt so viele Möglichkeiten, ein
Publikum mit Folien zu langweilen. Hässliche, überladene, verwirrende Folien sind üblich, trotz der wenigen Informationen, die sie
vermitteln. Und gleichzeitig lenken sie die Redner häufig stark von
ihren eigentlichen Aussagen ab. Es gibt viele Arten von Informationen, die wir in einer Präsentation nicht liefern können. Wir
nutzen Dokumente, Berichte, Websites und Filme aus guten
Gründen. Niemand möchte einen 10 Punkt großen Text von einer
Projektionswand ablesen. Niemand möchte Ihr riesiges Flussdia-
gramm ausprobieren oder interpretieren. Es ist das falsche
Medium. Solange Folien nicht die einfachste und klarste Möglichkeit sind, Ihre Punkte zu verdeutlichen (und das ist fast nie der
Fall), sollten Sie weniger verwenden. Wenn eine Requisite Ihren
Standpunkt nicht unterstützt, verschwenden Sie die Zeit des Publi-
kums.

**Lösung: Öffnen Sie nicht als Erstes PowerPoint. Beginnen Sie
damit, über Ihr Publikum nachzudenken und es zu verstehen.** Verwenden Sie Anschauungsmaterial und Bilder, um Ihre Punkte zu
verdeutlichen. Wenn Sie Ihre Folien mit Notizen versehen, um sich
sicher zu fühlen, machen Sie das in einer Weise, die das Publikum
nicht langweilt. Oder verwenden Sie stattdessen Ihre Gliederung
oder bringen Sie einfach Notizen mit auf die Bühne (siehe
Kapitel 5).

Sie fürchten sich vor der Menge

Wir haben gute Gründe, uns vor dem Publikum zu fürchten. Doch wenn Angst das primäre Gefühl während Ihrer Rede ist, wird das Publikum sie weder genießen, noch etwas lernen. Die Augen abzuwenden, sich hinter dem Rednerpult zu verstecken und über die Bühne zu laufen, deutet darauf hin, dass Sie Angst vor dem Publikum haben. Und wenn das so ist, will das Publikum Sie gar nicht erst sehen.

Lösung: Finden Sie eine Möglichkeit, sich selbst zu erfreuen. Bringen Sie kleine Geschenke mit, um das Eis zu brechen und ein paar lächelnde Gesichter zu erhaschen. Das könnte Ihnen helfen, sich zu entspannen. Erscheinen Sie rechtzeitig, um einen Teil des Publikums kennenzulernen, was es weniger bedrohlich erscheinen lässt. Wählen Sie Themen, die Sie mögen, sodass das Vergnügen, sich mitzuteilen, eine positive Energie liefert, um das natürliche Gefühl der Angst auszugleichen.

Eine mittelgroße Liste kleiner Dinge

Dies sind definitiv kleine Dinge, doch Menschen sind pingelig. Wenn Sie etwas Nervendes oft genug tun und man es bemerkt, kann es von all dem Guten ablenken, das Sie machen. Niemand kann diese Dinge völlig abstellen, deshalb halte ich diese Liste vor. Wenn alles andere gut ist, müssen Sie sich um diese Dinge keine großen Gedanken machen. Doch wenn Sie geschliffen wirken und vermeiden wollen, dass die Leute Ihre Botschaft aus oberflächlichen Gründen verpassen, dann ist diese Liste genau richtig.

Es gibt keine Möglichkeit, diese Patzer zu erkennen, solange Sie sich nicht selbst auf Video aufnehmen oder von jemandem während Ihrer Rede festhalten lassen.

- **Hmms und Ähs.** Das sind verbale Platzhalter. Bei zwanglosem Geplauder sind sie nicht weiter störend, doch wenn Sie vor einem Publikum reden, sind sie lästig. Sie können dieses Verhalten ablegen, indem Sie lernen, Pausen in aller Stille einzulegen. Zuerst ist es nervtötend, einen Vortrag in einem stillen Raum zu halten, doch die Stille erzeugt eine neue Kraft, die man jederzeit ohne Probleme aufbauen kann. Ist der Raum still, kehren alle Augen zu Ihnen zurück.

- **Ablenkungen und Ticks.** Kleine sich wiederholende Gesten können stark ablenken. Wenn Sie sich ständig die Nase reiben oder Ihre Hände in oder aus den Taschen ziehen, lenkt das letztlich die Aufmerksamkeit von dem ab, was Sie sagen. Mein nervöser Tick, so seltsam er sich auch anhört, besteht darin, die zweite Rippe auf der rechten Seite zu kratzen. Sehen Sie sich einige meiner Reden an, und Sie werden bemerken, dass ich das in etwa 30% der Zeit tue. Ich habe keine Ahnung, warum ich das mache (wahrscheinlich habe ich doch noch einige Schimpansengene in mir). Ich mache das heute weniger oft als früher, doch gelegentlich tue ich es immer noch.

- **Dem Publikum den Rücken zeigen.** Sie müssen es immer vermeiden, mit dem Rücken zum Publikum zu stehen. Wenn Sie auf Ihre Folien schauen müssen, sollte das in einem Winkel geschehen, der es dem Publikum erlaubt, Ihnen immer noch in die Augen zu sehen. Das ist einer der Gründe dafür, dass Vertrauensmonitore so nützlich sind.

- **Wiederholung.** Wir alle haben bestimmte Phrasen lieb gewonnen, die wir zu oft nutzen, wie z.b.»Hier geht es um ...«, »Hier nun ... « oder»Und hier haben wir ... « als Einleitung zu jeder Folie. Es gibt immer Alternativen, das Gleiche auszudrücken, doch zuerst müssen Sie erkennen, welche Phrasen Sie häufiger verwenden als nötig.

- **Kein Augenkontakt.** Wo sind Ihre Augen? Anfänger schauen auf ihre Schuhe, die ganze Zeit über auf die gleiche Person oder in die Luft. Sie sollten zumindest in den hinteren Teil der Menge schauen, damit das Publikum glaubt, dass Sie jemand anderen ansehen. Im Idealfall schauen Sie zu verschiedenen Zeitpunkten in verschiedene Teile des Raums. Ihr Blick sollte so lange verweilen, dass es natürlich aussieht, auch wenn es sich fast nie so anfühlt.

- **Sich unwohl fühlen.** Einige Leute fühlen sich mit den Händen in den Taschen sehr wohl. Die meisten nicht, aber was soll's – jeder empfindet Wohlbefinden anders. Der Punkt ist, dass Sie natürlich genug erscheinen müssen, damit sich Ihre Zuhörer auf das konzentrieren, was Sie sagen, und dass es so aussieht, als wären Sie froh, da zu sein. Wenn Sie ständig auf die Wasserkaraffe am Rand des Rednerpults starren, aus Angst, dass sie jeden Augenblick umfallen könnte, werden Sie nicht den

Eindruck erwecken, sich wohlzufühlen. Also stellen Sie sie weg. Tragen Sie keinen Anzug, wenn er Ihnen Unbehagen bereitet, doch kleiden Sie sich mit Respekt vor dem Publikum. Versuchen Sie immer, es sich so bequem wie möglich zu machen. Wenn Sie sich keine Zeit zum Atmen nehmen oder Ihr Publikum nicht darüber nachdenken lassen, was Sie gesagt haben, dann fühlen Sie sich nicht gut genug zum Reden (so sehr Sie das auch leugnen mögen).

- **Leidenschaftslosigkeit.** Eine der grundlegendsten Lektionen, die man aus der Dr.-Fox-Geschichte in Kapitel 8 lernt, lautet, dass Enthusiasmus das A und O beim Reden ist. Je mehr Sie sich zu bemühen scheinen, selbst wenn es keinen Sinn ergibt, desto mehr werden Ihre Zuhörer verstehen wollen, was Sie ihnen mitzuteilen haben. Nur wenige sprechen wirklich leidenschaftlich. Sie halten sich für leidenschaftlich, doch dem Publikum erscheinen sie bestenfalls leicht interessiert. Sehen Sie sich das Video eines leidenschaftlichen Redners an (MLKs »I Have a Dream«-Rede ist eine gute Wahl) und sehen Sie sich dann eines von Ihnen an. Machen Sie sich Notizen dazu, wie Sie diese Lücke schließen können und dabei immer noch Sie selbst bleiben.

- **Quellen benennen.** Wenn Sie Forschungsergebnisse oder Studien zitieren, sollten sie an irgendeiner Stelle aufgeführt sein. Zu behaupten, dass »Studien gezeigt haben ... «, ohne zumindest eine Quelle nennen zu können, bedeutet, dass Sie Unsinn erzählen oder nicht wissen, worüber Sie reden.

- **Eine unpassende Rede.** Haben Sie die richtigen Vermutungen darüber angestellt, wer im Publikum sitzt, was er bzw. sie wissen und hören will?

Kostenloses Feedback

Wenn Sie eine fünfminütige Präsentation halten und nicht die Zeit haben, sich auf Video aufzunehmen, können Sie dennoch Feedback sammeln. Die allgemeine Regel lautet, dass es eine größere Rolle spielt, was die Leute *tun*, als das, was sie in Bewertungsbogen schreiben (und je nachdem, auf welche Weise die Beurteilung erfolgt, ist sie ohnehin nutzlos; siehe Kapitel 8).

Wenn im Publikum eines der drei folgenden Dinge geschieht, habe ich zumindest etwas richtig gemacht:

- **Sie stellen Augenkontakt mit mir her.** Jede Kultur hat eigene Etikette in Bezug auf Lachen, Applaus und sogar zum Stellen von Fragen, doch der Augenkontakt ist universell. Der Beweis: Wenn Sie sagen: »Ich gebe jedem 10 Millionen Dollar, der mich innerhalb der nächsten fünf Sekunden ansieht«, und dann von fünf bis eins herunterzählen, sind immer 100% aller Augenpaare auf Sie gerichtet. Auf diese Weise können Sie, wenn das Gesagte interessant genug ist, den Kampf gegen die Leute gewinnen, die Solitaire auf ihren Handys spielen, auf Laptops eintippen oder sich Tagträumen hingeben. Am besten stellen Sie die Aufmerksamkeit im Raum alle zehn Minuten wieder her, nur um die Basiszuhörerschaft zu bestimmen. Verteilen Sie Geschenke oder stellen Sie Fragen, um die Aufmerksamkeit wiederherzustellen.

- **Es gibt Fragen oder Kommentare aller Art.** Jede Art des Feedbacks ist gut. Selbst wenn man Ihnen sagt, wie schlecht Sie waren, war derjenige aufmerksam genug, um ein Formular auszufüllen oder eine E-Mail zu schreiben. Jede Mühe, die sich jemand gibt, um auf Sie zu reagieren, ob nun durch Kritik, Fragen, Anregungen oder Hinweise, deutet darauf hin, dass Sie das richtige Thema gewählt und genug Aufmerksamkeit erreicht haben, um eine Reaktion hervorzurufen. Wenn man Ihnen einen Rat gibt oder etwas korrigiert, dann bedanken Sie sich, auch wenn Sie nicht der gleichen Meinung sind. Es ist ein Zeichen von Respekt, dass jemand im Publikum überhaupt irgendwelche Energie in Sie investiert hat.

- **Die Veranstalter laden Sie wieder ein.** Das Feedback der Organisatoren ist anders als das des Publikums, doch die Faustregel lautet, dass Sie besser waren als die meisten anderen Redner, wenn Sie wieder eingeladen werden.

Wenn etwas aus dem Ruder läuft

Da alle öffentlichen Reden eine Art Darbietung sind, können (und werden) Dinge schiefgehen, ganz egal, wie gut Sie sind. Diese Liste entstand aufgrund meiner eigenen Erfahrungen, aber auch aus Unterhaltungen mit anderen erfahrenen Rednern. Sie ist eine praktische Referenz, um die eigenen Ängste zu reduzieren oder um herauszufinden, was Sie hätten besser machen können, wenn mal etwas passiert ist.

Sie wurden unterbrochen

Zwischenrufer sind selten. Wenn es passiert, ist das Publikum üblicherweise genau so frustriert wie Sie selbst. Nutzen Sie das zu Ihrem Vorteil. Wenn man einen Zwischenrufer angreift, wirkt man oft kleinlich, doch wenn man das Publikum auf seine Seite ziehen kann, ist die Sache schnell vorbei.

Zwischenrufer sind Leute, die selbst gern auf der Bühne stehen würden, die betrunken sind oder die glauben, Ihnen zu helfen, indem sie etwas beitragen.

Wie man es verhindert:

- Legen Sie die Regeln fest, nach denen das Publikum mit Ihnen interagieren kann. Sollen Fragen erst am Ende gestellt werden, dann sagen Sie das. Sind Fragen jederzeit willkommen, lassen Sie es das Publikum wissen. Legen Sie die Grenzen auch für Twitter und Event-Chaträume fest. Ich gebe immer meine E-Mail-Adresse bekannt, damit jeder im Raum die Möglichkeit hat, Dinge zu sagen, von denen er nicht sicher ist, ob sie während eines Vortrags angemessen sind.

Wie man reagiert:

• Erinnern Sie sich daran, dass Sie mehr Macht haben als jeder Zwischenrufer. Wenn Sie das Mikrofon haben, wird Ihre Stimme verstärkt, nicht seine. Sie können ihn unterbrechen oder über ihn hinwegreden, und er hat keine Möglichkeit, Sie aufzuhalten. Das ist unter keinem Gesichtspunkt ein fairer Kampf. Sobald der Zwischenrufer das erkennt, wird er sich schnell beruhigen.

• Sprechen Sie den Zwischenrufer direkt an und bitten Sie ihn, sich seine Fragen oder Kommentare bis zum Schluss aufzuheben. Freundlich vorgetragen, funktioniert das fast immer. Es zeigt, dass Sie nicht erschüttert sind und dass Sie das Problem angehen, bevor es aus dem Ruder läuft. Selbst wenn jemand einen Witz auf Ihre Kosten macht, sollten Sie das nicht zu einem Argument aufwerten. Bitten Sie ihn höflich, bis zum Ende der Präsentation zu warten.

• Wenn Sie selbstbewusst sind, können Sie den Zwischenrufer schnell mit einem Witz oder einem lustigen Kommentar abfertigen, doch Vorsicht: Wenn Sie darin nicht gut sind, könnten Sie sich auf einen Kampf einlassen, denn Sie möglicherweise verlieren. Es ist einfacher, über einen Witz zu lachen, selbst wenn er auf Ihre Kosten geht. Sagen Sie: »Das war interessant, vielen Dank«, aber fahren Sie mit Ihrem Vortrag fort. Das gibt ihm eine gewisse Achtung, da Sie seine Worte bestätigen, doch Sie behalten die Kontrolle.

• Wenn jemand völlig daneben ist und andere Leute belästigt, sollten Sie den Veranstalter um Hilfe bitten. Sollte sich die Menge aggressiv oder unangemessen verhalten, muss der Gastgeber bereit sein, einzuschreiten. Sie können den Zwischenrufer auffordern, den Raum zu verlassen, wenn er die Regeln nicht einhält, und der Veranstalter sollte Ihnen dabei helfen, das durchzusetzen, sollte es notwendig werden.

Die Zuhörer starren auf ihre Laptops

Jedes Publikum hat eine Kultur, und in manchen Kulturen ist es üblich, dass die Leute etwas anderes anschauen als den Redner. Das raubt dem Redner eine gewisse Energie, für ihn ist es üblicherweise von Vorteil, so viel Augenkontakt wie möglich zu haben. Manchmal machen sich die Leute einfach nur Notizen oder teilen das, was Sie sagen mit anderen Menschen, und das ist gut für Sie. Doch manchmal spielen sie nur Solitaire oder surfen im Netz, was nicht so gut ist. Den Leuten im Publikum sollte es freistehen, zu entscheiden, wie sie Ihnen zuhören wollen, aber Sie haben natürlich die Möglichkeit, diese Wahl zu beeinflussen.

Wie man es verhindert:

- Bitten Sie die Zuhörer, ihre Laptops zu schließen. Bestehen Sie nicht darauf – respektieren Sie ihr Recht, zu tun, was sie wollen, besonders dann, wenn sie dafür bezahlt haben, sich in diesem Raum aufhalten zu dürfen. Doch Sie können ihnen sagen, dass Sie glauben, eine bessere Arbeit abzuliefern, wenn Sie die ungeteilte Aufmerksamkeit des Raums besitzen.

- Manchmal sage ich Folgendes:»Hier mein Vorschlag. Ich möchte, dass Sie mir fünf Minuten ihrer ungeteilten Aufmerksamkeit schenken. Wenn Sie nach fünf Minuten gelangweilt sind, mich für einen Idioten halten oder lieber durchs Web surfen, als mir zuzuhören, dann steht Ihnen das frei. Ich wäre Ihnen auch nicht böse, wenn Sie nach fünf Minuten einfach aufstehen und gehen. Doch ich bitte Sie darum, mir in den ersten 300 Sekunden Ihre ungeteilte Aufmerksamkeit zu schenken.« Die meisten Leute schließen dann ihre Laptops.

- Denken Sie daran, dass sich einige Leute auch Notizen auf ihren Laptops machen. Sie könnten das von Ihnen Gesagte live bloggen oder twittern, was Ihr Publikum weit über den Raum hinaus ausdehnt. Ein offener Laptop bedeutet nicht immer, dass man Sie ignoriert.

Wie man reagiert:

- Sie können nicht allzu viel tun, außer sich auf diejenigen zu konzentrieren, die voll bei der Sache sind.

- Schwimmen Sie mit dem Strom. Öffnen Sie Twitter auf Ihrem Laptop, projizieren Sie die Tweets zu Ihrem Vortrag auf die Wand und nehmen Sie sich während Ihrer Rede die Zeit, Kommentare und Fragen durchzugehen.

- Bitten Sie den Gastgeber, Twitter oder den Event-Chatroom zu beobachten, um an die besten Fragen und Kommentare der anderen Kanäle zu gelangen. Informieren Sie das Publikum darüber, was vorgeht und wie sie Fragen an den Gastgeber schicken können.

Ihre Redezeit wird von 45 Minuten auf 10 Minuten beschnitten

Veranstaltungspläne enthalten Fehler, und die Redner zahlen die Zeche. Absagen, Probleme bei der Anreise und andere logistische Probleme bringen die Organisatoren in Situationen, in denen Sie keine andere Wahl haben, als Ihre Redezeit zu beschneiden. Ist Ihr Vortrag für einen späten Zeitpunkt am Tag vorgesehen, könnten Sie einen kürzeren Vortrag halten müssen, um die Zeit wieder aufzuholen.

Wie man es verhindert:

- Solange Sie nicht der Organisator sind, ist es nicht Ihre Aufgabe, die Zeit der anderen nachzuhalten. Wenn Sie bemerken, dass der Terminplan hinterherhinkt, und wenn Sie Ihre Rede spät am Tag halten werden, sollten Sie die Organisatoren darüber informieren. Empfehlen Sie eine Verkürzung der Pausen oder bitten Sie die anderen Redner, ihre Reden leicht zu kürzen, statt alles auf Ihrem Rücken auszutragen.

Wie man reagiert:

- Wenn Sie Ihre Rede kürzen müssen, bitten Sie den Veranstalter, Sie vorzustellen und das Publikum darauf hinzuweisen, dass es nicht Ihre Schuld ist, dass der Zeitplan hinterherhinkt. Damit sichern Sie sich zumindest die Sympathie der Menge.

Jeder im Raum hasst Sie

Es gibt Tage, an denen die Stimmung im Raum nicht stimmt. Es fühlt sich an, als würde jeder im Raum Sie hassen oder sich zumindest wünschen, dass Sie endlich die Klappe halten. So etwas erleben Sie häufig dann, wenn Sie in einem fremden Land sprechen oder in Unternehmen, die betriebsbedingte Kündigungen angekündigt haben (ohne dass man es Ihnen gesagt hätte). Oder vielleicht haben Sie tatsächlich etwas Dummes getan, und man hasst Sie zu Recht.

Wie man es verhindert:

- Ihr Veranstalter ist Ihr Ratgeber. Er sollte Ihnen mitteilen, was Sie wissen müssen, wie etwa die jüngsten Entlassungen oder andere schlechte Nachrichten, die in den Köpfen der Leute herumspuken könnten. Wenn Sie paranoid genug sind, können Sie auch fragen:»Ist in letzter Zeit etwas passiert, was ich wissen sollte?«

- Gehen Sie früh genug hin. Dann können Sie sich vorstellen und mit den Leuten im Publikum reden. Sie entwickeln ein Gespür dafür, was sie mögen, und Sie können neu gewonnene Erkenntnisse auf die größere Gruppe anpassen.

Wie man reagiert:

- An manchen Tagen müssen Sie in der Robotermodus wechseln und Ihre Präsentation so halten, als würden Sie vor einer Menge sprechen, die Sie mag. Ziehen Sie einfach Ihr Ding durch und kümmern Sie sich nicht um das Publikum. Wenn man Sie hasst, ist das eben so, doch erliegen Sie nicht der Versuchung, Ihre Rede spontan zu ändern nur aus Angst, dass man Sie nicht mögen könnte. Sie können es nicht verhindern. Zeigen Sie Enthusiasmus der paar Menschen zuliebe, die Sie weniger hassen, als Sie vielleicht glauben.

- Kürzen Sie Ihren Stoff ab, um schnell zu den Fragen und Antworten zu gelangen. Wenn Sie gelegentlich optionale Geschichten einstreuen, lassen Sie sie weg. Je schneller Sie zu den Fragen und Antworten kommen, desto schneller können Sie herausfinden, was eigentlich vorgeht. Und im schlimmsten Fall ist Ihre Rede schnell vorüber.

Ein Typ hört nicht auf, Fragen zu stellen

Das ist die etwas freundlichere Variante des Zwischenrufers, und er kommt wesentlich öfter vor. Einige Leute erkennen einfach nicht, dass sie das Recht, Fragen zu stellen, missbrauchen. Sie bemerken nicht, dass sie fast ebenso viel reden wie Sie. Seien Sie einfach froh, dass Sie mit so jemandem nicht verheiratet sind – Sie würden überhaupt nicht zu Wort kommen.

In anderen Fällen beantworten Zuhörer auch an Sie gerichtete Fragen, um Sie und andere zu beeindrucken.

Wie man es verhindert:

- Die generelle Regel lautet, dass die Zuhörer mit Fragen die Hand heben und Sie denjenigen auswählen, der seine Frage stellen kann. Wenn Sie immer die gleiche Person auswählen, wessen Fehler ist das dann?

- Wenn die Leute Fragen oder Kommentare einfach herausschreien, bitten Sie sie, zuerst die Hand zu heben.

Wie man reagiert:

- Sie müssen wissen, dass das Publikum diese Art von Zuhörern hasst. Sie sind nervend und oft Strebertypen, die keiner mag. Je schneller Sie sie loswerden, desto zufriedener ist das Publikum mit Ihnen.

- Nur weil eine Frage gestellt wird, bedeutet das nicht, dass Sie sie auch beantworten müssen. Fragen Sie das Publikum:»Wie viele Leute sind an der Beantwortung dieser Frage interessiert?« Wenn nur ein Bruchteil des Publikums die Hand hebt, bitten Sie den Fragesteller, nach dem Vortrag nach vorne zu kommen.

- Nutzen Sie eine Pause, um sich mit der Person persönlich zu unterhalten. Bedanken Sie sich für seinen Beitrag, doch bitten Sie ihn, sich mit seinen Fragen zurückzuhalten, damit auch andere eine Chance haben, etwas beizutragen. Geben Sie ihm als Alternative Ihre E-Mail-Adresse.

Es gibt eine ausladende Fragestellung, die keinen Sinn ergibt und drei Minuten dauert

Ein gutes Warnsignal für eine solche Frage ist eine 60-sekündige Vorrede. Stellt jemand eine so lange Frage, hat er noch nicht genug über sie nachgedacht, um sie überhaupt zu formulieren.

Wie man es verhindert:

- Seien Sie hart. Wenn man die Leute davor warnt, langatmige Fragen zu stellen, schüchtert man sie möglicherweise so ein, dass sie gar keine Fragen mehr stellen. Es ist wesentlich besser, darauf zu reagieren, wenn es tatsächlich passiert.

Wie man reagiert:

- Stellen Sie eine klärende Frage:»Meinen Sie X oder Y?« Unterbrechen Sie die Leute, wenn nötig. Wenn sie ein wenig hilflos wirken, bitten Sie sie, ihre Frage noch einmal zu überdenken, während Sie die nächste Frage beantworten. Kehren Sie dann später zu ihm zurück. Das ist recht direkt, doch wenn Sie es charmant machen, wird es das Publikum zu schätzen wissen.

- Machen Sie sich bewusst, dass das Publikum diese Fragesteller ebenfalls nicht mag. Sie sind nicht zu diesem Vortrag gekommen, um sich irgendwelche weitschweifigen, schlecht formulierten Pseudofragen anzuhören. Wenn jemand seit 30 Sekunden an seiner Frage herumdoktert, von der Sie glauben, dass sie nirgendwo hinführt, dann sind Sie der Einzige im Raum, der etwas dagegen tun kann.

- Wenn Sie ihn unterbrechen, erinnern Sie ihn an Ihre E-Mail-Adresse. Erwähnen Sie, dass lange Fragen gut sind – nur eben nicht in diesem Moment.

- Manchmal möchten die Leute selbst einen Punkt formulieren, und das ist in Ordnung, solange er kurz ist. In solchen Fällen gilt der gleiche Rat wie oben.

Ihnen wird eine unmögliche Frage gestellt

Es ist nichts Falsches an einer schwierigen Frage, die Sie nicht beantworten können. Es gibt kein Gesetz, nach dem Sie als Redner alles wissen müssen. Wenn Sie über ein interessantes Thema reden, wird es natürlich Fragen geben, die Sie nicht beantworten können. Es gab sehr viele Fragen, die Einstein nicht beantworten konnte. Selbst omnipotente Redner können die Frage »Was kann man omnipotente Redner fragen, was sie nicht beantworten können?« nicht beantworten.

Wie man es verhindert:

- Die einzige Lösung besteht darin, Ihre Rede so langweilig oder undurchsichtig zu halten, dass es keine schwierigen Fragen geben kann, weil das Publikum nicht weiß, was Sie eigentlich sagen wollen. Machen Sie das nicht.

Wie man reagiert:

- Lernen Sie, den folgenden Satz zu sagen: »Ich weiss es nicht.« Das ist ganz leicht. Sie werden nicht tot umfallen, wenn Sie ihn aussprechen.

- Schreiben Sie die Frage auf oder bitten Sie jemanden, sie Ihnen per E-Mail zu schicken. Versprechen Sie, die Antwort in Ihrem Blog zu veröffentlichen.

- Geben Sie die Frage an das Publikum weiter. Vielleicht sind Sie nicht der Einzige, der die Frage nicht beantworten kann. Weiß niemand im Publikum eine Antwort, steht es genauso dumm da wie Sie. Und wenn jemand die Antwort kennt, haben Sie der Person weitergeholfen, die diese schwierige Frage gestellt hat, auch wenn die Antwort nicht von Ihnen stammt.

Das Mikrofon geht kaputt

Häufig gehen Mikrofone nicht ganz kaputt. Sie haben meist Rückkopplungen oder gehen an und aus. Das nervt das Publikum unglaublich, und es wird Sie dafür verantwortlich machen. Wenn sich das Problem nach ein paar Minuten nicht von selbst löst, können Sie davon ausgehen, dass das Mikrofon ganz kaputt ist.

Wie man es verhindert:

- Beten Sie zu den Göttern der Tontechnik.
- Bestehen Sie vor der Rede auf einem Soundcheck.
- Fragen Sie die Tonleute, an welchen Stellen im Raum es Probleme gibt.

Wie man reagiert:

- Lassen Sie sich vom Publikum bestätigen, dass sie die gleichen Probleme haben wie Sie. Manchmal sind die Probleme nur auf der Bühne wahrzunehmen.
- Binden Sie die Technik mit ein. Dafür werden die Leute bezahlt. So peinlich Ihnen das auch sein mag, sie um Hilfe zu bitten, weiß dann das Publikum, dass es nicht allein Ihr Fehler ist.
- In mittelgroßen Räumen (bis zu 100 Leuten) ist die Akustik häufig gut genug, dass das Publikum Sie auch ohne Mikrofon hört, wenn Sie es richtig anstellen. Treten Sie nach vorne und beginnen Sie mit der Rede, während die Technik das Problem behebt.
- Guten Füllstoff bietet die Frage, was die Teilnehmer zu lernen hoffen. Oder fragen Sie die Leute, wer weniger als fünf Jahre in seinem Job ist. Die Teilnehmer können immer antworten, und Sie erhalten einige nützliche Hintergrundinformationen.

- Bei einer langen Session können Sie eine Pause machen. Die Leute mögen Pausen. Statt sie zu zwingen, Ihnen dabei zuzusehen, wie Sie mit der Technik kämpfen, geben Sie ihnen fünf Minuten, um sich einen Kaffee zu besorgen oder mal auszutreten.

Ihr Laptop explodiert

Bei jeder Konferenz gibt es mindestens einen Menschen, der technische Probleme mit seinem Computer hat. Bei einigen Veranstaltungen sind Sie gezwungen, den Computer am Rednerpult zu nutzen, um mögliche Probleme zu minimieren, doch Schwierigkeiten mit Videocodecs und Schriftarten machen es manchmal nur schlimmer. Ob Mac oder PC, alle Computer haben ihre Tücken, und jedes Projektions- und Videosystem besitzt charmante Eigenheiten, die die dafür zuständigen Techniker schlicht leugnen.

Wie man es verhindert:

- Nutzen Sie Ihre eigene Technik.

- PC-Laptops sind weiter verbreitet, und ich gebe zu, dass es weniger Probleme mit der Projektorkompatibilität gibt. Das Problem ist, dass es PCs sind.

- Bestehen Sie vor Ihrer Rede auf einem Videocheck.

Wie man reagiert:

- Die große Frage lautet, zu welchem Zeitpunkt man auf den Laptop verzichten sollte. Zehn Minuten ist meine Schmerzgrenze. Wenn Sie nach 10 Minuten nicht wissen, was Sie tun sollen, wird es Zeit für Plan B.

- Plan B: Sie müssen Ihre Kernpunkte kennen (siehe Kapitel 5). Sie müssen in der Lage sein, sie in einer kurzen Liste aufzuschreiben. Halten Sie eine kürzere, weniger formale Version Ihrer Rede. Und sagen Sie nicht ständig: »Wenn ich nur meine Folien hätte« oder »Bei meinem eigentlichen Vortrag ...« Das Publikum interessiert es nicht, was es hätte sehen können.

- Stecken Sie einen Ausdruck Ihrer Folien ein. Im schlimmsten Fall können Sie diese als Notizen verwenden.

Es gibt einen Schreibfehler auf einer Folie (neiiiin!)

Die Sache ist ganz einfach: Wen interessiert's? Sicher, es ist eine nette Sache, wenn Sie die Namen der Leute richtig schreiben und wenn Sie versuchen, die Dinge für Ihr Publikum perfekt darzustellen, doch Fehler kommen vor. Das Web, Blogs und Twitter haben dafür gesorgt, dass wir bei Schreibfehlern und falscher Interpunktion wesentlich mehr durchgehen lassen. Wenn ein falsch geschriebenes Wort ihr größter Fehler ist, haben Sie sehr gute Arbeit geleistet.

Wie man es verhindert:

• Lassen Sie Ihre Folien von einem Freund durchsehen, der sich mit der Rechtschreibung auskennt.

Wie man reagiert:

• Danken Sie demjenigen, der den Fehler gefunden hat, und machen Sie eine Notiz, um ihn zu korrigieren. Fahren Sie anschließend normal fort.

Sie kommen zu Ihrer eigenen Rede zu spät

Aus Gründen, die in Kapitel 3 erläutert wurden, kann Ihnen das sehr leicht passieren, wenn Sie an einem neuen Veranstaltungsort reden. Zu spät zu kommen, passiert, vorsichtig ausgedrückt, wenn Sie nicht richtig planen, frühzeitig anzukommen. Sie können dafür sorgen, dass der Verkehr, verspätete Flüge, verwirrende Straßenschilder und all die anderen Dinge, die zu Verspätungen führen, Sie nicht umbringen, solange Sie Stunden zu früh oder in der Nacht davor, ankommen.

Wie man es verhindert:

• Seien Sie rechtzeitig da. Fliegen Sie in der Nacht davor. Setzen Sie nicht voraus, dass die Reisewelt perfekt funktioniert, weil das niemals der Fall ist.

Wie man reagiert:

• In dem Augenblick, in dem Sie glauben, zu spät zu kommen, rufen Sie die Veranstalter an. Diese sind möglicherweise in der Lage, Ihr Zeitfenster mit einem anderen Redner zu tauschen.

Je früher sie Bescheid wissen, desto mehr Möglichkeiten haben
sie und desto weniger sie Sie gehasst.

• Wenn Sie angekommen sind, ganz egal wie spät es auch sein
mag, nehmen Sie sich einen Moment Zeit, um sich zu sammeln. Sind Sie hektisch und in Panik, können Sie keine gute
Arbeit abliefern. Die zusätzlichen 30 Sekunden sind gut investiert, um sich zu beruhigen und die verbleibende Zeit entspannt anzugehen.

• Bevor Sie Ihren Vortrag beenden, bieten Sie an, länger zu bleiben, falls jemand noch Fragen haben sollte. Das ist in jedem
Fall eine gute Angewohnheit und könnte die Wogen um Ihr
spätes Erscheinen ein wenig glätten.

Sie fühlen sich krank

Das ist eine Ermessensfrage, da jeder mit einer Krankheit anders
umgeht. Einige Menschen verkraften eine Erkältung oder Kopfschmerzen so gut, dass keiner etwas davon merkt, wenn sie es
nicht erwähnen. Andere können sich überhaupt nicht konzentrieren.

Wie man es verhindert:

• Wenn Sie am nächsten Tag reden müssen, sollten Sie am
Abend vorher keinen trinken gehen.

• Essen Sie einen Apfel täglich.

Wie man reagiert:

• Die Entscheidung, die Sie treffen müssen, ob Sie den Vortrag
absagen sollen. Das hängt stark davon ab, wie leicht man ihn
verlegen kann. Sprechen Sie mit den Veranstaltern, sobald Sie
sich krank fühlen, und klären Sie die Möglichkeiten ab. Wenn
man die Wahl hat, einen halb garen Vortrag von einem Kran-
ken zu hören oder den Termin zu verlegen und einen guten
Vortrag von einem Gesunden zu hören, wird das Publikum die
zweite Alternative vorziehen. Doch wenn es sich um eine einmalige Angelegenheit handelt, etwa um eine Konferenz oder
um die einzige Chance, Sie zu sehen, dann gibt es wohl keine
Alternative.

- Bringen Sie immer ein paar Aspirin mit. Es wird die Erkältung nicht heilen, doch Sie werden sich ein paar Stunden besser fühlen, gerade lange genug, um den Vortrag zu halten.

Die Zeit läuft Ihnen davon

Das passiert weitaus häufiger, als dass Vorträge zu früh enden. Da sich die meisten Redner darauf einrichten, ihre Zeit genau einzuhalten, ist das auch keine Überraschung.

Wie man es verhindert:

- Wenn Sie Ihren Vortrag richtig aufbauen, sollte es während der gesamten Rede einen gleichmäßigen Rhythmus geben, der Sie während der ganzen Zeit über den Fortschritt informiert (siehe Kapitel 6). Auf diese Weise müssen Sie nicht plötzlich erkennen, dass Sie die Hälfte Ihrer Rede in nur einer Minute durchpeitschen müssen.

- Üben Sie die Rede so ein, dass Sie weniger Zeit benötigen als vorgesehen.

- Planen Sie etwa 20 bis 30% Ihres Zeitfensters für Fragen und Antworten ein. Wenn es knapp wird, können Sie einen Teil dieser Zeit opfern.

- Verwenden Sie eine Fernbedienung mit Timer.

- Bitten Sie den Veranstalter um einen Hinweis, wenn noch 15 Minuten verbleiben (oder was auch immer ein Drittel der Gesamtzeit ausmacht).

Wie man reagiert:

- Verlieren Sie sich nicht. Wenn Sie den Stoff nicht durchbekommen, legen Sie ihn auf die Seite und konzentrieren sich auf das Publikum. Sind noch drei Abschnitte übrig, während die Zeit nur für einen reicht, fragen Sie das Publikum, welcher Abschnitt behandelt werden soll.

- Qualität ist immer wichtiger als Quantität. Pauken und hetzen Sie nicht. Sie müssen bereit sein, Stoff wegzulassen, um den Stoff, für den die Zeit reicht, gut vermitteln zu können.

- Kündigen Sie an, die Folien, für die die Zeit nicht gereicht hat, auf Ihre Website zu stellen.

- Bieten Sie an, wiederzukommen, um den restlichen Stoff zu behandeln und die Fragen der Leute zu beantworten.

Sie haben Ihre Folien nicht dabei

Nun, das kann passieren. Vielleicht haben Sie sie an die falsche Stelle kopiert, oder Sie haben den Speicherstick auf der Flughafentoilette liegen lassen.

Wie man es verhindert:

- Legen Sie Ihre Folien an drei Stellen ab: auf einem Speicherstick, den Sie mitbringen, auf Ihrem eigenen Laptop und auf einer Website, auf die Sie von jedem Webbrowser aus zugreifen können. Redundanz siegt.

- Die Paranoiden unter Ihnen können sie auch ausdrucken. Manchmal ist analog besser als digital – wenn der Strom ausgeht und Sie eine Taschenlampe dabeihaben, sind Sie bestens gerüstet.

Wie man reagiert:

- Wenn Sie mutig sind, gestehen Sie es dem Publikum. Entschuldigen Sie sich. Bitten Sie um Vergebung und improvisieren Sie, damit der Vortrag trotzdem einen Nutzen darstellt.

- Der einfachste Trick besteht darin, zu Beginn Ihrer Rede eine Liste mit zehn Fragen aus den Wünschen des Publikums zu generieren und dann jede Frage zu beantworten. Was erwarten Sie zu lernen? Das könnte sich als wesentlich besserer Stoff herausstellen als das, was Sie ursprünglich geplant haben.

Die Veranstalter sind Kontrollfreaks

Manchmal fordern die Gastgeber alle Arten von lästigen Dingen (oder sie werden von Ihren Vorgesetzten dazu angewiesen). Dazu gehört die Verwendung hässlicher Folienvorlagen, die Anweisung, bestimmte Dinge nicht zu sagen bzw. bestimmte Geschichten nicht zu erzählen, und oft sollen Sie Verzichtserklärungen unterschreiben, die dem Veranstalter das Recht geben, Sie nach Gutdünken auf Video aufzunehmen und zu fotografieren.

Als Redner bieten Sie eine Dienstleistung an. Sie können ablehnen oder Bedingungen ausschließen, die Sie nicht mögen.

Wie man es verhindert:

- Sie können die Organisatoren frühzeitig wissen lassen, dass Sie nicht auf Video aufgenommen werden wollen, oder andere

Bedingungen festlegen. Professionelle Redner bieten häufig Informationsblätter an, die all die Dinge aufführen, die sie nicht tun.

Wie man reagiert:

- Erklären Sie freundlich, warum eine Bedingung Ihren Zielen widerspricht. Wenn es Sie nervös macht, auf Video aufgenommen zu werden, egal aus welchem Grund, dann erklären Sie, dass eine Videoaufzeichnung die Zufriedenheit der Leute im Publikum schmälern wird.

- Folienvorlagen sind in 95% der Fälle eine Dummheit. Sie sollen die Qualität der Folien verbessern, basieren aber immer auf PowerPoint-Vorlagen, die bekanntermaßen schlecht, aufzählungslastig und hässlich sind. Ein vernünftiger Kompromiss besteht darin, die Einführungsfolie der Vorlage zu verwenden – und sonst nichts. Lassen Sie kein Auto-Update Ihrer Folien basierend auf einer Vorlage zu, da Layouts und komplexe Folien immer auf üble Weise durcheinandergeraten, die die Organisatoren nur selten bemerken.

- Streichen Sie die entsprechenden Klauseln einfach durch, paraphieren Sie sie und geben Sie den Vertrag mit einem entsprechenden Hinweis zurück. Häufig reicht das völlig aus.

- Wenn die Auftraggeber auf Video- oder Audioaufnahmen bestehen, dann bestehen Sie auf einer Creative Commons-Lizenz, damit Sie die Aufnahmen selbst wiederverwenden können. Auf diese Weise können die Veranstalter mit den Aufnahmen machen, was sie wollen, doch Sie haben das Recht, sie auf Ihre Website zu setzen, bei YouTube einzustellen oder sie zu verkaufen. Es ist nur fair, das zu fordern: Sie erhalten eine professionelle Aufnahme, die Sie wiederverwenden können, und die Veranstalter erhalten das Recht, Sie überhaupt aufzunehmen.

Es gibt ein Kleidungsproblem

Das passiert den Leuten, die beim Super Bowl auftreten, ständig. Und selbst weniger berühmten Menschen als Janet Jackson können in der Mittagspause oder auf einer öffentlichen Toilette unglückliche Dinge mit der Kleidung passieren.

Wie man es verhindert:

- Lassen Sie den Veranstalter oder einen Freund einen kritischen Blick auf Ihre Kleidung werfen, bevor Sie loslegen.

- Entfernen Sie alle Brust-Piercings, bevor Sie mit dem Vortrag beginnen.

- Gehen Sie noch einmal in den Waschraum und prüfen Sie sich selbst im Spiegel. Ein guter Zeitpunkt dafür ist kurz vorm Befestigen des Mikrofons und nachdem Sie überprüft haben, dass Ihr Laptop und die restliche technische Ausstattung richtig funktionieren. Überprüfen Sie Ihre Zähne (Spinat ist böse), sprechen Sie zum Spiegel und drehen Sie sich herum, um zu sehen, ob alles in Ordnung ist.

- Ein Vorteil, rechtzeitig da zu sein, besteht darin, dass die Chancen stark sinken, sich selbst mit etwas zu beschmieren.

Wie man reagiert:

- Wenn Sie etwas bemerken, das Sie diskret beheben können, erledigen Sie das hinter dem Rednerpult. Das Rednerpult verdeckt viele Sünden.

- Bringen Sie ein zusätzliches Hemd oder einen Pullover mit, nur für den Fall, dass etwas Schlimmes passiert. Einen Pullover können Sie über das Hemd ziehen oder sich um die Hüfte legen, je nachdem, was Sie gerade zu verstecken wünschen.

- Und natürlich müssen Sie einen Weg finden, sich nicht um triviale Dinge zu kümmern, die Sie nicht ändern können. Machen Sie einen Witz oder erzählen Sie eine Geschichte von einem schlimmeren Vorfall, doch lassen Sie sich von einem Fleck, einem Riss oder einem offenen Reißverschluss nicht aus der Ruhe bringen.

Es sitzen nur fünf Leute im Publikum

Es gibt eine magische Zahl, bei der ein Publikum so klein ist, dass es kein Publikum mehr ist, aber doch größer als eine Gruppe. Der Fehler besteht darin, zu glauben, dass es sich immer noch um ein großes Publikum handelt, und einen schicken Vortrag zu halten, der für ein großes Publikum gedacht war. Das funktioniert nicht. Sie müssen den Gang wechseln.

Wie man es vermeidet:

- Verwenden Sie einen Anmeldebogen für Ihre Rede. Bei den meisten Konferenzen ist das standardmäßig der Fall. Sie sollten immer wissen, wie viele Leute registriert sind. Die Ausfallraten bei Vorträgen sind hoch, üblicherweise so um die 50%. Sind 100 Leute angemeldet, sollten Sie also mit etwa 50 Teilnehmern rechnen.

- Forschen Sie ein wenig nach. Wie viele Leute sind zum letzten Vortrag erschienen, der hier stattgefunden hat? Gibt es gute Gründe dafür, anzunehmen, dass Ihr Stoff eine größere Menge anzieht?

- Werben Sie für sich selbst. Zwei Dinge müssen geschehen, damit ein großes Publikum zusammenkommt: Interessierte Leute müssen von Ihrem Vortrag wissen, und sie müssen motiviert sein, sie anzuhören.

Wie man reagiert:

- Nutzen Sie die Dichtetheorie. In einem großen Raum sollten alle zusammenrücken. Wenn es wirklich nur fünf Leute sind, bilden Sie einen Halbkreis, damit sich eine natürliche Konversation ergibt.

- Legen Sie die vorbereiteten Folien beiseite. Die Chancen stehen schlecht, dass sie bei einer kleinen Gruppe gut funktionieren. Schalten Sie in einen informellen Modus und beginnen Sie den Vortrag, indem Sie (wie vorhin) eine Liste von Fragen erstellen, die Sie dann beantworten.

Was tun, wenn Ihr Fall hier nicht beschrieben wird

Nun, mein Freund, da gibt es nur ein narrensicheres Manöver. Sie müssen aufmerksam verfolgen, was passiert, um es Ihren Freunden später erzählen zu können. Wie Sie gleich sehen werden, sind echte Katastrophen immer auch großartige Geschichten, die Sie mit anderen teilen können.

Schlimmer geht's nimmer

Wir alle können unseren Freunden schöne Geschichten über Dinge erzählen, die ganz furchtbar schiefgegangen sind. Üble Dinge geschehen. Das Leben geht weiter. Und irgendwann wird das Furchtbare lustig, zumindest für Ihre Freunde. Diese Geschichten funktionieren, weil sich andere mit den Dingen besser fühlen, die bei ihnen schiefgegangen sind. Und das gilt auch für denjenigen, dem sie zugestoßen ist.

Ich habe diese Liste aus nur einem Grund zusammengestellt: damit sich jeder etwas besser fühlt. Wovor auch immer Sie sich fürchten, es kann nicht so schlimm sein wie das, was diesen Leuten widerfahren ist. Und sie sind alle kluge und erfahrene Redner. Es war ein Vergnügen, diese Liste zusammenzustellen, und ich danke allen, die eine Geschichte beigetragen haben.

Spricht irgendjemand Georgisch?

Mein schlimmstes Erlebnis war auch eines meiner ersten. Ich wurde gebeten, an einer Konferenz »leitender Regierungsangehöriger« in Georgien »teilzunehmen«. Ich kam spät abends an und wurde für die Nacht in einem Haus der Regierung untergebracht. Der Fahrer weckte mich um sieben Uhr morgens, und wir verließen das Haus gegen 7:30 Uhr, um etwa eine Stunde zu einem Regierungsgebäude zu fahren. Als ich ankam, fand ich etwa 50 Top-Regierungsvertreter vor, vom Präsidenten des Obersten Gerichtshofs (sowie dem Großteil des Gerichtshofs selbst) über die

Parlamentsführer bis zu etwa 20 Repräsentanten aus dem Büro des Präsidenten. Ich wurde am Kopf des Tischs platziert. Es gab keinen Übersetzer für mich. Der Gerichtspräsident begrüßte mich mit zwei englischen Sätzen und redete dann etwa 20 Minuten auf Georgisch mit dem Publikum. Anschließend drehte er sich um und sagte auf englisch:»Nun, wir würden gerne eine einstündige Rede hören, die die deutschen, französischen und amerikanischen Verfassungen miteinander vergleicht, mit allen besonderen Aspekten für Georgien.«

Ich weiß, Sie hatten auch schon einmal einen solchen Traum. Aber das war real.

Lawrence Lessig
Professor für Rechtswissenschaft,
Stanford Law School

Was tun, wenn das SEK-Team kommt?

Moskau 1997. Ich war einer von mehreren Rednern bei einem »Dankeschön«-Dinner in einem prächtigen Restaurant, das von einem Unterhaltungselektronik-Konzern gesponsert wurde. Mehrere wichtige Manager waren für diesen Abend aus Tokio eingeflogen worden.

Nach 30 Sekunden meiner Rede wurde die Tür aufgerissen, und sechs mit Skimützen maskierte und schwer bewaffnete OMON-Soldaten (das Moskauer Gegenstück zu einem SEK-Team) kamen in den Raum. Keiner von ihnen sprach. Auch ich nicht.

Vier besetzten die Ecken des Raums, während zwei, mit gezückten AK-47, direkt auf einen Tisch auf der anderen Seite zugingen. Sie griffen sich einen Mann an diesem Tisch, zogen ihn hoch und marschierten mit ihm aus dem Speisesaal. Ganz still machten sich auch die vier anderen wieder davon.

Ich beendete meine Rede. Die Manager aus Tokio kamen nie wieder nach Moskau.

Dan Roam
Autor von »Auf der Serviette erklärt« (Redline)

Eine lustige Sache passierte auf meinem Weg zur Bühne

Vor vielen Jahren, nach einer langen Nacht bei einer Konferenzparty, verschlief ich und wachte nur Augenblicke vor der Zeit auf, zu der ich meine Rede halten sollte. Ich hatte nicht nur einen mörderischen Kater, ich war auch ziemlich sicher, immer noch betrunken zu sein. Ich rannte aus dem Hotelzimmer, in dem ich eingeschlafen war, und erkannte entsetzt, dass ich irgendwann während meines nächtlichen Abenteuers mein T-Shirt gegen ein anderes getauscht hatte, auf dem »I fuck like a girl« stand. Da es schon so spät und ich weit entfernt von meinem eigenen Hotel war, musste ich gehen, wie ich war. Bevor ich den Konferenzraum betrat, entschied ich, dass ich eine Zigarette brauchte. Ich ging zu einem netten Mädel herüber, die mir freundlich eine anbot. Doch nach dem ersten tiefen Zug erkannte ich, dass da kein Tabak drin war. Irgendwie habe ich es dennoch hinbekommen, die Rede zu halten. Glücklicherweise war das die SXSW, eine recht lockere und geekige Konferenz, und viele Teilnehmer trugen dunkle Sonnenbrillen, um die Spuren der letzten Nacht zu verstecken.

danah boyd
Social-Media-Blogger

Todesfall

Eine der wenigen Geschichten, bei der eine Rede für den Tod eines Zuhörers verantwortlich war, stammt direkt aus der Bibel.

»Ein gewisser Jüngling aber, mit Namen Eutychus, saß im Fenster und wurde von einem tiefen Schlaf überwältigt, während Paulus noch weiter redete; und von dem Schlaf überwältigt, fiel er vom dritten Stock hinunter und wurde tot aufgehoben. Paulus aber ging hinab und fiel auf ihn, und, ihn umfassend, sagte er: Machet keinen Lärm, denn seine Seele ist in ihm.«

Apostelgeschichte 20,7–11

CEO-Demo ging schief

Während ich bei Microsoft arbeitete, flog ich den ganzen Weg nach Toronto, nur um eine Demo während Steve Ballmers Keynote für die COMDEX Canada vorzuführen. Die gesamte Demonstration sollte fünf Minuten dauern. Ich ging auf die

Bühne, klickte einen Button an, die Demomaschine fing an zu fla-
ckern und stürzte ab. 15 Sekunden später war ich von der Bühne
verschwunden.

All die Zeit und das Geld für 45 Sekunden öffentlicher Demüti-
gung. Und natürlich zeigte das Bild auf den Titelseiten der ortsan-
sässigen Zeitungen, wie Ballmer und ich verkrampft lachten, während ich mich abstrampelte. Ich bin sicher, er war sehr erfreut zu
erfahren, dass die Presse der Ansicht war, meine 45 Sekunden
wären der wichtigste Teil seiner Keynote gewesen.

Hillel Cooperman
www.jacksonfish.com

Zünden Sie nichts an

Der 25-jährige Leonard Susskind wurden gebeten, am Institute
for Advanced Study der Princeton University eine Rede zu halten.
In der ersten Reihe saßen J. Robert Oppenheimer, der Nobelpreisträger T. D. Lee und viele weitere Honoratioren. Susskind
war jung und verängstigt und reagierte übertrieben aggressiv und
verteidigend. Es war 1965, und zu jener Zeit verwendete man
Projektoren, die hinter Glas eingeschlossen waren und über ein
helles Licht an die Wand projizierten. Der berühmte Physiker
Marvin Goldberg stellte eine Frage, und während seiner Antwort gelangte Susskinds rote Krawatte in den Projektor und ging
in Flammen auf. Goldberg stand auf, griff sich ein Glas Wasser
und schüttete es Susskind ins Gesicht, um den Brand zu löschen.[1]

Vermeiden Sie überraschende Pornobilder

Um 2004 herum hielt ich eine Präsentation am neu gegründeten
neuseeländischen Sektion der Usability Professionals' Association.
Der Raum war voller Geeks, Webmanager, Berater und Bibliothe-
karstypen.

Um neue und potenzielle Mitglieder der Organisation einzu-
führen, öffnete ich einen Webbrowser, um die Website zu öffnen,
und gab *http://www.upass.org* ein.

---

[1] Leonard Susskind erzählte die ganze Geschichte bei einer Vorlesung an der Stanford University am 2. Februar 2005. Sie können sie sich hier ansehen: *http://
tinyurl.com/susskind.*

Widerliche Dinge, die man mit einem Hintern anstellen kann, erschienen auf dem Bildschirm, gefolgt von wildem Schnaufen, Gelächter, einigen Ohnmachtsanfällen und einem »Yahoo!« Ein schnelles Alt+F4 kam mir da zu Hilfe. Seither haben meine Präsentationen immer eine sehr hohe Beteiligung, obwohl ein Großteil der Teilnehmer dunkle Kleidung trägt.

Die richtige URL war *http://www.upassoc.org*.

Zef
http://www.zefmedia.com

Schlafende Zuhörer

Anfang letzten Jahres präsentierte ich vor einer User-Group. Mitten in der Präsentation bemerkte ich, wie einige Teilnehmer kicherten. Einer verließ sogar den Raum, um seine Fassung wiederzuerlangen. Aus Angst, dass es an meiner Präsentation liegen könnte, begann ich zu hetzen und hatte mentale Aussetzer mitten im Satz (während ich hoffte, nicht *so* langweilig zu sein). Zwischen dem gedämpften Gekicher hörte ich dieses tiefe, nasale Atmen. Auf der Suche nach der Quelle entdeckte ich einen älteren Herrn, der tatsächlich schlief! Ich bemerkte: »Oh, da ist jemand eingeschlafen«, woraufhin sich der Raum ausschüttete vor Lachen. Das weckte den armen Kerl auf, der peinlich berührt den Raum verließ.

Ich habe mich für die gesamte Präsentation wirklich geschämt. Ich bete zu Gott, dass das Video nicht irgendwo im Internet herumgeistert.

Daniel

Im schlimmsten Fall erschießen wir Sie

Ich fürchte, vieler meiner besten Geschichten sind als geheim eingestuft. Doch der Kern ist immer der gleiche: Bei jeder Art von Hochsicherheitseinrichtung präsentieren zu müssen, ist ohne Zweifel ein Albtraum. Besitzt Ihr Laptop (a) WiFi oder (b) Bluetooth oder (c) eine integrierte Kamera oder (d) ein Mikrofon oder (e) einen USB-Port (in die man kleine Laufwerke einstecken könnte) oder (f) einen Ethernet- oder Firewire-Port oder (g) einen PC-Kartenleser oder, oder, oder …Wenn ja, kommt er nicht durch diese Tür. Wenn es sich nicht um ein reines Ausgabegerät handelt, können wir es grundsätzlich nicht zulassen. Und nein, Sie können die Präsentation nicht auf einer externen Festplatte mitbringen. Schicken Sie uns ein PDF der Folien, das wir »reinigen« und auf einem sicheren Server installieren werden. Diese Folien wird unser Techniker dann aus einem gesicherten Raum irgendwo im Gebäude für Sie abspielen. Oh, und verlassen Sie niemals das direkte Blickfeld Ihrer Eskorte, da wir sonst eine Leibesvisitation durchführen müssen. Schlimmstenfalls? Wir könnten Sie versehentlich erschießen.

Damian Conway
Autor von »Perl Best Practices« (O'Reilly)

Schieben Sie die Schuld nicht auf die Bahn

Vor Jahren arbeitete ich als Freelancer und hielt Reden und Trainings zu Microsoft Office-Produkten und deren Programmierung. Eines Morgens reiste ich mit dem Zug, um mit einer neuen Gruppe anzufangen, und alle Umstände waren gegen mich. Das niederländische Eisenbahnsystem brachte meinen Terminplan mit so vielen lächerlichen Problemen durcheinander, dass ich sie gar nicht aufzählen kann. Ich kam eine halbe Stunde zu spät und entschuldigte mich für die Verspätung.

Ich versuchte dann, mein beschädigtes Ansehen wiederherzustellen, indem ich viele Witze und Beschwerden über die niederländische Eisenbahn losließ. (Ich dachte, wenn es etwas gibt, das ein Publikum verbindet, dann gemeinsamer Ärger.)

Leider stellte sich heraus, dass diese meine Gruppe für die niederländische Bahn arbeitete und von ihr zu mir geschickt worden war. Meine Ansehen in dieser Gruppe konnte ich nicht wiederherstellen.

Jurgen Appelo
www.noop.nl

Sie arbeiten wo?

1997, nachdem ich etwa ein Jahr an der sehr einflussreichen Hot-Wired-Website gearbeitet hatte, kehrte ich an meine alte Uni zurück, um vor einer Webdesignklasse eine Rede über die aufkeimende Webindustrie zu halten.

Ich stand vor der Klasse und erzählte über eine halbe Stunde lang meiner Meinung nach sehr unterhaltsame Geschichten über das Leben bei HotWired. Als ich schließlich fertig war und fragte, ob noch jemand Fragen hat, erhob sich kleinlaut eine Hand in den hinteren Reihen.

Die Frage lautete:»Was ist HotWired?«

Derek Powazek
http://powazek.com

Gib auf die Folien acht

Ich war im Februar 2006 von London mit dem Eurostar auf dem Weg zur FOSDEM. Ich sollte dort im Mozilla-Raum eine Eröffnungsrede zum Status der Mozilla Foundation halten. Die Trennung von Foundation und Corporation war Mitte 2005 erfolgt, und die Leute waren begierig darauf, zu erfahren, was die Zukunft zu bieten hatte.

Ich kam in Brüssel Midi an und entschied, der Foundation ein oder zwei Pfund zu sparen, indem ich die Bahn anstelle eines Taxis nehmen würde. Ich ging in die U-Bahn und versuchte, einen Fahrschein zu kaufen. Der Automat brachte mich völlig durcheinander. Nachdem ich es fünf Minuten probiert hatte, drehte ich mich frustriert um, nur um feststellen zu müssen, dass mein gesamtes Gepäck gestohlen worden war. Ich hatte alles verloren, mit Ausnahme (Gott sei Dank) meines Passes, meiner Geldbörse und des Tickets für die Rückfahrt, die in meinen Jackentaschen waren. Doch mein Koffer, die Kleidung und der Laptop – mit meiner Präsentation für den Samstag – waren weg.

Glücklicherweise kam ich früh genug an, um mir noch Kleidung kaufen zu können. Doch die 45-minütige Rede musste ich aus meiner Erinnerung heraus halten. Heutzutage fahre ich immer mit dem Taxi zum Hotel.

Gerv Markham
www.gerv.net

Warum man nicht gegen Bono ankämpfen möchte

Bei meinem ersten großen Engagement als Redner sprach ich auf der COMDEX über den »Aufbau großer E-Commerce-Systeme«. Das war vor dem ersten Boom, bevor Amazon zur Nummer eins wurde, als der Aufbau gut skalierender Systeme noch *sehr* schwierig war. Wir hatten es geschafft, und die Leute wollten darüber so viel wie möglich hören.

Ich flog nach Chicago, um einen 90-minütigen Vortrag in einem Raum zu halten, in den 1.200 Leute passten. Der Raum war leer, also richtete ich mich ein. Während meine Zeit näher rückte, war ich mir nicht sicher, warum sich der Raum nicht füllte. Ich ging herum, überprüfte die Beschilderung, die Raumnummer und die Zeit. Es waren nur einige vereinzelte Menschen im Raum. Ich rechnete mir aus, dass ich später anfangen könnte, falls etwas geschehen sein sollte.

Die Anfangszeit kam und verstrich ... fünf Leute in einem Raum für 1200! War ich wahnsinnig? Ich konnte die Massen draußen hören – die COMDEX *war* in diesem Jahr voll. Ich ging in die Halle in Richtung des Lärms und sah ihn. Linus Torvalds (Begründer von Linux). Er sprach in dem Raum, der meinem gegenüberlag. In diesem Raum gab es nur Stehplätze, und die Zuhörer drängten sich bis in den Flur.

Ich kehrte in meinen 1.200-Sitzplätze-Raum zurück, setzte mich auf die Kante der Bühne und hielt meine Rede vor fünf Teilnehmern.

Scott Hanselman
www.hanselman.com

Das werdet ihr niemals jemandem erzählen

Der Tag im Jahr 1983, als ich nach den Weihnachtsferien vor 30 Highschool-Seniors stand, wird für alle Ewigkeit in meinem Gedächtnis eingebrannt sein. Wir haben damals noch mit Kreide gearbeitet, und ich stand an der Tafel, um einen meiner brillanten Vorträge über Vektoranalyse zu halten (ich denke, ich war genauso gelangweilt wie die Studenten), als ich die Kreide fallen ließ. Ich bückte mich, um sie aufzuheben, und was passierte? Kurz gesagt, ich furzte in den Raum. Nicht heimlich, still und leise, sondern so einen richtigen Kracher. Ich weiß wirklich nicht, wo er herkam. Ich stand auf und drehte mich zur Klasse, um in die erstaunten Gesichter zu schauen, die mich ungläubig anstarrten. Alles was ich sagen konnte, war: »Entschuldigung!« Dann brachen wir alle lachend zusammen. Ich drohte damit, jeden durchfallen zu lassen, der draußen ein Wort darüber verlieren würde. Natürlich stand es in der nächsten Woche in der Schülerzeitung. Es verfolgte mich für den Rest des Semesters. Als Facebook aufkam, setzte ich mich mit einer Reihe meiner alten Studenten in Verbindung, um zu sehen, wie es ihnen ergangen war. Alle erinnerten mich natürlich an diesen Vorfall. Ich denke, er hat sich für immer in ihren Gehirnen festgesetzt.

Martin Yarborough
www.mpttech.com/blog

Achte darauf, wo du dich hinsetzt

Im Jahr 1996 hielt ich meinen allerersten Konferenzvortrag bei einem Workshop über Quanteninformationen am Santa Fe Institute in New Mexico. Ich war 22 Jahre alt und sehr nervös, da im Publikum viele Größen der Quantenszene saßen. Die Rede lief gut, und ich kam zum Ende. Das Publikum applaudierte, und der Vorsitzende wollte gerade vorschlagen, zum Mittagessen zu gehen.

Ich sage, er»wollte«, weil er nicht beenden konnte, was er sagte. Da sich die Aufmerksamkeit von mir abgewandt hatte, entschied ich, mich zu entspannen. Unglücklicherweise tat ich das, indem ich mich auf den Tisch setzte, auf dem während meiner Rede der Overhead-Projektor stand.

Ich sage»Tisch«, weil er tatsächlich wie ein Tisch aussah, doch leider keine vier Beine hatte, die ihn hätten stützen können. Tatsächlich besaß er nur eine Säule in der Mitte, d.h., die Kanten wurden von nichts gehalten. Ich setzte mich auf eine Kante, der ganze Tisch brach zusammen und katapultierte den Projektor über mich hinweg, während ich bäuchlings auf dem Boden lag.

Martin Nielsen

Schreiben Sie bitte eine neue Rede und halten Sie sie in fünf Minuten

Im Februar 2002 war ich zur TED eingeladen, um über das Project Orion (das interplanetare Nach-Sputnik-/vor-NASA-Raumfahrzeug) zu sprechen. Bei der TED hat jeder 18 Minuten auf der Bühne – ohne Ausnahme. Ich hatte Folien für 18 Minuten vorbereitet. Die Konferenz folgte kurz auf den 11. September, und alle

Augen waren auf die Invasion des Taliban-kontrollierten Afghanistan gerichtet. In der letzten Minute – und ich meine wirklich in
letzter Minute – konnte Chris Anderson, der gerade das Steuer der
TED übernahm, Zohra Yousuf Daoud, die erste (und bisher einzige) Miss Afghanistan als Rednerin gewinnen. Ob ich meine Zeit
auf acht Minuten reduzieren könnte? Ich fürchtete nicht! Es blieb
keine Zeit, meine Folien zu überarbeiten, also teilte ich 480 durch
80 Sekunden und legte den automatischen Vorlauf auf 6 Sekunden
fest, stieg auf die Bühne und versuchte, Schritt zu halten. Ich
wurde rechtzeitig fertig, kann mich aber an sonst nichts erinnern.

George Dyson
Autor von Project Orion *(Holt)*[2]

Schau in den Spiegel

Letztes Jahr sollte ich morgens eine Rede in Florida halten. Als all-
zeit bereiter Flieger plante ich meinen Flug für den Tag davor.
Nach einer Warnung über hurrikanartige Winde in Houston,
einem Zwischenstopp in Cleveland und einem Zwischenaufent-
halt in Nashville landete ich 24 Stunden später in Orlando. Das
Angenehme ist, dass ich nur mit Handgepäck reise. Mein Computer, meine Kleidung und alles, was ich brauche, ist immer zur
Hand. Aber irgendwo zwischen Nashville und Orlando wurde mir
klar, dass ich nur Minuten vor meiner Zeit ankommen würde, und
ich trug immer noch meine aus Jeans und T-Shirt bestehende Rei-
sekleidung.

Mit der Hilfe einer sympathischen Stewardess brachte ich meine
Haare und mein Make-up auf Vordermann und zog dann mein
Kostüm an, wobei ich in der kleinen Toilette des Flugzeugs so
ziemlich jede unmögliche Yoga-Stellung einnahm.

Mein Taxi brachte mich vom Flughafen zum Veranstaltungsort.
Mir blieben gerade noch zehn Minuten. Ich ging zur Bühne, sam-
melte mich und trat mit einem Lächeln hinaus. Ich arbeitete mich
durch die Stunde und beendete meinen Vortrag (ein Training für
IT-Neulinge zu Onlinesoftware) mit einer Zeile, die ich häufig verwendete:

---

2 Sie können sich die Rede unter *http://www.ted.com/talks/george_dyson_on_*
project_orion.html ansehen.

»Wie Sie sehen, müssen Sie kein Techie sein, um selbst die komplizierteren Programme zu verstehen. Sie müssen nur wissen, wie man die Dinge erforscht«.

Da meldete sich jemand im Publikum zu Wort:»Nein, aber es hilft, wenn man ein Trekkie ist!«
Ich bemerkte, dass der Typ versuchte, nicht vor Lachen zusammenzubrechen. Er zeigte auf mich und dann auf seine Brust.

Ich blickte auf die Videowand hinter mir und entdeckte, dass das Motiv meines T-Shirts, über das ich hastig meine Bluse gezogen hatte, deutlich zu erkennen war – ein gelb-schwarzer Star Trek-Communicator.

Cassandra

Wasserdicht hilft nicht

Auf der TED demonstrierte ich live, und leider ungeprobt, die wasserdichten Nanotex-Hosen. Ich nahm ein Glas Wasser und schüttete es mir voller Elan über die Hüfte, um zu zeigen, dass es keine Spuren hinterlassen würde. Die in der Fabrik übliche Faltung wollte es so, dass ein Großteil des Wassers in eine offene Hosentasche lief. Der innere Stoff der Hosentasche besaß keine Nanotex-Beschichtung ... Während der gesamten Rede waren meine Boxershorts völlig durchnässt, doch das konnte das Publikum nicht wissen, weil das Wasser nicht durch den äußeren Stoff dringen konnte.

Steve Jurvetson
Managing Director, Draper Fisher Jurvetson

Warum man keine Vorträge in Kneipen halten sollte

Mein Flug kam um 17:05 Uhr in Boston an, und ich musste um 19 Uhr eine Keynote in Tommy Doyles Bar halten. Ich wollte die U-Bahn nehmen, doch es stellte sich heraus, dass die Silver-Line vom Flughafen ein alle 30 Minuten fahrender Bus war, der von einem Idioten gesteuert wurde. Ich kam um 18:59 Uhr in der Kneipe an. Sie war rappelvoll, doch voller Menschen, die seit der Happy Hour tranken, während sie darauf warteten, dass das Event, Ignite! Boston, anfangen würde. Um 19:02 Uhr stellte ich fest, dass der einzige Laptop, den ich nutzen konnte, ein Mac war, der meine Fernbedienung völlig ablehnte. Ich war gezwungen, auf einer Bühne zu stehen, den Laptop eines anderen auf einem Barhocker, um mich von Hand durch die Folien zu klicken.

Die Bar war lang, mit einer kleinen Bühne am Ende, ein Schlauch mit einer schlechten Akustik. Nicht nur, dass ich mich selbst nicht gut hören konnte, die Schlauchform der Bar kanalisierte auch den ganzen Lärm der großen Menschenmenge, die im Hintergrund trank, hinüber zu der viel kleineren Menge, die zuhören wollte. Jedermann war unglücklich und nicht allzu interessiert daran, mir zuzuhören. Also unterhielten sich die Menschen, selbst die in der ersten Reihe, lieber miteinander oder kommentierten untereinander das von mir Gesagte, während ich es sagte. Nach einigen Minuten, als ich das Gefühl hatte, den Raum zu kontrollieren, wurde ich von einer Frau unterbrochen, als ich Crick und Watson als Entdecker der DNA bezeichnete, ohne an die häufig vergessene Rosalind Franklin zu denken. Ich hatte genug und war angefressen. Ich machte einen Witz darüber, dass wir ja nun wüssten, wo die Feministinnen im Publikum seien, was hauptsächlich mit Buhrufen beantwortet wurde. Von da an ging es nur noch bergab. Ich kam so schnell ich konnte zum Ende. Ich ging schnurstracks zur Theke und schüttete Bier und Wodka in mich rein, um zu vergessen, was passiert war.

Stunden später, die Ignite! war fast vorbei und ich sinnlos betrunken, fanden mich die Organisatoren. Sie wollten, dass ich *noch einmal* sprach. Zur gleichen feindseligen Menge im gleichen furchtbaren Raum als der gefürchtete, unangekündigte Schlussredner. Ich tat etwas, das ich niemals wieder tun würde: Ich sagte Ja. Sie waren Freunde, sie schienen verzweifelt zu sein, und ich war besoffen. Wie hätte ich Nein sagen können? Ich ging auf die Bühne, griff mir das Mikrofon und sprach aus dem Stegreif über … Ich kann mich nicht erinnern, was ich gesagt habe. Und das ist wahrscheinlich das Beste für alle Beteiligten.

Scott Berkun
Redner

Wie Sie diesem Buch helfen können: eine Bitte

Vielen Dank, dass Sie dieses Buch gekauft haben. Wenn es Ihre Erwartungen übertroffen hat oder wenn Sie das Gefühl haben, dass die Dinge besser laufen würden, wenn es mehr Leute lesen würden, dann lesen Sie weiter.

Wie Sie nun wissen, bin ich ein junger, unabhängiger Autor. Hinter mir steht keine riesige Marketingmaschine und keine Gruppe reicher Freunde – und schon gar keine Fee, die mir drei Wünsche erfüllen würde. Aber das ist in Ordnung. Wenn Sie bereit sind, einige Minuten Ihrer Zeit zu investieren, können Sie diesem Buch tatsächlich helfen, seinen Weg durch die kalte, harte Welt zu machen, in der viele gute Bücher niemals all die Menschen erreichen, die sie erreichen sollten.

Ziehen Sie folgende Dinge in Erwägung:

- Schreiben Sie eine Rezension auf Amazon.
- Schreiben Sie über dieses Buch in Ihrem Blog, auf Facebook oder Twitter.
- Empfehlen Sie das Buch Ihren Kollegen, Ihren Freunden und den Freunden Ihrer Freunde oder Ihren bloggenden Freunden oder den bloggenden Freunden Ihrer Kollegen oder auch den Freunden Ihrer Freunde, die über ihre bloggenden Freunde bloggen. Die Möglichkeiten sind endlos.
- Wenn Sie Leute kennen, die für Zeitungen oder Magazine arbeiten, schreiben Sie ihnen ein paar Zeilen, oder vielleicht

schuldet Ihnen Oprah oder Jon Stewart einen Gefallen. Wenn dem so ist, wäre nun der Zeitpunkt gekommen, ihn einzufordern.

- Besuchen Sie *www.scottberkun.com* und entdecken Sie all die großartigen Dinge, über die ich jede Woche schreibe. Wenn Sie mögen, was Sie da finden, gehen Sie die obige Liste noch einmal durch.

Diese kleinen Dinge machen einen großen Unterschied aus. Als Autor hat meine Meinung über dieses Buch überraschend wenig Gewicht. Doch Sie als geneigter Leser haben alle Macht der Welt.

Sie helfen nicht nur diesem Buch auf den Weg, Sie verringern auch die vielen Risiken, die mich beim Schreiben des nächsten Buchs erwarten, und erhöhen so die Wahrscheinlichkeit, dass ich meine Arbeit beim nächsten Mal noch besser mache.

Wie immer danke ich Ihnen für Ihre Hilfe und Unterstützung.

Literaturempfehlungen

Wenn Sie wissen wollen, welche Quellen (über meine Lebenserfahrung hinaus) meine Meinung geprägt hat, oder wenn Sie einen Rat wollen, was Sie als Nächstes lesen sollen, hilft Ihnen das Folgende weiter.

Sie finden hier zwei Bibliografien – eine kommentierte und eine gewichtete – sowie eine Zusammenfassung anderer Untersuchungen, die beim Schreiben dieses Buchs verwendet wurden.

Kommentierte Bibliografie

Wie man Ängste und Ängstlichkeit überwindet

Der beste Rat ist, die lokale Toastmasters-Gruppe aufzusuchen, die es übrigens auch in Deutschland gibt. Sie wird von freundlichen Leuten betrieben und organisiert, die daran interessiert sind, Ihnen zu helfen. Es gibt Tausende lokaler Gruppen. Besuchen Sie *http://www.toastmasters.org*, um eine in Ihrer Nähe zu finden. Unter *http://reports.toastmasters.org/findaclub/* können Sie gezielt nach Clubs in Ihrer Region suchen.

Karen Kangas Dwyers Buch *Conquer Your Speech Anxiety* (Wadsworth), das ich günstig in einem Antiquariat erworben habe, hat mein Denken über Angst verändert. Im Gegensatz zu anderen guten Büchern zu diesem Thema, wie etwa *The Francis Effect* von M. F. Fensholt (Oakmont Press), ist dies ein Übungsbuch. Zu jedem Kapitel gibt es Übungen, die Ihnen dabei helfen, Ihre ganz eigenen Ängste zu verstehen, sie zu akzeptieren und zu überwinden. Dazu gehört auch eine CD, die Ihnen bei den Übungen hilft.

Wie man Geschichten erzählt

Ein Kapitel, das es nicht in dieses Buch geschafft hat, handelt vom Geschichtenerzählen und wie das die Grundlage allen guten Redens und Schreibens bildet. Ich habe mich entschieden, es einfach zu tun, statt darüber zu schreiben, und ich hoffe, dass Sie die Geschichten in diesem Buch als wirkungsvoll und einprägsam empfinden.

Anthony Bourdains *Geständnisse eines Küchenchefs* (Goldmann) und George Orwells *Erledigt in Paris und London* (Diogenes) waren aus vielen Gründen wichtige Inspirationen, insbesondere für die Wahl meiner eigenen Geschichten als zentrales Thema dieses Buchs (siehe auch William Zinssers *Inventing the Truth* [Mariner Books]). Ich glaube, dass gut geschriebene, ehrliche Icherzählungen die Kraft haben, Verbindungen herzustellen und etwas zu vermitteln, das miefige Erzählungen aus dritter Hand nicht tun. Das mag man hier, am Ende des Buchs, nur schwer glauben, doch es war nicht Egoismus, der mich dazu bewegt hat, mich selbst in den Mittelpunkt dieses Buchs zu stellen. Ich finde es selbst komisch, so viele Fotos von mir zu sehen, doch ich war von dem Ziel getrieben, wirkungsvolle Geschichten zu erzählen, die hauptsächlich meine eigenen waren. Wenn Sie meine Geschichten genervt haben oder all die Fotos, dann bleiben Sie zumindest hier, in den Tiefen der Bibliografie, vor weiteren Enttäuschungen verschont.

Der beste Rat, den man einem geben kann, damit er ein guter Geschichtenerzähler wird, lautet, sich erst mal gute Geschichten anzuhören, was heute einfacher ist denn je. Beginnen Sie mit NPRs *This American Life* (*www.thisamericanlife.org*), einer wöchentlichen einstündigen Show, die drei oder mehr Themen zu einer fesselnden, unterhaltsamen und vertraulichen Geschichte verwebt. Einige dieser Geschichten haben mich völlig umgehauen, und ich wundere mich, warum diese Dinge nicht bekannter sind. Sie hören keine Statistiken, Daten oder irgendwelchen analytischen Blödsinn, und doch schreiten die Geschichten auch ohne sie voran, sind überzeugend und gefühlvoll. Warum? Sie müssen sie sich anhören, um es herauszufinden.

Wenn Ihnen das *TAL*-Format zu lang ist oder Sie den Moderator Ira Glass nicht mögen (ich liebe ihn, andere aber nicht), sehen Sie sich *The Moth* (*www.themoth.org*) an, eine Serie von 10- bis 15-minütigen Geschichten, die ohne Notizen vor einem Livepublikum vorgetragen werden. Und dann gibt es noch *StoryCorps* (*www.storycorps.org*), das seine Geschichten auf den Straßen amerikanischer Städte einfängt. Alle sind online (auch als Podcasts) frei zugänglich. Sehr empfehlenswert. Wenn *This American Life*, *The Moth* oder *StoryCorps* Sie nicht in irgendeiner Form bewegt, sollten Sie sofort einen Arzt aufsuchen.

Mit guten Geschichten Menschen gewinnen. Der Story-Faktor von Annette Simmons (Piper) ist ein außergewöhnliches Buch. Es veranschaulicht, wie wir in unserem täglichen Leben ständig Geschichten verwenden, und leitet einen klar an, wie man Geschichten besser erzählt und wie man Sie in Lebens- und Arbeitssituationen effektiver einsetzt.

Wie man lehrt

Zu lehren ist eine Kunst. Die beste Möglichkeit, sich zu verbessern, besteht darin, jemanden zu finden, der etwas lernen will, was Sie beherrschen. Sie werden mehr herausfinden, wenn Sie tatsächlich lehren, als wenn Sie nur darüber lesen, und was Sie in Büchern darüber lesen, wird mehr Sinn ergeben, wenn Sie eigene Erfahrungen haben – wie informell sie auch sein mögen –, die Sie zum Vergleich heranziehen können.

Der Unterricht in den USA birgt einige Probleme, doch nur selten wurden sie so gut klassifiziert und gelöst wie in Ken Bains kurzem Buch *What the Best College Teachers Do* (Harvard University Press). Irgendwie vergessen wir nach unserem Abschluss alle Unterrichtsschwächen unserer Professoren. Wir nehmen einfach an, dass es immer so läuft, wie wir es kennengelernt haben. Bain liefert den Beweis, dass es auch anders geht, und er verweist auf Professoren, die mehr tun, als Jahr für Jahr die gleichen langweiligen Vorlesungen zu halten.

Während meiner Recherchen zu diesem Buch habe ich jeden gefragt, den ich finden konnte, wer sein bester Lehrer war und warum. Die Antworten stimmten immer mit Bains Aussagen überein, doch es aus erster Hand von so vielen Menschen zu hören, hat mir die Ratschläge aus Bains Buch bestätigt.

Präsentationsdesign

Ich habe es in diesem Buch vermieden, über das Design von Präsentationen zu sprechen. Das liegt zum Teil daran, dass das Thema schon von anderen sehr gut abgehandelt wurde. Garr Reynolds' *ZEN oder die Kunst der Präsentation* (Addison-Wesley) und Nancy Duartes *slide:ology. Oder die Kunst, brillante Präsentationen zu entwickeln* (O'Reilly) sind solide Quellen, die dabei helfen, den Aufbau Ihrer Präsentationen zu überdenken. Beide Bücher zeigen viele Beispiele dafür, wie erfahrene Redner die Folien für ihre Reden zusammenstellen.

Ich selbst bin von Reynolds' Empfehlung besonders angetan, so lange auf Papier zu arbeiten, bis man weiß, was man sagen will und wie man es sagen könnte. Fängt man gleich mit Präsentationssoftware an, denkt man automatisch folienorientiert und richtet sich nicht nach den Geschichten, den Kernpunkten oder dem Publikum.

Comedians studieren

Hören Sie sich an, wie Ihre Lieblings-Comedians ihre Auftritte aufziehen. Sie stehen vor den gleichen Herausforderungen, vor denen Redner stehen, und müssen gleichzeitig ohne Folien vor einem berauschten, zahlenden Publikum auftreten, das nicht nur etwas Sinnvolles, sondern dazu etwas ebenso Lustiges erwartet. Viele kleine Tricks, die ich als Redner gelernt habe, habe ich mir von Komikern abgeschaut – den Meisterrednern unseres Zeitalters. Richard Pryor, Steve Martin, Henry Rollins, George Carlin und Chris Rock haben alle außergewöhnliche und unterschiedliche Strategien, komplexe Ideen herunterzubrechen und effektiv zu veranschaulichen. Sie lassen sich häufig auf überraschend ernste Themen wie Politik, Rassenbeziehungen, Psychologie und Krieg ein – Themen, die die meisten von uns nur ungern offen diskutieren. Sie schaffen das zum Teil, weil sie uns wichtige Einsichten liefern, während sie uns zum Lachen bringen.Fragen Sie sich einfach selbst: »Wie würde <Name des Komikers> die Präsentation halten, die ich nächste Woche geben muss?«, und Sie sind gezwungen, kritischer darüber nachzudenken, wie Sie Ihren Stoff präsentieren könnten. Natürlich sollten Sie es nicht genau wie <Name des Komikers> machen, solange Sie nicht überragend gut sind oder herausfinden wollen, wie das Arbeitslosensystem funktioniert.

Der Dokumentarfilm *Comedian* mit Jerry Seinfeld zeigt wohl jedem Redner in 90 Minuten am besten, wie viel Mühe notwendig ist, um die Dinge so einfach aussehen zu lassen, wie das bei guten Komikern der Fall ist. Selbst wenn Sie Jerry Seinfelds Humor nicht mögen, Sie erfahren auch, wie sich Chris Rock, Colin Quinn, Bill Cosby und andere bekannte Komiker vorbereiten, Material finden und auftreten. Der Film konzentriert sich auf das Jahr, in dem Seinfeld sein altes Material aufgegeben und wie er neuen Stoff erstellt, eingeübt und zu einer völlig neuen Liveshow entwickelt hat – bei vielen wenig spektakulären Auftritten.

Wie man als Redner seinen Lebensunterhalt verdient

Viele Bücher geben vor Ihnen beizubringen, wie man als Redner 100.000 oder 1.000.000 Dollar im Jahr verdient. Ich bin überzeugt, dass das Anhäufen von Reichtümern nicht die beste Art ist, dieses Können zu nutzen, da besser zu denken und zu kommunizieren jeder wichtigen Beziehung in Ihrem Leben hilft, auch der Beziehung zu sich selbst.

Wenn Sie vom Geld getrieben sind, sollten Sie daran denken, dass nur wenige dieser Bücher erklären (so wie ich in Kapitel 3), dass Ruhm bzw. Fachkenntnis für die meisten Redner-Engagements verantwortlich sind. Ohne diese beiden Dinge können Sie der beste öffentliche Redner aller Zeiten sein, und die meisten wird es nicht intessieren. Fachkenntnis zu besitzen, ermöglicht Ihnen, für einen Vortrag bezahlt zu werden. Es gibt verschiedene Zertifikate und Abschlüsse für öffentliches Reden, doch wenn man sich die Top-500-Redner auf der Welt ansieht, möchte ich wetten, dass keiner diese Qualifikationen aufweist. Wenn Sie sich in einem Fach auskennen, können Sie Organisationen finden, die Konferenzen und Trainings zu diesem Thema anbieten und die häufig Leute für Vorträge und Trainingsseminare einkaufen. Sie werden das wahrscheinlich (so wie ich) jahrelang umsonst tun müssen, bevor Ihr Können und Ihre Reputation tatsächlich einen Wert darstellen.

Alan Weiss' *Money Talks: How to Make a Million As a Speaker* (McGraw-Hill) ist der beste professionelle Ratgeber, der Ihnen erklärt, wie Sie als Redner Ihren Lebensunterhalt verdienen können, den ich finden konnte. Er plustert sich am wenigsten auf und zeigt am ehrlichsten – häufig sogar brutal – auf, wie man Leute findet, die einen engagieren, welchen Wert man aus ihrer Sicht hat und wie man all das zum eigenen Vorteil nutzt.

Gewichtete Bibliografie

Traditionelle Bibliografien haben nur einen geringen Wert. Sie verschleiern den relativen Wert früherer Arbeiten und zeigen nicht auf, wie der Autor sie genutzt hat (hat er sie verschlungen, überflogen oder als Briefbeschwerer genutzt?). Zusätzlich zur vorstehenden kommentierten Bibliografie habe ich mit verschiedenen Formaten experimentiert, um eine umfassende Liste zu erstellen – das Ergebnis ist diese gewichtete Bibliografie. Sie soll zeigen, welche Quellen bei meiner Recherche meine Aufmerksamkeit gewonnen haben.

Die Reihenfolge basiert auf einer Untersuchung der über 150 Seiten füllenden Notizen aus über 50 Büchern, die ich mir zu diesem Buch gemacht habe. Jede Notiz aus einem Buch, die ich während meiner Recherche gemacht habe, zählte als ein Punkt, und die Titel sind entsprechend dieser Punkte sortiert. Im Buch werden andere Bücher zitiert, die hier nicht aufgeführt sind, da sie einen anderen Punkt untersützten und keinen allgemeinen Beitrag zu meinem Denken leisteten. Es gibt kein ideales Klassifizierungssystem (der Nachteil hier besteht darin, dass mich nicht alle Notizen in gleicher Weise beeinflusst haben, und einige gute Bücher gar keine Notizen verzeichnen konnten), doch es war das beste, das ich finden konnte.

Leider liegen die meisten der hier genannten Bücher nur auf englisch vor. Sofern es sie in deutscher Übersetzung gibt, haben wir den Titel hier auf deutsch vermerkt (Anm. d. Ü.).

40, *What's the Use of Lectures?*, Donald A. Bligh (Jossey-Bass)

31, *Speak Like Churchill, Stand Like Lincoln: 21 Powerful Secrets of History's Greatest Speakers*, James C. Humes (Three Rivers Press)

28, *Public Speaking for Success*, Dale Carnegie (Tarcher)

28, *Lend Me Your Ears: All You Need to Know About Making Speeches and Presentations*, Max Atkinson (Oxford University Press)

26, *Brain Rules: 12 Principles for Surviving and Thriving at Work, Home, and School*, John Medina (Pear Press)

26, *History of Public Speaking in America*, Robert T. Oliver (Allyn & Bacon)

25, *Money Talks: How to Make a Million As a Speaker*, Alan Weiss (McGraw-Hill)

23, *Um: Slips, Stumbles, and Verbal Blunders, and What They Mean*, Michael Erard (Anchor)

22, *Conquer Your Speech Anxiety*, Karen Kangas Dwyer (Wadsworth)

22, *The Francis Effect: The Real Reason You Hate Public Speaking and How to Get Over It*, M. F. Fensholt (Oakmont Press)

20, *What the Best College Teachers Do*, Ken Bain (Harvard University Press)

15, *The Lost Art of the Great Speech: How to Write One—How to Deliver It*, Richard Dowis (AMACOM)

14, *Speak for a Living: The Insider's Guide to Building a Profitable Speaking Career*, Anne Bruce (ASTD Press)

13, *How People Learn*, National Research Council (National Academies Press)

12, *Secrets of Successful Speakers: How You Can Motivate, Captivate, and Persuade*, Lilly Walters (McGraw-Hill)

12, *Give Your Speech, Change the World: How to Move Your Audience to Action*, Nick Morgan (Harvard Business Press)

11, *Der längere Atem: Die fünf Prinzipien für langfristigen Erfolg im Leben*, George Leonard (Heyne)

10, *I Can See You Naked*, Ron Hoff (Andrews McMeel Publishing)

10, *Confessions of a White House Ghostwriter*, James C. Humes (Regnery Publishing, Inc.)

10, *Thank You for Arguing*, Jay Heinrichs (Three Rivers Press)

8, *Andere überzeugen – 50 wissenschaftlich gesicherte Geheimrezepte*, Noah J. Goldstein, Steve J. Martin und Robert B. Cialdini (Huber)

6, *Schreiben wie ein Schriftsteller*, William Zinsser (Autorenhaus-Verlag)

5, *ZEN oder die Kunst der Präsentation*, Garr Reynolds (Addison-Wesley)

4, *slide:ology. Oder die Kunst, brillante Präsentationen zu entwickeln*, Nancy Duarte (O'Reilly)

4, *Made to Stick: Why Some Ideas Survive and Others Die*, Chip Heath und Dan Heath (Random House)

3, *Smart Speaking: 60-Second Strategies for More Than 100 Speaking Problems and Fears*, Laurie Schloff und Marcia Yudkin (Plume)

2, *The Years with Ross*, James Thurber (Harper Perennial)

2, *Speaking: From Intention to Articulation*, Willem J. M. Levelt (MIT Press)

2, *Pecha Kucha Night: 20 Images x 20 Seconds*, Klein Dytham Architecture (Klein Dytham)

1, *Better: A Surgeon's Notes on Performance*, Atul Gawande (Picador)

1, *Green Eggs and Ham*, Dr. Seuss (Random House Books for Young Readers)

Weitere Quellen

- **Interviews.** Im Verlauf von zwei Jahren habe ich über 70 Leute interviewt. Das reichte von Telefongesprächen und E-Mails bis hin zu Chats. Ich habe mit Komikern, Musikern, Lehrern, Professoren, Trainern und Normalsterblichen gesprochen.

- **Vorträge und Diskussionen.** Ich habe einige Themen des Buchs in Vorträgen auf der Ignite! Seattle, Presentation Camp Seattle, und O'Reilly's FOO Camp vorgestellt.

- **Blog.** *www.speakerconfessions.com* diente als Korpus für einige der Ideen in diesem Buch und war die Hauptquelle für die Katastrophengeschichten. Es gibt auch einige sehr gute Postings zu Aspekten des öffentlichen Redens, die in diesem Buch nicht behandelt wurden.

- **Befragung.** Über 150 Leute, die sich selbst als Vortragende bei O'Reilly Ignite! oder Pecha Kucha ausgewiesen haben, füllten einen Onlinefragebogen aus, in dem es um Erfahrungen beim Vorbereiten, Vortragen und Nachbereiten geht. Die Ergebnisse werden auf *www.speakerconfessions.com* veröffentlicht (suchen Sie nach *ignite research*).

Danksagungen

Anmerkung: Ich verdanke das Leben, das zu diesem Buch führte, Menschen, die meine Bücher kaufen, meine Arbeiten anderen empfehlen, Kommentare in meinem Blog hinterlassen und dafür sorgen, dass ich auf der ganzen Welt als Redner angeheuert werde. Ich wäre ein Idiot, wenn ich ihnen hier nicht danken würde. Danke! Ich hoffe, mit diesem Buch, oder dem nächsten, einen Teil zurückgeben zu können. Allein die Erwähnung meiner Arbeit gegenüber anderen Personen, in Blogs oder wie auch immer ermöglicht mir dieses Leben. Bitte, bitte, machen Sie weiter damit.

Zwar steht mein Name auf dem Cover, doch alle Bücher entstehen durch eine Gruppe von Menschen, die verschiedene Teile der Arbeit erledigen, die Sie nie bemerken. Mary Treseler, Lektorin und Freundin, die mir grünes Licht für meine verrückten Buchideen gibt und mich klug auf dem Weg führt, ist einfach großartig. O'Reilly Media sollte diese Frau klonen. Mein Freund Marlowe Shaeffer hat, meist freiwillig (ich musste nur zweimal Waffengewalt androhen), an allen meinen Büchern für O'Reilly mitgearbeitet. Auch er ist ein Klon-Kandidat. Rob Romano hat mit seinen Illustrationen beeindruckt, Angela Howard hat den Index erstellt, Monica Kamsvaag hat das unverwechselbare Cover geschaffen, und die Herstellerin Rachel Monaghan hat all diese Talente zusammengeführt, um ein einzelnes gebundenes Objekt zu schaffen, das Ihr schwer verdientes Geld wert ist. Dank auch an Christine Walker, Sara Peyton und alle meine Freunde bei O'Reilly Media, die mir halfen, diese Sache voranzutreiben.

Danke für euer ehrliches Feedback und kontroverse Diskussionen, dafür, dass ihr mir neue Tatsachen ausgegraben habt oder meine

Arbeit auf andere Weise positiv unterstützt habt: Richard Grudman, Chris McGee, Jeffrey Bialy, Bob Baxley, Bob Sutton, Jeff Veen, Russ Miles, Fitz, Kim Ricketts, Mary Treseler, Terrel Lefferts, Rob Lefferts, Neil Enns, Brady Forrest, Chris Baty, Jared Spool, Dana Chisnell, Pam Daghlian, Royal Winchester, Andrea Winchester, Vanessa Longacre-Wilcox, Lauren Cramer, Jeff Veen, Ron Fein, Eugenio Perea (@eperea), Kaleem Khan (@kaleemux), Sarah Milstein, Lynn Cherny, Todd Berkun, Sarah Davies und Brian Rowe. (Sie sind in einer geheimen Reihenfolge aufgeführt, die ich niemals verraten werde.)

Ich möchte all jene grüßen, die meine E-Mails nicht beantwortet haben. Hallo! Ihr Name hätte hier stehen können.

Erwähnen möchte ich auch meine Lieblingsorte, an denen ich mir ein Großteil der Gedanken zu diesem Buch gemacht habe: Blue Ginger (Bellevue), Crossroads (Bellevue), Pho Than Brothers (Redmond), Half Price Books (Redmond), die Seattle Public Library und der King County Metro 545-Expressbus, der mich dort hingebracht hat.

Danke an Groucho, die verrückte Eule, die um 2 Uhr morgens vor meinem Fenster heult und mich so daran erinnert, dass ich nicht der einzige Trottel bin, der noch wach ist und arbeitet.

Für die fotografische Beratung: James Duncan Davidson, Randy Stewart, Del Paquette, Neil Enns und Shawn Murphy.

Dank an Beth Goldman und Mary Duffy von CNBC und Stu Hitchner von den Fisher Pathways Studios für Fotorechte und generelle Coolness.

An Bryan Zug, Brian Dorsey und Stewart Maxwell für die Unterhaltung bei einem Reisnudelsuppen-lastigen Abendessen, die mir dabei half, Kapitel 1 umzuschreiben.

Dank an die Dozenten und Professoren, die mein Leben verändert und unabsichtlich eine tickende Zeitbombe aus mir gemacht haben, die unbedingt unterrichten wollte: Alan Stein (Bayside High School), Todd Berkun, Jerry Reinstein (Bayside High School), Don Cole (Drew University) und Willfred Seig (Carnegie Mellon University).

Alles Liebe, aber auch Undank an Bonnie Sheehan, Ryan Grimm und Jason Hunter, die mir mein Moleskine-Notizbuch auf der FOO klauten und mir dabei zusahen, wie ich es 20 Minuten lang wie ein Idiot suchte. Merke: Leg dich niemals mit einem Autor an. Er wird über dich schreiben :-)

Wenn Sie jemanden sehen, den ich hier erwähnt habe, grüßen Sie ihn schön von mir.

Erdnuss-M&Ms, die ich beim Schreiben dieses Buchs konsumiert habe: 12.428

Normale M&Ms: 65

Zahl normaler M&Ms, die ich mit Erdnuss-M&Ms verwechselt habe: 65

Reisnudelsuppen, in Schüsseln berechnet: 105

Verbrauch an Moleskine-Notizbüchern: 3

Gears of War 2-Runden: 168

Kniegelenksdistorsionen: 2

Punkte pro Spiel durchschnittlich vor/nach Kniegelenksdistorsion: 16.2/1.4

Fortschritt der menschlichen Rasse: nicht geprüft, aber technisch möglich

Zerstörte Planeten: 0

Entdeckte Universen: 1

Gelöste Paradoxa: unbekannt

Gehörte Musik: Aimee Mann, Cat Power, Bon Iver, The Avett Brothers, Patty Griffin, The Frames, Charles Mingus, The Breeders, Duran Duran, Bruce Springsteen, Elliott Smith, Cake, Rilo Kiley, Paul Simon, The Pretenders, The Clash, The Pixies, Flogging Molly, The Pogues, Social Distortion, Johnny Cash, Eddie Vedder (*Into the Wild*-Soundtrack), They Might Be Giants, Mozart, Bach, Bob Dylan, Bell X1, Woody Guthrie, Billy Bragg (*Mermaid Avenue*), Sufjan Stevens, Rufus Wainwright, PJ Harvey, Palomar, DeVotchKa, Beethoven und der großartige Sonny Rollins.

Bildnachweis

Alle Fotos mit freundlicher Genehmigung, aufgeführt in der Reihenfolge ihres Erscheinens. Vielen Dank an alle, die es mir erlaubt haben, ihr Werk zu verwenden.

Kapitel 1

Opener, P.S. Zollo (& JP)
(*http://www.flickr.com/photos/zollo/404871195/*)

Abbildung 1-1. James Duncan Davidson, Scott Berkun auf der Web 2.0 Expo

Kapitel 2

Opener, Terri Fisher
(*http://www.flickr.com/photos/fish747/240988262/*)

Abbildung 2-1. Scott Berkun, Publikum, RIM; Robin Drucker Photography, Lion, Auckland, New Zealand
(*http://www.flickr.com/photos/lightknight/495334127/*)

Kapitel 3

Opener, Dennis Mojado
(*http://www.flickr.com/photos/refractedmoments/223052548/*)

Abbildung 3-1. Josh Evnin, Ft. Mason, San Francisco, California
(*http://www.flickr.com/photos/jevnin/60967651/*)

Abbildung 3-2. Scott Berkun, National War Museum, Kiew, Ukraine

Kapitel 4

Opener, Steve Rhodes
(*http://www.flickr.com/photos/ari/450369238/*)

Abbildung 4-1. Randy Stewart, Scott im King Kat Theater, Seattle, Washington

Abbildung 4-2. Jason Morrison
(*http://www.flickr.com/photos/jason-morrison/928112787/*)

Abbildung 4-3. Paul Gould, Adamson Wing, Carnegie Mellon University, Pittsburgh, Pennsylvania

Kapitel 5

Opener, Shaun Bromley
(*http://www.flickr.com/photos/barrowfordred/2729402584/*)

Abbildung 5-1. Ted Leung, Scott Berkun auf der Ignite! Seattle, Seattle, Washington

Bilder, die Sie nicht erwarten

Scott Berkun, Scott, schlecht drauf, auf dem Vancouver International Airport

Neil Enns/Dane Creek Photography, Vortrag bei Microsoft, Redmond, Washington

Kevin Fox, Architekturführung, New York City, New York

Shawn Murphy, Scott im Hintergrund, Redmond, Washington

Jean-Jacques Halans, Scott auf der Web Directions 2007, Sydney, Australia

Randy Stewart, Scott auf der Ignite! Seattle, Seattle, Washington

Scott Berkun und Randy Stewart (Bild unten rechts)

Kapitel 6

Opener, Vince Hrabosky
(*http://www.flickr.com/photos/kitsu/404092967/*)

Kapitel 7

Opener, Vicki Huckle
(*http://www.flickr.com/photos/toria_77/3839065689/*)

Abbildung 7-1. Aus CNBC, *The Business of Innovation*

Abbildung 7-2. Scott Berkun in den CNBC-Studios, mit freundlicher Genehmigung

Abbildung 7-3. Aus CNBC, *The Business of Innovation*

Abbildung 7-4. Scott Berkun (aufgenommen in den Fisher Pathways Studios, Seattle, Washington)

Abbildung 7-5. Scott Berkun (aufgenommen in den Fisher Pathways Studios, Seattle, Washington)

Abbildung 7-6. Scott Berkun in den CNBC-Studios, mit freundlicher Genehmigung

Kapitel 8

Opener, Alan Strakey
(*http://www.flickr.com/photos/smoovey/3297533849/*)

Kapitel 9

Opener, Pierre-Alexandre Pheulpin
(*http://www.flickr.com/photos/pierre-alexandre/3561333458/*)

Kapitel 10

Opener, Nicky Werner
(*http://www.flickr.com/photos/andersdenkend/1429241231/*)

Hinter den Kulissen

Opener, Del Paquette, beim T4G Innovation Day, Toronto Science Center

Abbildung A-1. Shawn Murphy, Vertrauensmonitor bei Microsoft, Redmond, Washington

Abbildung A-2. Scott Berkun, Logitech Cordless Presenter

Abbildung A-3. Neil Enns/Dane Creek Photography, Bücherstapel, Redmond, Washington

Alle anderen Bilder von Scott Berkun.

Index

A

ablenkende Gesten und Ticks 184
Angst vor dem Publikum 183
Angst vor öffentlichen Reden
    Berühmte Leute und 16
    größer als Angst vor dem Tod
      12–13
    Gründe für 15–18, 21, 23
    Vorbereitung notwendig, um
      sie abzubauen 19–25
    Vorteile 18–19
    Zitat von Edward R. Murrow
      bezüglich 12
    Zitat von Elvis Presley bezüg-
      lich 16
    Zitat von Mark Twain 16
apathisches Publikum 58
Argumente für die Kernpunkte der
    Präsentation 68, 171–178
Aufmerksamkeit des Publikums
    Aufmerksamkeit steuern 95–97
    Einfluss der Länge der Präsen-
      tation 91, 103
    Einfluss des Tempos der Prä-
      sentation 93–95
    Länge der Aufmerksamkeits-
      spanne 90
    Macht des Redners nutzen für
      92–103, 188
    Mangel an 188
    Publikum einbeziehen
      101–103, 146–149
    Regeln durchsetzen für 103,
      187, 191, 192
    Spannung und Entspannung
      nutzen 100
    zu Beginn der Präsentation 88
Aufrichtigkeit des Feedbacks 124,
    126–128
Augenkontakt mit dem Publikum
    184, 186
Autofahren lernen 140–142

B

Bain, Ken (*What the Best College
    Teachers Do*) 148, 149
Beispiele für die Erfahrungen des
    Autors
    Autofahren lernen 140–142
    CNBC-Filmaufnahmen
      106–111, 119–121
    Feedback nach einer Präsenta-
      tion 124

Schwierigkeiten beim rechtzeitigen Eintreffen am Veranstaltungsort 28–31
vor wenigen Menschen in großem Raum sprechen 50
während einer 10-minütigen Präsentation erstarren 7–9
Beleuchtung am Veranstaltungsort 44–46
Betonung, Argumente vorbringen mittels 174–176
Beurteilung von Rednern
Anzahl der Antworten 132
ideale Fragen für 143, 151
ideale Fragen zur 135
Nutzen 131–133, 186
Präsentation zweimal ansehen 154
Beurteilung von Rednern (siehe auch Feedback)
Blick vom Publikum abwenden 184
Bligh, Donald A.
Zitat bezüglich der Stille bei Vorlesungen 177
Zitat bezüglich des Übens von Vorlesungen 147
The Book of Lists (Wallechinksy et al.) 12
Bücher, zitierte
Gehirn und Erfolg (Medina) 18
Mit guten Geschichten Menschen gewinnen (Simmons) 97
Public Speaking for Success (Carnegie) 9
Thank You for Arguing (Heinrichs) 173
The Book of Lists (Wallechinksy et al.) 12
The Business of Innovation TV-Serie, Erfahrungen des Autors 106–111, 119–121
Um (Erard) 5
What the Best College Teachers Do (Bain) 148, 149

What's the Use of Lectures? (Bligh) 147
Wie man Freunde gewinnt (Carnegie) 58
Bühne (siehe Veranstaltungsort)

C
Carnegie, Dale
vor feindseligem Publikum gehaltene Rede 58
Zitat bezüglich Gettysburg-Rede 63
Zitat bezüglich vier Versionen einer Rede 9
Churchill, Winston (ihm zugeschriebenes Zitat) 3
CNBC-Filmaufnahmen, Erfahrungen des Autors 106–111, 119–121
Countdown-Uhr 164

D
Darstellung (siehe Präsentation)
Darstellung als Teil des täglichen Lebens 111–113
Den Draht zum Publikum verlieren (Vertrauen des Publikums verlieren) 66
Dr. Fox, Experiment zum Publikums-Feedback 128–131
Durden, Tyler (Zitat bezüglich Perfektion) 6

E
Einsichten, Präsentation beginnen mit 149–150
Einüben von Präsentationen 21, 180
Energie aus Angst
Nutzen vor der Rede 22–23
Vorteile 18
Energie des Redners, Bedeutung 131, 185
Energie im Raum
Einfluss der Raumgröße 49
Einfluss des Publikums 50–55
feindseliges vs. teilnahmsloses Publikum 58–60

Erard, Michael (Zitat bezüglich
    Fehlern) 5
Erkrankung des Redners 197
Erwartungen des Publikums 99
Ethos-Argumente 172

F

Feedback
    Aufrichtigkeit 124, 126–128
    Beurteilung des Redners
        Anzahl der Antworten 132
        ideale Fragen zur 135, 151
    Fragwürdige Kriterien für
        128–131
    Selbstbeurteilung 136–137
    Stichwörter aus dem Publikum
        während der Präsentation
        156, 185
    Subjektivität des 124
    vom Gastgeber 186
    widersprüchliches 125
Feedback des Redners
    Beurteilung
        Nutzen 131–133, 186
Fehler 62, 65–67, 179–186
    ablenkende Gesten und Ticks
        184
    Angst vor dem Publikum 183
    Anzahl typischerweise gemach-
        ter Fehler beim Sprechen
        5–6
    Augenkontakt mit dem Publi-
        kum meiden 184
    Blick abwenden vom Publikum
        184
    Forschung, nicht nennen
        können 185
    Fülllaute zwischen Sätzen 176,
        183
    kluge Leute, die Fehler machen
        62
    langweilige Präsentation 181
    leidenschaftslose Präsentation
        185
    Präsentation erstmals halten
        179
    Publikum, wohlwollendes 66

reagieren auf 6
Richtung der Präsentation ist
    unklar 180
Schreibfehler in Folien 196
Tempo der Präsentation ist
    unklar 180
unangemessene Präsentation
    185
Unklarheiten während der Prä-
    sentation 180
Vertrauen des Publikums verlie-
    ren 66
vom Publikum nicht bemerkte 9
während einer Präsentation
    erstarren 7–9
wichtige, vermeiden 10
wiederholte Phrasen 184
Zitat von Michael Erard bezüg-
    lich Fehlern 5
(siehe auch Probleme)
Fernbedienung, nutzen 165
Fernsehaufnahmen
    Erfahrungen des Autors
        106–111
    als Form öffentlichen Redens
        112–119
    Teleprompter, Probleme mit
        119–121
Folien
    Effektivität von 182
    Fernbedienung für, nutzen 165
    Prüfen mit Vertrauensmonitor
        163
    Schreibfehler in 196
    vergessen mitzubringen 199
    vom Publikum abwenden beim
        Blick auf 184
Forschungsergebnisse, Quellen
    nennen 185
Fox, Dr., Experiment zum Publi-
    kums-Feedback 128–131
Fragen des Publikums
    abschweifende, langatmige Fra-
        gen 192
    als Form des Feedbacks 186
    die der Sprecher nicht beant-
        worten kann 193
    vorbereitet sein auf 154

Vorliebe des Autors für 157
zu viele von einer Person 191
(siehe auch Feedback)
Fragen-und-Antworten-Teil der
Präsentation 157
Fülllaute 176, 183
Funkmikrofon, verstecken 167

G

Gastgeber
Erwartungen des 134–136
Feedback vom 186
Kontrollfreaks, Umgang mit
199
Gegenargumente für die Kern-
punkte der Präsentation
68
Gehirn und Erfolg (Medina) 18
Geld, verdient durch Reden (siehe
Honorare für Redner)
Gesten, ablenkende 184
Gettysburg-Rede, Geschichte zur
63, 76
Glaubwürdigkeit des Redners 130
Gliederung der Präsentation 68,
71–76

H

Heinrichs, Jay (*Thank You for
Arguing*) 173
Holbrook, Josiah (Erfinder der
Lyzeum-Ringvorlesung)
34
Honorare für Redner 32–41, 155

I

Ideen, Bedeutung von 159
(siehe auch Planung einer Prä-
sentation)
Informationsüberflutung 177
Intelligenz des Redners 62
Interessante Präsentationen 10,
146–149, 181
Interessante Titel 69, 76
Interferenz durch Informations-
überflutung 177
Introvertierte Redner 156

K

Kleidung
Probleme mit 200
Redner ohne Unterwäsche 157
sich Publikum vorstellen ohne 3
Kleidungs-Fehlfunktionen 200
Kommentare zur Präsentation
(siehe Feedback)
Konfuzius (Zitat bezüglich des Ler-
nens) 146
Kontrolle, durch Redner 24
(siehe auch Macht des Redners)
Kontrollfreaks, Gastgeber als 199
Krankheit des Redners 197
Kronleuchter am Veranstaltungs-
ort 44–46

L

Länge der Präsentation
frühes Ende planen 103
ideale 91, 155
in letzter Minute gekürzt 190
Zeit läuft davon 198
Länge einer Präsentation
nachhalten mit Countdown-
Uhr 164
langweilige Präsentationen 181
Laptops
Nutzung durch das Publikum
während der Präsentation
188
Redner-Laptop, Fehlfunktion
195
Lernen (siehe Unterricht)
Lincoln, Abraham (Geschichte zur
Gettysburg-Rede) 63, 76
Logitech Cordless Presenter, Fern-
bedienung 165
Logos-Argumente 172
Lyzeum-Ringvorlesung 34

M

Macht des Redners
Aufmerksamkeit des Publikums
erhalten durch 92–103,
188
Gefühl der Kontrolle, erhalten
24

Regeln durchsetzen mittels 103,
187, 191, 192
Veranstaltungsumgebung
ändern mittels 53–56
Medina, John, Dr. (Zitat bezüglich
der Gemeinsamkeiten
von Stress und Vergnü-
gen) 18
Mikrofon
Fehlfunktion 194
verstecken 167
*Mit guten Geschichten Menschen
gewinnen* (Simmons) 97
Murrow, Edward R. (Zitat bezüglich Angst vor öffentli-
chen Reden) 12

N
Nachdenken über Präsentation
(siehe Planung einer Prä-
sentation)
nackt, sich Publikum vorstellen 3
Namensschild, Redner trägt kein
168
nervöse Energie (siehe Energie aus
Angst)
nervöse Ticks 184

O
öffentlicher Redner (siehe Redner)
Online-Präsentation (siehe Videoaufzeichnung der Präsen-
tation)
Ort (siehe Veranstaltungsort)

P
Pathos-Argumente 172
Pausen in Präsentation 176–178
Pausen während der Präsentation
183
peinliche Situationen (siehe Fehler;
Probleme)
Perfektion, während der Rede
nicht anstreben 5–6
Planung einer Präsentation 10,
62–76
Podium 169

Präsentation
Eignung für das Publikum 10
einüben 19–21, 180
erstmals halten 179
Feedback zur (siehe Feedback)
Fragen-und-Antworten-Teil
157
geeignet fürs Publikum 67, 185
Inhalt dem Publikum bereits
bekannt 154
interessante, Bedeutung 10,
146–149, 181
Kernpunkte
Argumente 68, 171–178
Gegenargumente für 68
Klarheit der 181
skizzieren 68, 71–76
Länge
frühes Ende planen 103
Länge der
ideale 91, 155
in letzter Minute gekürzt
190
nachhalten mit Countdown-
Uhr 164
Zeit läuft davon 198
Lehraspekte der (siehe Unterricht)
mit Einsichten beginnen
149–150
Pausen in 176–178, 183
Perfektion während, nicht
anstreben 5–6
Planung, Bedeutung der 10,
62–65
schlechte, Beispiele für
203–214
schlechte, Gründe für 179–186
Spannung und Entspannung in
100
Tempo festlegen 93–95, 180
Titel 67, 68–72
Übergänge zwischen Kernpunkten bei 99
Verhaltensänderungen im
Publikum aufgrund der
155
Videoaufzeichnung der 168

vier Versionen, Zitat von Dale
    Carnegie bezüglich 9
was das Publikum erwartet 10,
    64, 129
Zeit für Vorbereitung und hal-
    ten einer 40
Presley, Elvis (Zitat bezüglich
    Angst vor öffentlichen
    Reden) 16
Probleme
    Erkrankung des Redners 197
    Folien zu Hause vergessen 199
    Frage, die der Redner nicht
        beantworten kann 193
    Freunde im Publikum 154
    Gastgeber sind Kontrollfreaks
        199
    Kleidungs-Fehlfunktionen 200
    langatmige Fragen 192
    Länge der Präsentation kürzen
        190
    Laptop-Fehlfunktion 195
    Mikrofon-Fehlfunktion 194
    mit Veranstaltungsort 48–51
    peinliche Situationen, umgehen
        mit 4–5
    schlimmste, Geschichten über
        203–214
    Schreibfehler auf Folien 196
    späte Ankunft des Redners 196
    unaufmerksames Publikum
        (siehe Aufmerksamkeit
        des Publikums)
    viele Fragen von einer Person
        191
    Zeit läuft davon 198
    Zwischenrufer, Umgang mit
        187
    (siehe auch Angst vor öffentli-
        chen Reden; Fehler;
        "schwieriger Raum")
Public Speaking for Success (Car-
    negie) 9
Publikum
    Abwesenheit, bei Fernsehauf-
        nahmen 115–119
    Angemessenheit der Präsenta-
        tion 67, 185

Angst vor dem 183
Anzahl und Dichte in einem
    Raum 144–146, 166, 201
Anzahl und Dichte, in einem
    Raum 51–55
apathisch 58
Aufmerksamkeit, erhalten
    (siehe Aufmerksamkeit
    des Publikums)
Augenkontakt mit 184, 186
aus Freunden, als Vorbereitung
    23
Blick abwenden vom 184
Draht verlieren 66
Eignung der Präsentation für
    das 10
Eignung des Redners für
    134–136
Erwartungen des Redners
    98–99
Feedback aus dem (siehe Feed-
    back)
Fehler, vom Publikum nicht
    bemerkte 9
feindseliges, umgehen mit 56,
    60, 187
Fragen durch das
    die der Sprecher nicht beant-
        worten kann 193
    als Form des Feedbacks 186
    vorbereitet sein auf 154
    Vorliebe des Autors für 157
    zu lange 192
    zu viele von einer Person 191
Freunde im 154
Geschenke für 166
hostile, dealing with 190
in Präsentation einbeziehen
    101–103, 146–149
Nutzung von Laptops während
    der Präsentation 188
Präsentation an jeden Teilneh-
    mer anpassen 145
Reaktion des, Präsentation
    anpassen an 151–152
sich nackt vorstellen 3
Stichwörter aus dem 156, 185
Teilnahmslosigkeit 4

Verbindung herstellen 58
Verhaltensänderungen auf-
    grund der Präsentation
    155
Verhaltensänderungen durch
    die Präsentation 143
vorgestellte Informationen
    bereits kennend 154
was es von der Präsentation
    erwartet 10, 64, 129
wohlwollendes 66

R
Raum (siehe Veranstaltungsort)
Rede (siehe Präsentation)
Redner
    Beurteilung von (siehe Beurtei-
        lung von Rednern)
    Eignung des, für Publikum
        134–136
    eine Rolle spielen 98–99
    Erkrankung des, während Prä-
        sentation 197
    Erwartungen des Gastgebers
        134–136
    Erwartungen des Publikums
        2–4, 98–99
    Glaubwürdigkeit 130
    Honorare 155
    Intelligenz 62
    introvertiert 156
    kein Namensschild tragen 168
    Konzentration auf sich selbst 65
    als Lehrer (siehe Unterricht)
    Macht des (siehe Macht des
        Redners)
    ohne Unterwäsche 157
    Selbstbeurteilung 136–137
    sich andere Präsentationen
        nicht gern ansehen 157
    spät ankommen 196
    Stichwörter aus dem Publikum
        156, 185
    Verbindung mit Publikum her-
        stellen 58
    Wahrscheinlichkeit erfolgreich
        zu sein als 156

Redneragenturen 35
Rezensionen der Präsentation
    (siehe Feedback)
Rhetorik 171–174
Rhythmus, Tempo der Präsenta-
    tion festlegen mittels 94
Rituale, die ein Gefühl der Kon-
    trolle geben 24

S
Schildkröte auf Crack 180
Schmetterlinge (siehe Angst vor
    öffentlichen Reden)
»schwieriger Raum«
    durch feindseliges Publikum
        56–60, 187, 190
    Fernsehstudios als 115–119
    kleines Publikum als Grund für
        50–55
Sex, langweilig machen 181
Simmons, Annette (Zitat zur Auf-
    rechterhaltung der Auf-
    merksamkeit) 97
Spannung und Entspannung in
    Präsentation 100
Spiegelneuronen 148
Stille (Pausen) während der Präsen-
    tation 176–178, 183
Strohmann (Liste der Kernpunkte
    der Präsentation) 68,
    71–76
Subjektivität des Feedbacks 124

T
TED-Konferenz 91
Teilnahmslosigkeit des Publikums
    4
Teleprompter 119–121
Tempo der Präsentation, festlegen
    93–95, 180
Thank You for Arguing (Hein-
    richs) 173
Theater als Veranstaltungsorte
    46–48
Ticks 184
Titel der Präsentation 67, 68–72

Tod, mehr Angst vor öffentlichen
    Reden als vor dem 12–13
Twain, Mark (Zitat bezüglich
    Angst vor öffentlichen
    Reden) 16

U

Üben der Präsentationen 19
Übergänge zwischen Kernpunkten
    bei Präsentation 99
Um (Erard) 5
unangemessene Präsentation 185
University of Southern California
    Experiment zum Publi-
    kums-Feedback 128–131
Unklarheiten während der Präsen-
    tation 180
Unterricht
    aktive Einbindung der Studen-
        ten in 146–149
    an jeden Studenten anpassen
        145
    anpassen an Reaktion der Stu-
        denten 151–152
    Beispiele für 140–142, 148
    Belohnung für 144, 150
    Effektivität eine Präsentation
        im 129
    Erfolg
        beurteilen 143
        Einfluss der Anzahl der Stu-
            denten 144–146
        Leitlinien 146
    Feedback aus 151
    interessante Präsentation für
        146–149
    mit Einsichten beginnen
        149–150
    Schwierigkeiten mit, Gründe
        für 142–144
    umgebungsorientierter Ansatz
        146
    Zitat von Konfuzius bezüglich
        146

V

Veranstaltungsort
    Bedeutung 44
    Beleuchtung 44–46
    Dichte des Publikums 51–55,
        166, 201
    finden 30–31
    ideale Charakteristika 46–48
    Probleme mit 48–51
    als »schwieriger Raum« 46, 48
    Sicht des Redners von der
        Bühne 44
    (siehe auch Energie im Raum)
verbale Platzhalter 176, 183
Verbindung mit dem Publikum 58
Vergütung eines Redners (siehe
    Honorare für Redner)
Vertrauensmonitor 163
Videoaufzeichnung der Präsenta-
    tion
    arbeiten mit der Kamera 168
    Gastgeber bitten Redner um
        Einverständniserklärung
        199
Vorbereitung der Präsentation
    (siehe Planung einer Prä-
    sentation)
Vorlesung (siehe Präsentation)
Vortrag 169
Vortrags-Business, Geschichte
    34–35

W

Wallechinksy, David (*The Book of
    Lists*) 12
*What the Best College Teachers
    Do* (Bain) 148, 149
What's the Use of Lectures? (Bligh)
    147, 177
widersprüchliches Feedback 125
Wie man Freunde gewinnt (Carne-
    gie) 58
wiederholte Phrasen 184

Z

Zeit, die für Präsentation aufge-
    wandt wird 40
Zwischenrufer, Umgang mit 187

Über den Autor

Scott Berkun ist der Bestellerautor von *The Myths of Innovation* und *Making Things Happen* (in deutscher Übersetzung erschienen unter dem Titel *Die Kunst des IT-Projektmanagements, 2. Auflage* bei O'Reilly). Er arbeitete von 1994 bis 2003 bei Microsoft, hauptsächlich als Programm-Manager für die Internet Explorer 1.0 bis 5.0. Er kündigte 2003 mit dem Ziel, das obige Regal mit von ihm geschriebenen Büchern zu füllen. Wäre er etwas klüger, hätte er ein kleineres Regal gewählt.

Seine Arbeit als Autor und Redner erschien in der *Washington Post*, *New York Times*, *Wired*, *Fast Company*, *Forbes* und anderen Medien. Er hat Kreatives Denken an der University of Washington gelehrt und war regelmäßig Kommentator für CNBC, MSNBC und NPR.

Seine vielen populären Essays und unterhaltsamen Vorträge finden
Sie kostenlos auf seinem Blog unter *www.scottberkun.com*. Wenn
Sie ihn für ein Event als Redner engagieren wollen, um einen
Workshop zu halten, oder als persönlichen Sprechcoach, können
Sie sich dort umsehen.

Brüder Grimm
Kinder- und Hausmärchen
800 Seiten, mit den Illustrationen
von Ludwig Richter, gebunden
ISBN: 978-3-86820-244-1

Illustrierte
Gesamtausgabe

Die »Kinder- und Hausmärchen« der
Brüder Jacob und Wilhelm Grimm,
erstmals erschienen in zwei Bänden
1812 und 1815, gehören zum unver-
gänglichen Schatz der Weltliteratur.

Der vorliegende Band versammelt
sämtliche Märchen nach der Ausgabe
letzter Hand von 1857, darunter so
bekannte Geschichten wie »Schnee-
wittchen«, »Dornröschen«, »Aschen-
puttel«, »Hänsel und Gretel« und viele
andere.

Mit zahlreichen zeitgenössischen Illustrationen von Ludwig Richter.

www.nikol-verlag.de

NIKOL
VERLAG

Die Edda
Nordische Götter-
und Heldensagen
464 Seiten, gebunden
ISBN: 978-3-86820-238-0

Götterkunde und Heldenepos

Liederedda und Snorra-Edda bilden zusammen unsere wichtigste Quelle für die altnordische Mythologie. Dabei darf die eine nicht ohne die andere gebraucht und gelesen werden.

In der Liederedda sind Götter- und Heldensagen vereinigt, die zum Teil bis in das 9. Jahrhundert zurückgehen. Sie schildern sagenhafte Begebenheiten aus Island, Norwegen und Grönland zur sogenannten Wikingerzeit.

Die jüngere Edda war ursprünglich ein Lehrbuch für junge Sänger, Skalden, mit dem sie die Grundlagen ihrer Kunst lernen sollten. Durch ihre Beispiele aus zeitgenössischen und alten Liedern bildet sie heute eine unschätzbare Fundgrube für die in Deutschland damals längst verdrängte nordisch-germanische Mythologie.

www.nikol-verlag.de

Anmerkungen

1   Putten sind die kleinen Baby-Engel-Darstellungen, die man oft in Kirchen findet.

2   Die Anhänger der Leere des Seelenschlafs sind der Meinung, dass der Verstorbene bis zur Auferstehung nichts mehr mitbekommt, so als würde er schlafen.

3   Mögliche Antworten auf die Frage, wie viele Himmel es gibt, finden Sie auch im Kapitel 10 auf S. [[154]].

4   Vgl. im Folgenden Fritz Rienecker: Das Evangelium des Matthäus, Wuppertaler Studienbibel, Auslegung zu Matthäus 25,1–13, Witten 1983.

5   Anhänger einer jüdischen Glaubensrichtung, die nicht an die Auferstehung glaubten.

6   Manfred Kyber: Der Kongress der Regenwürmer; aus: ders.: Unter Tieren, Berlin 1916, S. 203.

7   Karl Heinrich Waggerl: Mein Stock; aus: ders.: Liebe Dinge, Miniaturen, © 1956 Otto Müller Verlag, Salzburg, S. 97.

8   Vgl. www.eda.admin.ch, Zugriff am 25.05.2011.

9   Als Allversöhner werden Menschen bezeichnet, die glauben, dass alle Menschen früher oder später in den Himmel kommen.

Todd Burpo, Lynn Vincent

Den Himmel gibt´s echt

Die erstaunlichen Erlebnisse eines Jungen zwischen Leben und Tod

Colton ist vier Jahre alt, als er lebensgefährlich erkrankt und operiert werden muss. Dass er überlebt, ist ein Wunder. Später erzählt er seinen Eltern, einem Pastorenehepaar, von erstaunlichen Dingen, die er während dieser Zeit zwischen Leben und Tod gesehen hat.

Gebunden, 13,5 x 20,5 cm · 160 S.
Nr. 395.278

SCM Hänssler